媒体创新与新闻坚守

媒体新闻与传播业务评析

骆正林 著

中国传媒大学出版社
·北京·

图书在版编目（CIP）数据

媒体创新与新闻坚守：媒体新闻与传播业务评析 / 骆正林著. -- 北京：中国传媒大学出版社，2020.7
ISBN 978-7-5657-2639-2

Ⅰ.①媒… Ⅱ.①骆… Ⅲ.①新闻工作-研究-中国 Ⅳ.①G219.2

中国版本图书馆CIP数据核字（2019）第265335号

媒体创新与新闻坚守：媒体新闻与传播业务评析

MEITI CHUANGXIN YU XINWEN JIANSHOU:MEITI XINWEN YU CHUANBO YEWU PINGXI

著　　者	骆正林
策划编辑	曾婧娴
责任编辑	张莉莉
特约编辑	张金来
责任印制	李志鹏
封面设计	风得信设计·阿东
出版发行	中国传媒大学出版社
社　　址	北京市朝阳区定福庄东街1号　　邮编：100024
电　　话	010-65450532或65450528　　传真：010-65779405
网　　址	http://cucp.cuc.edu.cn
经　　销	全国新华书店
印　　刷	北京玺诚印务有限公司
开　　本	787mm×1092mm　1/16
印　　张	12.75
字　　数	275千字
版　　次	2020年7月第1版
印　　次	2020年7月第1次印刷
书　　号	ISBN 978-7-5657-2639-2 / G·2639　　定价　56.00元

版权所有　　翻印必究　　印装错误　　负责调换

序 言

到2019年，中国的改革开放已走过41年。在41年中，中国的传媒业经历过裂变式的发展，创造了新闻业务和媒体经营的神话。当前，社交媒体快速发展，传统媒体风光不再，新闻业遭遇到"后真相"的严峻挑战。现实生活的艰难，让很多媒体人产生强烈的怀旧心理，职业媒体人开始追忆所谓的"黄金时代"。关于新闻的"黄金时代"，不同的人会有不同的定义与解读，我想其中至少包括舆论监督与传媒经济两层内涵。从20世纪90年代初开始，以《南方周末》为代表的平面媒体，以《焦点访谈》为代表的电视节目，曾经掀起了新闻舆论监督的浪潮。新闻舆论监督既帮助党和政府提升了社会治理水平，也点燃了很多新闻工作者的职业理想。进入2000年后中国经济开始快速腾飞，快速发展的中国经济给中国传媒业的发展提供了丰厚的土壤，民生新闻、媒体上市、娱乐节目等热点不断涌现，各类媒体都过上了"阳光灿烂的日子"。但是传媒技术变革的浪潮却无情地改变了传媒发展的路径，自微博、微信等社交媒体出现后，传统职业媒体的日子变得越来越艰难，少数媒体甚至滑到生死存亡的边缘。

2004年是报业大战打得正酣的时候，也是媒体经营最轰轰烈烈的时候。2004年我有幸加入江苏省新闻出版局报刊审读员队伍。到2018年离开报刊审读工作岗位时，我总共有了15年的报刊社会管理体验。在15年中，我经历了钟效雯、刘海泉、朱峰三任报刊处处长，张明明、马万佐两任报刊处副处长。报刊审读是我国报刊管理的一项基本政策，也是引导我国报刊发展的重要手段。在报刊审读过程中，我体会到作为报刊管理人员的不易。他们一方面要引导报刊守住舆论阵地，坚守报刊管理的原则和底线；另一方面也想尽办法服务于媒体发展，努力让报刊管理做得更专业、更贴心。作为一名报刊审读员，因为工作之便得以接触基层媒体和媒体管理者，并按照工作部署写出了一批审读报告。15年的报刊审读工作也算一段不短的经历，当我回望这段人生经历的时候，感叹这也是一段值得回忆的"黄金时光"。15年中我还应江苏教育电视台、《铁军》等媒体的邀请，阶段性地担任过阅评员，曾就特定的节目或版面写过体会文章。因此，本书是我从事媒体阅评工作的成果集纳，也是我对媒体业务和传媒管理的认知和评析。

在我国，新闻传播者是国家政策的宣传者，是舆论阵地的建设者、守望者。媒体是一种话语资源也是一种权力资源。任何国家的媒体人都在赋权范围内从事职业活动，我国新闻传播工作者也不例外。2004年，当我刚刚开始审读工作的时候，媒体人的脸上总是写满"自信"和"阳光"，他们的政策宣传做得有条不紊，他们的经营做得有声有色。他们在内容策划、版式设计、编校质量、经营管理等方面的辛勤付出，使得传统媒体变得更加好看，更有艺术性。20世纪90年代后期，互联网作为新媒体开始登上历史舞台。此时，传统媒体占据了舆论阵地的核心，网络舆论虽对传统媒体构成挑战，但舆论阵地依然掌握在传统媒体手中。到2010年前后，随着微博、微信等社交媒体的崛起，舆论阵地的核心转移到虚拟空间、第三空间内，传统媒体必须适应"互联网思维"才能做好舆论宣传工作。也许公众感觉传统职业媒体人的当前生存状态是疲倦的，感觉传统媒体面对新媒体时是无奈和无力的，但当你真正走近他们的工作和生活时，你一定会被他们的顽强奋斗所感动，正是他们的坚守让新闻业保留着浓厚的理想主义色彩，而这对新闻传媒业的发展，甚至对国家和民族的发展都是弥足珍贵的。

因此，本书是对媒体发展的一种历史见证，也是一段传媒发展史的案例记忆，更是我对职业媒体人的一种肯定和尊重。

目录 CONTENTS

绪论　传媒的技术赋权与新闻的社会功能 ······················ 1
　　第一节　从社会思想史看传媒技术的社会赋权 ················ 1
　　第二节　传媒赋权与中国近代社会的自强之路 ················ 6
　　第三节　传媒赋权与中国特色社会主义建设 ·················· 11
　　第四节　网络赋权与"国家—社会"关系的调适 ··············· 15

新闻宣传篇

第一章　新闻宣传与主流价值观传播 ··························· 24
　　第一节　党报需要掌握舆论阵地中的话语权 ·················· 24
　　第二节　群众路线报道中的"鲜活的思想" ··················· 27
　　第三节　四家党报公益广告倡导的健康生活 ·················· 32
　　第四节　基层社会管理创新报道的创新思维 ·················· 36

第二章　新闻评论与舆论的有效引导 ··························· 39
　　第一节　中国军队精神光谱的有效呈现 ······················· 39

第二节　《观点·声音》彰显党报的思想力量 …………………………… 43

第三章　全国两会报道的策略与风格 ………………………………………… 47

第一节　《现代快报》报道体现的全国两会舆情 ………………………… 47

第二节　江苏地市党报全国两会报道的三种风格 ………………………… 51

第三节　江苏地市党报全国两会报道的民生话题 ………………………… 57

第四章　两会报道构建的社会舆论场 ………………………………………… 62

第一节　地市党报构建的"江苏两会"舆论场 …………………………… 62

第二节　全国两会报道形成的立体舆论阵地 ……………………………… 66

第五章　新闻传播的职业与伦理规范 ………………………………………… 69

第一节　创新职业道德社会化管理新模式 ………………………………… 69

第二节　报纸转载新闻要尊重作者版权 …………………………………… 71

第三节　法制新闻报道不可滥用"同情心" ……………………………… 74

第四节　广告与新闻应有清晰的可识别性 ………………………………… 78

第五节　用准确的新闻来源防止新闻失实 ………………………………… 79

采编业务篇

第六章　党报新闻报道的探索与创新 ………………………………………… 84

第一节　《无锡日报》头版头条的"坚守"与"创新" ………………… 84

第二节　《泰州日报》帮助读者畅想空港生活 …………………………… 86

第三节　《泰州日报》浓墨重彩宣传"中国医药城" …………………… 89

第四节　党报头条登书记博文是要闻报道的创新 ………………………… 92

第七章　新闻文风与报道个性的形成 ………………………………………… 94

第一节　"走转改"让江苏党报面目更清新 ……………………………… 94

第二节　积极的价值取向与温暖的新闻镜头 ·············· 98

　　第三节　"公推公选"报道给党报地方新闻增色 ·············· 103

第八章　《苏州日报》报道与编辑的创新 ·············· 106

　　第一节　精彩苏州背后的故事、逻辑和数据 ·············· 106

　　第二节　《苏州日报》标题中的数学语言 ·············· 109

　　第三节　《苏州日报》理性报道"用工荒" ·············· 115

第九章　伊拉克战争的媒体报道策略 ·············· 118

　　第一节　媒体立体报道使战争变得半透明 ·············· 118

　　第二节　美国媒体在战争中成了政府帮凶 ·············· 122

　　第三节　伊拉克战争中我国媒体的经济报道 ·············· 127

经营策划篇

第十章　市场竞争中媒体的经营之道 ·············· 132

　　第一节　媒体应将融合口号变为实际行动 ·············· 132

　　第二节　盘活广电资源　拓宽采编空间 ·············· 133

　　第三节　记录当代大学生"知青生活"的历史档案 ·············· 138

第十一章　期刊的报道风格与文化定位 ·············· 143

　　第一节　引领年轻人过健康、时尚的生活 ·············· 143

　　第二节　金陵文化与《莫愁》品牌的相得益彰 ·············· 147

　　第三节　全面深入社会生活　精心提炼时代主题 ·············· 151

　　第四节　《广告大观》：江苏期刊的一个典型亮点 ·············· 155

　　第五节　《现代苏州》：再造一个城市的精神气质 ·············· 160

　　第六节　《银潮》：用故事浓缩中国家庭的价值观 ·············· 161

　　第七节　《华人视点》为华人社区绘制"形势地图" ·············· 163

第十二章　期刊的报道策划与传播效果 …………………………………………… 167

第一节　重温新中国开国前后的精彩记忆 ………………………… 167
第二节　《畅销书摘》：浩瀚书海上的精神桥梁 ……………………… 170
第三节　"感情"与"理智"调制的防"腐"剂 ……………………… 173
第四节　《本刊专访》让成功人士精彩"说法" ……………………… 175
第五节　记者的激情与理性 …………………………………………… 177
第六节　铁军传统是军队的宝贵财富 ………………………………… 178
第七节　民间线索丰富了军史素材 …………………………………… 180

第十三章　电视媒体的栏目策划与定位 …………………………………………… 184

第一节　为金陵文化注入了一缕"书香" …………………………… 184
第二节　浓缩生活景观　陶冶艺术情操 ……………………………… 188
第三节　《全民开考》搭建终身学习平台 …………………………… 191

绪论
传媒的技术赋权与新闻的社会功能

信息传播是一种技术、一种资源，也是一种权力。然而，传媒的技术赋权并非是普惠的，并非所有人都能从"传媒使用"中获得同等权益。在历史的不同阶段，特定人群对传媒技术的掌握和使用状况，决定着不同社会阶层的话语权和命运。近代以来，中国社会处于不断变革和转型中，中国传媒伴随着社会转型实现了职业化，并以"进步的姿态"发挥着启蒙、革命和建设的作用。进入21世纪，互联网成为人类全新的生活空间，网络赋权调动了不同社会阶层的社会能动性，不同阶层之间的话语碰撞和社会互动，掀起了一场中国式的进步运动，深刻影响着"国家—社会"关系的互动和调适。

第一节 从社会思想史看传媒技术的社会赋权

"赋权"（Empowerment/Empower）原本是社会学的一个概念，赋权概念的提出与"权力"（Power）和"无权"（Powerlessness）密切相关。"西方赋权理论在本质上追求：给无权或弱势群体创造参与的机会，激发他们的潜能，让他们通过掌握更多的社会资源，成为自己命运的主人，以此实现社会变革、推动社会进步，它的终极目标是社会正义和社会平等。"[1] "Empowerment/Empower"的词义有多重内涵，翻译成中文有授权、赋权、增权、充权等意思。鉴于此，社会学、管理学、政治学、传播学甚至医学等学科，都从自身研究的范畴出发，对"赋权"进行了很多卓有成效的研究。从信息传播的视角看，传媒赋权是传媒对社会权力关系产生的实质性影响，或者说在不同的历史阶段传媒对社会权变产生的有效作用。"赋权"虽然起源于美国社会学的研究与实践，但人类社会思想史中有着丰富的赋权思想资源。

一、"赋权理论"与不同学科的赋权研究偏向

20世纪60年代，西方社会学对底层社会、边缘群体的关注，为赋权理论（Empowerment Theory）的诞生准备了思想资源。1976年，美国学者所罗门（Solomon）出版《黑人赋权：

---

[1] 王全权，陈相雨. 网络赋权与环境抗争[J]. 江海学刊，2013（4）：101-107.

受压迫社区中的社会工作》，该书研究了美国社会黑人族裔的生存状态，明确使用"赋权"一词呼吁社会工作致力于为黑人增权，期望以此使黑人获得自我效能与社会改革的力量。所罗门之后"赋权"成为社会学的经常术语，20世纪80年代赋权理论成为社会学研究的热点，"以至于Adams认为社会工作进入了'赋权取向时代'"[1]。Zimmerman认为赋权定义的核心部分是个体对控制效能的内心感知，这种内在效能感对激发个体积极转变行为具有重要意义。[2] Rigger进一步研究指出，赋权不能只是个人对自尊、成就和权力的主观感受，它还必须包含个人对权力资源和控制能力的实际占有或判断；否则，社会可以创造某些条件改善人们的主观感受，进而在没有改变权力配置的情况下使人们产生"已经得到控制生活权力的假象"[3]。1994年，安卓森（Anderson）等人提出一个促进非洲社会发展的赋权模式，他们将赋权模式的实践过程分为五个层面：个人、社会、教育、经济和政治。权力是个人或团体获取社会资源、控制或影响他人的能力，社会学关于赋权的研究明显偏向对弱势群体的增权，因此西方社会赋权研究的对象多为草根组织、女权运动和市民权利等。

20世纪八九十年代，随着企业规模的不断放大，跨国企业的不断出现，赋权理论被引入到企业管理领域。管理赋权强调管理者对基层员工放权、授权，以此激发基层员工的主人翁意识，调动广大员工的创新潜能，最终的目标是提升企业的运行效率。"分权的研究（Tannenbaum and Cooke 1974）和对领导者的观察（Bennis and Nanus 1985；Block 1987）显著地表明，平等的权力分享有益于提高组织效率，对员工的授权可能也是一种权力激励工具，它既给员工提供了控制权，又使员工有成就感。"[4] 管理赋权是一种管理手段、领导职能，也是一门管理艺术。管理者在向下属赋予决策权和行动权前，需要"营造一种支持和信任的氛围，鼓励员工分享意见、参与决策制定、彼此合作以及承担风险"[5]。管理赋权需要管理者充分信任下属，让被赋权人获得较大的自主权和独立性。管理赋权可以节省高管的时间、精力，提升企业管理的效益、团队合作的业绩，但管理赋权增加了运行的不可控性，存在一定的安全风险。管理学对赋权的研究偏向企业内部管理，主要目的是调动企业的管理潜能，最大限度地实现企业的战略目标。

传播学关于赋权的研究是社会学赋权研究的延伸，并逐渐与政治学、公共管理学融合，形成社会学、政治学、管理学融合的研究状态。网络技术为人类营造了一个全新的生活空间，在这个新的生活空间内信息传播成为社会关系的纽带。网络技术的发展给基层民众带来了表达自由，在中国，网络成为基层社会动员和维权的重要工具。因此，中国学者多从

---

[1] 孙奎立. "赋权"理论及其本土化社会工作实践制约因素分析[J]. 东岳论丛，2015（8）：91-95.

[2] 孙奎立. "赋权"理论及其本土化社会工作实践制约因素分析[J]. 东岳论丛，2015（8）：91-95.

[3] 孙奎立. "赋权"理论及其本土化社会工作实践制约因素分析[J]. 东岳论丛，2015（8）：91-95.

[4] 纳哈雯蒂. 领导力[M]. 王新，译. 北京：机械工业出版社，2003：110.

[5] 纳哈雯蒂. 领导力[M]. 王新，译. 北京：机械工业出版社，2003：111.

技术赋权出发，研究网络对弱势群体的增权，认为网络赋权是实现政治参与的重要手段。王全权、陈相雨认为"'网络技术赋权'，就是指草根民众通过网络技术的使用，将分散的力量聚合在一起，形成某种变革社会权力关系的力量的过程，其主要形式就是草根民众与其他主体之间的传播互动"[1]。中国学者关于网络赋权的研究从社会学视角出发，但经常会从政治学、公共管理学视角结束，即开篇讨论的是网络对基层社会的赋权问题，结束却是如何对网络赋权的负效应进行治理。

传媒技术赋权显然对社会治理提出了更多的挑战，因此政治学、公共管理学也形成了对赋权进行研究的热潮。乐观主义者认为网络是威权政体向民主政体转变的动力，网络是数字民主（Digital Democracy）、电子民主（Electronic Democracy）和网络民主（Cyber-Democracy）的温床。有研究者认为互联网扩散是政治变革的一个决定性因素，很多人认为印尼的苏哈托（Suharto）政权就是被互联网推翻的。悲观主义者认为，威权政体对信息技术的监管是互联网发展的制约力量，"通过结合被动策略和主动策略，这些监管能够反击互联网的使用而带来的挑战，甚至利用互联网来扩大它的可及范围和权威"[2]。因此，郑永年在《技术赋权》一书中强调，互联网赋权有两个路径，即网络既对社会赋权也对国家赋权。

通过对各学科赋权理论研究的回顾，我们看到赋权有"被赋权者"对权力的自我认知、主动发掘的情况，也有外部力量对"被赋权者"的权力授予，是外部力量控制的权力"在轨使用"；赋权对象不仅有基层社会、边缘群体，国家往往也是技术赋权的重要对象。赋权对弱者增权，可以消除歧视、实现正义，让无力者感觉到有力，提升弱势群体的社会地位；赋权对强者的增权，可以扩大国家权力的使用边界，提升国家的治理和控制能力。

二、信息传播史中的传媒赋权思想

直到20世纪80年代末，传播学才对赋权研究产生出兴趣和热情；进入90年代，随着互联网的繁荣，传媒赋权变成传播学研究热点。在传播学关注"赋权理论"之前，信息传播思想史中就已蕴含了丰富的传媒赋权思想资源。研究赋权的学者普遍承认赋权是一种信息交流的过程。"弗莱雷和阿林斯基在其著作中认为传播过程促进了赋权，罗杰斯和辛戈尔主张赋权本身就是一个传播过程，该过程产生于小群体内部众多个体之间的相互交往。"[3] 因此，赋权和传播是联系紧密的两种活动。传播媒介是人类精神交往的载体，精神交往能够产生巨大的精神能量，所以媒介环境学、发展传播学都高度重视传媒在文化传承和社会发展中的作用，而传媒在不同历史阶段的社会作用恰恰是传媒赋权的体现。

---

[1] 王全权，陈相雨.网络赋权与环境抗争[J].江海学刊，2013（4）：101-107.

[2] 郑永年.技术赋权：中国的互联网、国家与社会[M].北京：东方出版社，2014：96.

[3] 赵晓燕.自媒体视角下的赋权理论研究[J].科学大众·科学教育，2016（10）：117-118.

媒介环境学派（Media Ecology）将媒介作为人类活动的文化环境，注重通过媒介环境的变化来阐释社会历史的变迁，因此，传播学界曾长期将媒介环境学称为技术决定论（Technological Determinism）。媒介环境学认为媒介并非是中立、无价值的信息载体，媒介的技术特征和符号结构影响信息的编码、传输和解码；不同媒介因技术基础和符号特征不同，而呈现出不同的时间、空间和感知偏向；媒介对社会形态和社会心理具有重要影响，传媒技术是文化变革和社会变革的重要源泉。媒介环境学派第一代代表人物哈罗德·英尼斯（Harold Innis，1894—1952）、马歇尔·麦克卢汉的相关论著中有很多传媒赋权思想。英尼斯在《帝国与传播》中指出：帝国对"辽阔领土的治理，在很大程度上依赖有效的传播"[1]。成功的帝国在选择媒介时要克服媒介的偏向，兼顾空间偏向的媒介和时间偏向的媒介，空间问题是军事问题、政治问题，时间问题是朝代问题、人生寿命问题和宗教问题。英尼斯主张帝国对媒介的选择，实际上是国家通过媒介自我赋权。帝国通过传播征服空间和时间，空间传播帮助帝国扩大治理的版图，时间传播帮助帝国传承不朽的功业。麦克卢汉常被人们贴上"技术决定论"的标签，他主张新技术是社会变革的动因，"每当社会开发出使自己延伸的技术时，社会中的其他一切功能都要改变，以适应那种技术的形式"[2]。麦克卢汉认为电视的影响是湮没性的，电视无情地将儿童暴露在成人的新闻世界，让他们过早接触"种族歧视、暴乱、犯罪、通货膨胀、性革命"[3]。孩子们在没有进入学校之前，就已经在客厅发生了一场感知和态度的革命。麦克卢汉认为电视让年轻人深刻地参与到学习的过程。麦克卢汉看到的是传媒在学习方面对年轻人的赋权，它挑战了传统的教育体制，逼迫传统教育必须进行改革来适应年轻人的学习习惯。在媒介环境学的视野中，媒介技术相当程度上就是一种变革的力量，掌握一种媒介技术就是掌握了一种变革社会的资源和权力。

媒介环境学派将媒介技术作为社会变革的力量，发展传播学则将整个传媒当作第三世界现代化的手段，这里不仅包括传媒技术而且包括媒介组织。1958年美国学者丹尼尔·勒纳（Daniel Lerner）在《传统社会的消逝》一书中提出了大众传播与国家发展的基本理论模式，勒纳将大众传媒比喻成"奇妙的放大器"，它可以增强现代化因素，加速现代化进程。1964年施拉姆出版《大众传播媒介与国家发展》，1962年罗杰斯出版《创新扩散》，他们分别从传媒促进国家发展、推动创新扩散的角度论证了传媒的作用。美国学者柯克·约翰逊通过对印度两个村庄的民族志调查指出，"电视在影响乡村生活的经济、社会、政治面貌和人际关系。无论是因为电视所传递的信息，还是因为电视这一存在本身，电视都影

---

[1] 伊尼斯. 帝国与传播[M]. 何道宽，译. 北京：中国传媒大学出版社，2013：38.
[2] 麦克卢汉，秦格龙. 麦克卢汉精粹[M]. 何道宽，译. 南京：南京大学出版社，2000：363.
[3] 麦克卢汉，秦格龙. 麦克卢汉精粹[M]. 何道宽，译. 南京：南京大学出版社，2000：378.

响了村民们的人际关系、经济决定、政治意识、参与性和世界眼光"[1]。1969年，赫伯特·席勒出版《大众传播与美利坚帝国》，在这本批判学派的经典作品中，席勒指出："'美国制造'的讯息在全球传播，发挥着作为美国国家权力以及扩张主义的神经中枢的作用。"[2] 美国电子技术的创新速度和通信技术的力量，让美国信息系统的领导者们充满了自信。在大众传媒建构的权力关系中，美国的统治集团成为最终的胜利者。从发展传播学、批判传播学的论述中，我们知道传媒作为一种权力，可以被媒体组织使用，也可以被个体或国家使用。作为国家赋权的传媒是权力统治、国家发展的工具，作为个体赋权的传媒是个体现代化、个体参与政治的工具。

20世纪80年代后，随着传媒对政治生活的干预和渗透，以及全球一体化时代的到来，"街头政治"和"颜色革命"成为政治斗争的新形势。东欧剧变、苏联解体，更让人们看到了传媒巨大的舆论导向作用。萨缪尔·亨廷顿（Samuel Huntington）认为，电视机在东欧转型过程中发挥了"雪球效应"或"溢出效应"。2004年底乌克兰发生"橙色革命"后，"颜色革命"成为国际报道的关键词，格鲁吉亚的"玫瑰革命"、乌克兰的"橙色革命"、吉尔吉斯斯坦的"郁金香革命"等都成为"颜色革命"的案例。在"颜色革命"中，"官方媒体被严重边缘化，唱主角的是西方媒体、反对派媒体和'独立媒体'"[3]。各国政治反对派通过媒体宣传，妖魔化当权者，鼓动群众围攻政府，为反对派的街头运动制造法律基础，通过群众性的强势舆论逼迫当权者放弃权力。"颜色革命"就是政治派别对媒体权力的想象和争夺，当然也是利用媒体实现自我赋权的比拼。

三、社会思想史提供的技术赋权资源

传媒是人体的延伸，人体延伸的范围和程度，取决于传媒技术的更新速度。16世纪以来西方社会进入到现代性社会，传媒技术的发展是现代性社会的一种动力。马克思曾经论述过印刷技术对欧洲文明的重要意义，海德格尔认为正是电影和无线电技术消除了我们与世界的距离。伊斯兰历史学家凯伦·阿姆斯特朗（Karen Armstrong）在审视西方近代史后指出，西方现代性社会的成果主要发生在两个领域，即经济领域和认识论领域。其中认识论领域就是传播领域。阿姆斯特朗同时提醒我们现代性是一种"欧洲叙事"，现代性叙事背后隐藏着一个非常隐秘的"殖民性"议题。"殖民性是现代性的组成部分；没有殖民性也就不存在现代性。"[4] 资本主义利用现代科技实现了对时空的征服，但"在现代性修

---

[1] 约翰逊.电视与乡村社会变迁[M].展明辉，张金玺，译.北京：中国人民大学出版社，2005：208.
[2] 席勒.大众传播与美利坚帝国[M].刘晓红，译.上海：上海世纪出版集团，2006：142.
[3] 刘明，马越舟.大众传媒与政权更迭[M]//刘明.街头政治与"颜色革命".北京：中国传媒大学出版社，2006：292.
[4] 米涅罗.殖民性：现代性的黑暗面[G]//雷跃捷，陈卫星.中国新闻传播学评论.北京：中国传媒大学出版社，2017：3.

辞的后面隐藏着一个事实：为了增加财富，人的生命可以被忽略"[1]。从这个意义上看，在资本主义社会，传媒赋权相当程度被资本抢夺，成为维护资本主义意识形态的重要工具。

以"批判"闻名的法兰克福学派，借助马克思的"异化"概念和卢卡奇的"物化"思想，对资本主义的意识形态进行了彻底批判。法兰克福在批判资本主义的时候提出了"文化工业"的概念，"他们认为文化工业的特殊功能是：既使现存资本主义社会的意识形态合法化，又能把个体整合进资本主义系统结构"[2]。阿多诺认为科学和技术是工业社会的意识形态和统治工具，文化借助资本主义生产方式制造"虚假的需求"，它们控制和支配了人的文化消费，遮蔽了个体对自由和创新的追求。马尔库塞认为资本主义社会是一个新的极权社会，它利用技术压抑了人们内心的否定性、批判性和超越性，从而使公众变成麻木不仁、单向度的人。在马尔库塞所指的工业社会，商人和传媒共同操纵了人的精神生活，文化产品起着思想灌输和操纵的作用，"凡是其内容超越了已确立的话语和行为领域的观念、愿望和目标，不是受到排斥就是沦入已确立的话语和行为领域"[3]。法兰克福学派所批判的现象背后，实际上就是资本和权力对技术赋权的争夺，在权力争夺中资本主义奠定了它的意识形态，强化了它的合法性。

第二节　传媒赋权与中国近代社会的自强之路

技术赋权是对特定群体的增权，技术赋权并非只是对弱者的增权，国家或机构同样可以获得技术赋权。边缘群体得到赋权会变得更加自信和强大，能够更加主动地行使自己的权利、维护自己的利益。近代以来，中国社会最大的特点是社会变迁，而传媒是社会变迁的重要力量。在社会变迁过程中，传媒既对社会赋权也对国家增权。在中国近代史上，既有知识分子利用传媒赋权实现身份转型，也有大清帝国利用技术赋权实现体制自救。传媒赋权有时是社会启蒙的工具，有时是完善体制的动力，有时是权力更迭的催化剂。社会不同力量得到的传媒赋权不同，造成各种力量在社会场域中的博弈，最终形成"国家—社会"关系的调整和切换。近代先进的中国人利用传媒赋权，实现了民族国家内部权力结构的变化，推动着中国社会不断走向自救、自强之路。

一、传媒成为知识精英向知识分子转型的工具

知识精英曾经是中国社会的"中坚"力量，是统治阶级治国的"伙伴"或"工具"，

---

[1] 米涅罗. 殖民性：现代性的黑暗面 [G]// 雷跃捷，陈卫星. 中国新闻传播学评论. 北京：中国传媒大学出版社，2017：6.

[2] 许正林. 欧洲传播思想史 [M]. 上海：上海三联书店，2005：247.

[3] 马尔库塞. 单向度的人 [M]. 刘继，译. 上海：上海译文出版社，1989：12.

在封建体制内他们甚至包含在"统治阶级"阵营，只不过他们是统治阶级中最底层的成员。近代社会的内忧外患，科举制度的消亡，使中国知识精英丧失了传统的制度身份，成为社会力量场域中的卑微群体或流浪书生。近代报刊的传入使知识精英得到了改变命运的机会，他们很快学习和掌握了近代报刊的运作技巧，利用报刊传播先进思想，发起社会运动，实现了知识精英向知识分子的转型。报刊让中国知识精英得到了技术赋权，他们从报刊舆论中体会到知识的力量，也从文人论政中获得了知识分子的社会权力。

中国古代的"士"有学士、勇士、方士、策士等之分，但后来演变成对知识分子队伍的泛称。孟子认为："士之仕也，犹农夫之耕也。"（《孟子·滕文公下》）意即：士出来做官，就像农民耕种一样，都是一种本职工作。在春秋战国时期，"士"排在四民（士、农、工、商）之首，成为当时最高级的百姓。但"士"同时又是最低的贵族阶层，在漫长的中国古代史中，他们一直是统治阶级的重要组成部分。"通过科举考试，'士'直接进入了权力世界的大门，他们的仕宦前程已取得了制度的保障。"[1] 然而，近代中国的知识分子逐渐滑向社会边缘，到1905年废除科举制度后，知识分子最终完全失去了进仕之路。"古代知识分子从'封建'身份中解放出来之后，虽然在精神上能驰骋于自由的王国，在现实社会上却反而失去了基本的保障，不像以前的'士'大体上都是'有职之人'，极少有失位之事。"[2] 传统知识分子强调仁、义、礼、智、信，他们代表着社会的良知，具有家国情怀，维护精神道统。在社会剧烈转型的背景下，他们虽然失去了传统体制的保护，但"作为基本精神价值的维护者，他们比较富于使命感和正义感"[3]。正是这种使命感和正义感促使了他们有意识地从"士大夫"向"知识分子"转变。

近代中国社会没有西方知识生产的土壤，知识分子无法成为独立的知识生产群体，他们转而选择近代报刊来实现报国理想。鸦片战争后西方传教士将近代报刊带入中国，传教士创办的中外文报刊虽然充当了列强侵华的"马前卒"，但客观上也传播了西方的文化和科技，并使中国的知识分子逐渐认识到报刊在宣传和动员中的重要作用。传媒赋权既为知识精英带来社会力量的增量，也重构了知识分子产生作用的"社会关系"。近代知识精英置身于政治决策之外，是遭受忽视甚至歧视的群体，近代报刊的繁荣恰恰给他们提供了"参政"的机会和渠道。"现代中国知识分子抱着'以天下为己任'的精神，企图以文章报国，符合'立德、立功、立言'的三不朽。"[4] 从1874年王韬在香港创办《循环日报》开始，国人办报不断兴起，在维新变法运动中形成了第一次国人办报高潮。从《中外纪闻》到《时务报》，以及其他的维新报刊均以"论说"为主，进而形成了近代中国报刊的"文人论政"

---

[1] 余英时. 国学与中国人文 [M]. 桂林：广西师范大学出版社，2014：123.
[2] 余英时. 中国知识人之史的考察 [M]. 桂林：广西师范大学出版社，2014：171.
[3] 余英时. 中国知识人之史的考察 [M]. 桂林：广西师范大学出版社，2014：190.
[4] 李金铨. 文人论政：知识分子与报刊 [M]. 桂林：广西师范大学出版社，2008：4-5.

特色。"梁启超身兼数职（官、学者、流亡者、报人），他象征了知识分子以报纸为突破口转换身份，试图重新进入政治舆论中心。"[1] 梁启超曾担任《中外纪闻》和《时务报》的主编，当时只有二十出头的梁启超对新事物具有特别的敏感，"他的痛快淋漓的议论，在当时曾经打动了不少读者，因此名重一时"[2]，成为当时"所向披靡"的改良派宣传家。传媒的力量赋权和关系赋权，使中国社会的读书人由传统的"士大夫"转变成具有舆论影响力的"知识分子"，他们吸引着中国社会的注意力，以更加灵活的姿态调动社会的精神能力，积极参与到启蒙和救亡的政治任务中去。

二、鸦片战争前后体制内精英的技术赋权之路

古代中国人信奉"华夏中心论"，中国优越地处于"天下"的中心位置，中国之外皆属藩属或蛮夷。进入中国近代史，随着传教士在华传播西方文化，西方列强对华的军事侵略，国人原本自信自强的世界观发生了动摇。随着时空观、世界观和文化观的改变，国人发现"外国已不是不值一提的化外藩邦，而是有远胜于我的长处的强国"[3]。从资本主义的发展来看，西方列强纷纷来华侵略和掠夺，其实是资本主义全球扩张的结果。资本主义制度建立后，为了寻求国际市场、转嫁国内矛盾，必然将"海外殖民"作为重要的国家战略。中国地缘辽阔、资源丰富、市场庞大，这些优越的资源条件显然成为列强争夺的目标。清朝政府相对于它的子民来说是强者，但相对于西方列强来说却是弱者。面对国家和民族出现的危难，清朝体制内的精英形成了"实业救国"的理念，期望通过学习西方技术，提高国家的科技水平、经济实力和管理能力。

技术是一种意识形态，技术也是一种统治工具。西方列强对华侵略其实有两条战线，一条是军事征服，一条是文化侵略。伴随着西方强盗的坚船利炮，西方传教士带来了报刊宣传。当中国文化被迫遭遇西方文明的时候，中国早期的知识精英和政治精英都意识到技术赋权的重要性。知识精英呼唤国人正确对待西方文化，通过技术革新谋求中华振兴之路；政治精英则想通过技术赋权维护封建统治，抵制西方列强进一步入侵。早期精英没有独立性和自主性，他们敏锐地觉察到出版宣传的力量，纷纷通过被动或主动的方式开展文化传播，期望通过文化宣传"开明智"。早期精英的宣传任务是想唤醒清政府的现代意识，期望通过国家赋权发挥科技改造社会的作用。魏源（1794—1857）曾受林则徐的嘱托，翻译编印了4册《海国图志》（初刻于1842年），该书在系统介绍世界舆地和各国历史政制、风土人情的基础上，提出了"师夷长技以制夷"的富国强兵之策。魏源是首批"睁眼看世界"的知识分子代表，它受官僚所托进行的出版活动，是中国知识分子对"传媒赋权"的

---

[1] 李金铨. 文人论政：知识分子与报刊 [M]. 桂林：广西师范大学出版社，2008：2.
[2] 方汉奇. 中国近代报刊史 [M]. 济南：山东教育出版社，1981：79.
[3] 张汝伦. 现代中国思想研究 [M]. 上海：上海人民出版社，2001：117.

最早实践。

鸦片战争后,中国的政治精英们终于汲取了失败的教训,不断谋求"技术兴国"的道路,期望在国家层面实现"技术赋权"。经历第二次鸦片战争(1856—1860)后,清政府终于用领土和主权,换来了国家局势的"暂时稳定"。但曾国藩、李鸿章、左宗棠等统治集团中的清醒派深感"和平"的脆弱,他们坚持"师夷长技以制夷""中学为体、西学为用"的思想,在全国推行了一项旨在"自强""求富"的洋务运动。19世纪60—90年代的洋务运动,大规模引进西方先进科技,兴办近代军事工业和民用工业,事实上开启了中国近代化运动。洋务运动实际上是统治集团的自我赋权,他们将军事现代化作为运动的最高目标,期望运用西方科技改造中国的武装力量,从而阻止西方列强对中国的进一步入侵。现代科技是西方资产阶级的产品,是资本主义现代性理想的重要内容。"发达工业社会和发展中工业社会的政府,只有当它们能够成功地动员、阻止和利用工业文明现有的技术、科学和机械生产率时,才能维持并巩固自己。这种生产率动员起整个社会,超越和凌驾于任何特定的个人和集团利益之上。"[1] 现代科技是在资本主义体制内发挥作用的,清王朝并不具备现代工业化所需的产权结构、管理模式、科技体制和市场机制等制度资源,因此洋务运动的结局就可想而知了。北洋海军在甲午战争(1894—1895)中的覆没,标志着洋务派实施了35年的自救运动彻底破产。

在僵化的封建体制内,政治精英、知识精英都不具备独立性和自主性,他们难以独自掌握"技术赋权"来应付复杂多变的社会环境,他们也无法取得基层民众的支持,因此,这种在体制内自我完善的赋权理想最终没有达到理想的结果。封建体制内精英主动的技术赋权,虽然没有增强封建体制的柔韧性,但却强化了中国社会的柔韧性,它在中国基层社会播下了更多的启蒙种子。体制内精英的技术赋权初步形成了中国的国家技术观,此后这种国家技术观没有因为权力的更迭而消失,反而在政治体制的向前运动中得到强化。

三、传媒赋权与近代知识分子文人论政的理想

鸦片战争后,中国知识分子掌握了报刊传播技能,并通过报刊宣传实践实现了自我赋权。传媒赋权改变了知识精英传统的"士"的形象,他们逐渐克服了在公共生活中的无力感,自我意识、自我效能得到不断提高。知识分子自觉利用报刊实现表达权,积极向民众宣传西方的近代思想,如社会进化论、实用主义、社会主义等;他们不断反思传统的社会关系,积极领导和参与社会改造运动,在国家现代化进程中扮演着重要角色。

早期传教士创办的《申报》《万国公报》等报刊,为了"诱使中国人民特别是广大知识分子入彀"[2],刊载了不少当时被称为"新学""西学"的科技知识,其中传播了不少

---

[1] 马尔库塞. 单向度的人[M]. 刘继, 译. 上海: 上海译文出版社, 1989: 5.
[2] 方汉奇. 中国近代报刊史[M]. 济南: 山东教育出版社, 1981: 31.

介绍达尔文进化论的文章。1897年严复将赫胥黎的《进化论与伦理学》翻译成《天演论》出版，使"物竞天择，适者生存"的进化论思想获得广泛传播，产生了连严复也没有预料到的深刻的社会影响。到19世纪下半叶，"进化论成为超越一切利益集团和政治派别的普遍意识形态，成为近现代一切重大历史抉择隐含的理论预设"[1]。梁启超、章太炎等当时的先进知识分子都信仰进化论，进化论和后来胡适等带来的实用主义一道成为当时国人的意识形态。"进化论给中国人提供了一种崭新的历史观，使中国人将现代化视为一种'天命'一样不可抗拒的东西。但和天命不同的是，天命后面是一种神秘的超人力量在支持；而进化论的根据既是人类历史本身，又是科学，因而具有双倍的说服力。"[2]进化论思想观背后实际上是对西方现代性思想的追捧，也是在某种程度上对"现代化"的渴望。在这样的时代背景下，中国知识分子更加倾向于实业救国、技术救国。

传媒赋权是一个持续的过程，中国知识分子在使用报刊的过程中，不断加深对报刊作用的理解。洋务运动是国家通过"技术赋权"追求富国强兵，五四运动是知识精英通过"技术赋权"寻求救国之路。五四运动时期，知识精英通过出版物将进化论、民族主义、社会主义等思想向国人传播，引起国人精神、信仰和世界观的根本变化。"五四和文艺复兴都是文化运动，后者开启了近代西方文明的门径而前者亦是中国人长期摸索近代化与世界化的过程中的一个最重要的里程碑。"[3]五四运动甚至全盘否定传统价值观，将"赛先生"（科学）和"德先生"（民主）抬高到绝对的地位，认为它们代表着理性、现代性和进步。"尽管在五四运动中存在着许多争议，但是参加这场运动的所有各方，似乎都建立起了一种准宗教信仰，认为科学和技术必须成为中国民族国家建设的组成部分。"[4] 1915年，陈独秀在《青年杂志》第一卷第一号发表《敬告青年》一文，陈独秀认为，近代欧洲之所以优越他族者，科学之兴，其功不在人权说下，若舟车之有两轮焉，"国人而欲脱蒙昧时代，羞为浅化之民也，则急起直追，当以科学与人权并重"[5]。1919年他在《新青年》第七卷第一号上发表《〈新青年〉宣言》，文中提出，"我们相信尊重自然科学实验哲学，破除迷信妄想，是我们现在社会进化的必要条件"[6]。

在中国近代史上，晚清政府中部分清醒官僚意识到科技的重要性，以李鸿章等人为代表的洋务派通过技术赋权强化统治的合法性，期望科技能够巩固大清王朝的统治权，实现国家权力对社会生活的有效扩张，最终阻止西方列强的侵略步伐。知识精英在被迫从"士大夫"向"知识分子"转型过程中，自觉利用传媒赋权宣传进化论、民族主义和社会主义，

---

[1] 张汝伦.现代中国思想研究[M].上海：上海人民出版社，2001：18.
[2] 张汝伦.现代中国思想研究[M].上海：上海人民出版社，2001：57.
[3] 余英时.文化评论与中国情愫（上）[M].桂林：广西师范大学出版社，2014：186.
[4] 郑永年.技术赋权：中国的互联网、国家与社会[M].北京：东方出版社，2014：3.
[5] 陈独秀.陈独秀学术文化随笔[M].北京：中国青年出版社，1999：30.
[6] 陈独秀.陈独秀学术文化随笔[M].北京：中国青年出版社，1999：52.

最终形成以"科学"与"民主"为主题的新文化运动。近代中国官僚机构和知识分子都利用技术赋权改变弱势地位。传媒赋权隐含在技术赋权之中，传媒赋权又是技术赋权的重要推动力。虽然大清王朝没能挽回它的崩溃命运，知识分子也没有能力拯救整个国家，但技术赋权、传媒赋权对中国社会带来的进步是不可低估的。正是在第一波技术赋权的浪潮后，中国社会才可能向共和体制、人民主权方向发展。

第三节　传媒赋权与中国特色社会主义建设

技术赋权不是一种权力的简单给予，它是特定人群使用技术后获得的权力增量。"技术使用"有多种情形：有的是国家权力对技术的垄断性使用，有的是边缘群体对技术的抗争性使用，有的是特定群体基于"对技术的敏感"而对技术的超前使用，等等。近代中国人民经历了战乱频仍、山河破碎、民不聊生的深重苦难。在历史的紧要关头，中国共产党诞生了，它"团结带领人民完成社会主义革命，确立社会主义基本制度，推进社会主义建设，完成了中华民族有史以来最为广泛而深刻的社会变革，为当代中国一切发展进步奠定了根本政治前提和制度基础"[1]。在中国革命和建设的伟大实践中，中国共产党人自觉地利用传媒赋权，宣传意识形态，组织社会运动，推动国家建设，有效提升了党和国家的传播力和软实力。

一、中国共产党的传媒赋权与党报宣传体系的建立

1949 年之前，国民党处于国家的"正统位置"，他们利用占有的社会资源，排挤、打压中国共产党。中国共产党为了改变中国人的命运，自觉利用媒体整合中国社会中下阶层的力量，动员广大工农群众积极参与革命，改变基层群众的社会命运。翻开中共党史，舆论宣传占有突出的地位。毛泽东"虽然承认'枪杆子里面出政权'的硬道理，但是始终坚持要用革命两手——枪杆子和笔杆子——对付反革命的两手"[2]。中国共产党对报刊宣传的知识和技能的掌握，实际上是通过传媒赋权对国民党的统治进行抗争和挑战。1941—1942 年间，中共对报刊的使用已炉火纯青，党的领导人更加自觉地利用报刊实现党内的思想统一。1941 年之前，延安解放区在中央党报委员会的领导下创办了不少报刊，但报刊数量的增多一方面增加了解放区的物质负担，另一方面也不同程度地出现了"舆论不一律"的现象。针对这一现象，"毛泽东意欲集中宣传工具和统一宣传口径，扩大中央直接领导的宣传媒介的影响"[3]。1941 年 3 月 26 日，中共中央发出《关于调整刊物问题的决定》，

---

[1] 习近平. 决胜全面建成小康社会 夺取新时代中国特色社会主义伟大胜利 [M]. 北京：人民出版社，2017：14.
[2] 张昆. 传播观念的历史考察 [M]. 2 版. 武汉：武汉大学出版社，2015：459.
[3] 童兵. 马克思主义新闻经典教程 [M]. 上海：复旦大学出版社，2002：180.

文件决定,将《中国青年》《中国妇女》《中国工人》《中国文艺》等刊物暂时或永久停刊,合并《新中华报》和《今日新闻》改出党中央大型机关报《解放日报》,毛泽东同志亲自为《解放日报》创刊撰写发刊词。

黄旦教授认为,"毛泽东的新闻实践也不算多,更没有掌握过一份大型日报",但在他一贯的讲求实用不拘一格的作风影响下,他非常重视报刊在实际工作中的指导和组织作用,"他强调报纸内容首先是内向的当地化的,由近及远,与当地群众生活发生密切联系,才能引起他们的兴趣,达到宣传鼓动和组织的效果"[1]。创刊后的《解放日报》并没有如毛泽东所愿"联系群众生活",而是充斥着大量"洋八股",报纸版面"贫乏无味""面目可憎"。1942年中国共产党在解放区开展轰轰烈烈的整风运动,旨在从思想上清算党内的"左"右倾路线的错误和流毒,在全党范围内进行一次马列主义的思想教育运动。1942年3月31日,毛泽东和《解放日报》社社长博古召集各方人士开座谈会,征求大家对《解放日报》改版的意见。毛泽东在座谈会最后的讲话中指出:"利用《解放日报》,应当是各机关经常的业务之一。经过报纸把一个部门的经验传播出去,就可推动其他部门的改造。我们今天来整顿三风,必须好好利用报纸。"[2]《解放日报》改版是中国共产党第一次认真思考党报的舆论宣传功能,并第一次形成了系统的党报理论。自此,利用党报推动中心工作成为党的优良传统,报刊因此更加成为革命和建设的重要武器。近代中国媒体是西化、苏化的产物,中共的报刊不同程度受到西化的影响,很深地受到苏化的影响或干预。《解放日报》的改版是去除西化、淡化苏化的过程,使党报从此成为完全意义上的中央党报。正是在党报的工作实践中,中共增强了传媒赋权的意识,更加主动地利用媒体推动革命工作。

二、新中国的成立与传媒对国家力量的赋权

1949年中国共产党成为国家的领导力量,它代表广大人民掌握着中国的政权。新中国成立后,我国的社会结构和传媒环境发生了重大变化,此时,传媒不再简单地被看成社会赋权的工具,而是成为国家巩固意识形态、推动社会主义建设的重要力量。在设计社会主义中国的框架中,媒体是制度体系和组织体系的重要组成因素,中国共产党利用掌握的领导权力,重新配置和优化社会主义新闻网络。新中国成立之初,党和政府加快建设公营新闻网,逐渐对私营新闻事业进行社会主义改造。"到1951年8月,原有的55家私营报纸只剩下25家。党和政府为此对私营报业实行社会主义改造政策。从1950年下半年起,《大公报》《文汇报》等相继实行公私合营,到1953年初全部实行公私合营。通过公私合营,

---

[1] 黄旦.从"不完全党报"到"完全党报"[M]//李金铨.文人论政:知识分子与报刊.桂林:广西师范大学出版社,2008:261-262.

[2] 黄瑚.中国新闻事业发展史[M].上海:复旦大学出版社,2001:256-257.

对原有私营报纸加强共产党的领导，改进报纸工作内容，在经济上除保留私股外，由政府给予适当投资或贷款作为公股，以扶持报纸发展。后来，又逐渐退还私股，全部转为公营报纸。"[1] 对媒体经济体制的改造是发挥媒体舆论功能的保障，当报刊和广播成为国有独资后，媒体组织生产和社会动员功能被有效地发挥出来。在国家工业化、城市改造运动和朝鲜战争动员等方面，新中国的社会主义新闻网发挥了重要的作用。

国家工业化是社会主义建设初期的重要任务，而工业文明容易导致"社会需要"对"个体需要"的挤压。国有独资的传媒所有权结构，高度集中的行政化组织管理，使媒体的宣传工作被抬高到不恰当的位置。1958年5月，八大二次会议正式宣布开始"大跃进"，期望赋予"革命群众"无限的能力，去改造自身所处的环境。由于缺乏必要的民主监督，"大跃进"中间出现了高指标、瞎指挥、浮夸风和"共产风"等现象，媒体上经常出现"人有多大胆，地有多大产""主观创造客观""想象会变成力量"等口号。"文革"期间，媒体集权化管理进一步加强，媒体一味强调"以阶级斗争为纲"。"文革"中媒体被少数政治投机分子所利用，这给新闻事业发展造成惨痛的教训，也给党和国家带来了巨大的损失。新中国成立后，传媒赋权的完全国家化因此也产生出"赋权困境"，即基层社会处于更加弱势的地位，他们难以利用媒体主动赋权，从而使基层社会在政治生活中的作用受到了较大的忽视或压制。

三、传媒赋权思想与新时期的社会变革传播

改革开放后，中国共产党利用传媒赋权掀起了激发传播浪潮。"激发传播是社会变革孕育、发生与运行的动力。"[2] 以邓小平为核心的中央领导集体，利用传媒在短时间内进行了集中而有力的宣传，激发了中国社会的改革热情和创新活力。中国共产党领导人既是革命家、政治家，也是宣传家，每一代领导人都将新闻媒体看作革命和建设的重要工具，邓小平当然也不例外。同设计中国社会的改革方案一样，邓小平同样对新闻宣传工作也给出了新的界定。"邓小平对一些新闻论题的分析，着墨不多，含义深刻，论证入木三分，解决问题实在可行。"[3] 早在1950年，邓小平在《在西南区新闻工作会议上的报告》中就指出："拿笔杆是实行领导的主要方法。领导同志要学会拿笔杆。""拿笔杆子中，作用最广泛的是写文章登在报纸上和出小册子，再就是写好稿子到广播电台去广播。"[4] 1978年后，当时中央高层认为"旧的制度必须要进行改革，新的经济和政

---

[1] 方汉奇，张之华．中国新闻事业简史[M]．2版．北京：中国人民大学出版社，1995：389．
[2] 宋林飞．社会传播学[M]．上海：上海人民出版社，1994：235．
[3] 童兵．马克思主义新闻经典教程[M]．上海：复旦大学出版社，2002：244．
[4] 邓小平．在西南区新闻工作会议上的报告[EB/OL]．（2006-10-24）[2018-05-08]．http://cpc.people.com.cn/GB/69112/69113/69684/69694/4949574.html．

治秩序必须建立起来,以便中国能够在国内追求经济发展,在国外获得国际影响力"[1]。1976年粉碎"四人帮"后,我国新闻界开始拨乱反正,摒弃媒体是"阶级斗争工具"的观点,肯定了新闻事业以刊载时事新闻为主,是面向社会大众的传播媒介。1978年首先从报纸发起的"真理标准大讨论",成为思想解放运动的重要成果。"关于真理标准问题的大讨论,不仅猛烈冲击了根深蒂固的'左'倾思想,而且直接推动了平反冤假错案的工作。"[2] 此外,媒体还在新时期平反冤假错案中起到了重要作用。真理标准讨论和平反冤假错案为第二代领导集体进行"第二次革命",准备了良好的思想路线基础和组织路线基础。邓小平自己评价:"通过实践是检验真理唯一标准和'两个凡是'的争论,已经比较明确地解决了我们的思想路线问题,重新恢复和发展了毛泽东同志倡导的实事求是、理论联系实际、一切从实际出发的思想路线。"[3] 邓小平关于媒体使用的思想解决的是传媒如何对国家赋权,如何利用媒体赋权调整国家与人民、国家与媒体的关系,如何利用媒体更好地促进国家的发展与进步等问题。邓小平不仅积极推动了20世纪70年代末的思想解放运动,而且还推动了90年代初的另一场思想解放运动。1991年春天,邓小平在上海发表系列讲话,《解放日报》以"皇甫平"的名义发表4篇评论,阐释市场与计划、姓社与姓资的问题。正是《解放日报》的评论打开了中国人民的新视野,明确了中国走向市场经济社会的新思路、新方向。

四、传媒技术变革与国家传播力软实力建设

从20世纪70年代中后期开始,我国加快了传媒技术的改造步伐。1974年8月,当时的四机部、一机部、科学院、新华社及国家出版局联合申报立项了国家级科研攻关项目"748"工程,该项目的研究目标是实现计算机在我国排版印刷行业的运用。此后诞生的华光Ⅰ型机赶上了国外先进水平,实现了我国出版印刷业从"铅与火"的时代转向"光与电"的时代。1993年国家在技改专项中设立印刷专项,给印刷企业和部分中央媒体的技术改造给予了大力支持。从1988年到1993年间,"中央各报及80%以上的省报普及了激光照排。到1993年,全国已有700多家报社采用激光照排技术,绝大多数报社告别了'铅与火'的传统排印技术"[4]。1995年《光明日报》建起了新闻综合业务网,报业开始进入第二次革命阶段,即进入"告别纸与笔"的新时代。20世纪90年代中期到21世纪前10年,中国报业进入了辉煌的"黄金时代",《中国青年报》《南方周末》《新京报》《南方都市报》《华商报》等媒体对社会生活的影响达到了巅峰,报业大战的硝烟在全国各地点燃。20世纪80年代后,广播电视成为舆论引导的主阵地,"80年代中期,各地积极发展当地

---

[1] 郑永年. 技术赋权:中国的互联网、国家与社会 [M]. 北京:东方出版社,2014:34.

[2] 方汉奇,张之华. 中国新闻事业简史 [M]. 2版. 北京:中国人民大学出版社,1995:477.

[3] 邓小平文选:第2卷 [M]. 北京:人民出版社,1994:190.

[4] 吴文虎,林如鹏,支庭荣. 新闻事业经营管理 [M]. 北京:高等教育出版社,2010:160.

的广播电视事业，中央、各省等相继扩建电台、电视台，同时也纷纷建立了自己的广电大楼"[1]。中央电视台成立新闻评论部，1993年推出《东方时空》，1994年开办《焦点访谈》，1996年播出《新闻调查》，中央电视台的舆论监督和公共权力有效配合，成为当时中国社会进步的重要监督力量。传媒技术的更新完成了对国家的再次赋权，传媒产业逐渐成为信息产业的重要组成部分。随着媒体规模的放大、内容的更新、效益的提升，媒体极大地提升了我国的国际传播力和文化软实力。

在媒体发展过程中，新闻传播群体成为重要的社会群体，新闻传播职业成为社会羡慕的职业。20世纪八九十年代到21世纪最初10年，成为媒体人记忆的"黄金时代"。媒体市场化步伐加快，传媒技术的不断更新，舆论传播力的增强，使媒体人从单纯的宣传者、喉舌向更加多元的社会角色转型。新闻传播者借助传媒技术的赋权，扩大了自身的影响力，并在职业活动中形成了中国特色的新闻路线。在很多有影响的社会事件中，媒体记者和律师成为重要的社会力量，他们从不同的视角帮助中国社会修补体制漏洞，推动社会体制紧跟时代步伐不断调适和完善。

改革开放后我国国际传播得到长足的发展，具有中国特色的对外宣传体系逐渐建立，中国的国际传播力和文化软实力得到明显提升。约瑟夫·奈非常强调软实力在现代国际竞争中的重要性，他认为，"如果国家能使其力量在其他人眼中合法化，它们所遭遇的有违其愿的阻力就要少得多。若一个国家的文化和意识形态具有吸引力，别的国家就更愿意追随。如果一个国家能塑造国际规则并使之与本国的利益和价值观相一致，其行为在别国的眼中就更具合法性。如果一个国家借助机构和规则来鼓励别的国家按照它喜欢的方式来行事或者自制，那么它就用不着太多昂贵的胡萝卜和大棒"[2]。进入20世纪90年代后，我国媒体对外传播取得了丰硕的成果，2008年奥运会报道、2010年的世博会报道，使更多的国际受众看到了中国的文化软实力。媒体长期不懈地对外传播，改变了中国在国际舆论场中的弱势地位，并使中国逐渐获得了在国际话语平台设置中国国家议程的能力。

第四节 网络赋权与"国家—社会"关系的调适

彼得斯在《交流的无奈》一书中将人类的交流观划分为五个阶段，即①古希腊柏拉图《斐多篇》和《会饮篇》中的双向爱欲交流观，②《圣经》中耶稣和使徒保罗的单向撒播观，③中世纪神学中的天使交流观，④近代哲学的精神交流观和19世纪招魂术交流观，⑤现代传播理论中的交流观。彼得斯认为，"交流"是20世纪产生的观念，它是现代性社会

---

[1] 宋超.辉煌六十年：新闻事业与新闻传播学[M].上海：上海人民出版社，2009：170.
[2] 奈.软力量：世界政坛成功之道[M].吴晓辉，钱程，译.北京：东方出版社，2005：10.

的一个必然结果；20世纪人类生活在更加无法交流的世界，"时时处处遭遇交流的深渊"[1]。彼得斯指出："用对话的碎片思考和说话，这已经成为我们的命运。"[2] 彼得斯基于"哲学、社会、文化和技术"的背景研究传播思想史，他从传媒技术的角度思考"交流的不可能性"，认为传媒技术的发展引发的却是交流鸿沟的拉大。彼得斯虽然从批判的、悲观的视角研究传播思想史，但他还是在著作中反复指出，交流的力量是"它能够拓宽人的互动，使人能够超越时间和空间"[3]；交流"对我们反思民主、博爱和变迁的时代，至关重要。我们时代的一些主要困境，包括公共的和个人的困境，必须求助于交流，否则就找不到解决办法"[4]。

网络技术的发展造就了更多的交流平台。随着网络向更多的社会群体赋权，社交媒体给公众创造了更多的在场感。但是，网络空间的争议却越来越多，人际间的交流变得更加困难。网络不仅是一种传播工具，而且是社会系统的组织方式，同时也是社会治理的有效工具。在传播意义上互联网放大了彼得斯的"交流困境"，在社会意义上互联网创造了新的社会网络，而在社会治理方面国家面临着新的社会关系的调整。彼得斯从批判的视角认识交流的无奈。如果我们选择经验的视角，则"交流的困境"恰恰是"交流的课题"，它寄托着公众对交流有序的期待，也为行政管理提供了作为的空间。因此，网络赋权使传播问题超越了"交流的困境"，它要求我们用更多的智慧来协调新的"国家—社会"关系。

一、后消费时代出现的传媒赋权浪潮

鲍德里亚认为资本主义消费是一种符号消费，消费与社会地位、名望、荣誉相联系，"一件商品越是能够体现其拥有者或使用者的社会地位和声望，其符号价值就越高"[5]。迈尔斯在《社会心理学与心理咨询》中提出了"后物质主义"的概念。后物质主义价值观认为：追求财富可能导致"更不快乐的生活"，追求亲密的社会关系、充满希望的信仰、乐观积极的生活态度等是提高生活质量的重要源泉。沿着消费社会、后物质主义时代的路径，我们看到了后消费时代的特征：人们不仅追求先进的物质生活，而且追求消费符号带来的尊严，同时更加注重通过"消费"建立"自己可以控制的社会关系"。传媒赋权最有价值的地方是对边缘群体（Marginalized People）的赋权。我国改革开放后，传媒赋权出现了"社会化扩张"的现象，即传媒向国家权力之外的群体赋权，首先是对传媒机构内职业化群体的赋权，其次是对数量庞大的社会大众的赋权。传媒对社会大众的赋权是通过"消费"的力量推动的，这种市场化、社会化的消费运动形成了一波又一波的传媒赋权浪潮。

---

[1] 彼得斯.交流的无奈：传播思想史 [M].何道宽，译.北京：华夏出版社，2003：216.
[2] 彼得斯.交流的无奈：传播思想史 [M].何道宽，译.北京：华夏出版社，2003：248.
[3] 彼得斯.交流的无奈：传播思想史 [M].何道宽，译.北京：华夏出版社，2003：216.
[4] 彼得斯.交流的无奈：传播思想史 [M].何道宽，译.北京：华夏出版社，2003：1.
[5] 许正林.欧洲传播思想史 [M].上海：上海三联书店，2005：291.

网络对公众赋权的第一个表现是公众表达权的实现。20世纪90年代以来，电话、手机、电脑等信息产品帮助我们进入"媒介社会化"时代，普通公众获得了前所未有的表达便利。1994年中国接入国际互联网，1995年互联网向公众开放，2003年手机被认定为"第五媒体"。1999年聊天软件QQ出现，2002年博客网成立，2011年微博迅猛发展，2012年微信朋友圈上线……各种表达工具让公众体验到自我存在感，感受到个体在社会生活中的地位和尊严。社交媒体激活了个体操纵传播资源的能力，"个人湮没的信息需求与偏好被激活，个人闲置的微资源被激活"[1]。网络对公众赋权的第二个表现是实现了对底层力量、闲散资源的聚集和整合。底层的社会力量过去曾是零散的、卑微的、不被重视的，网络实现了对知识、时间、精力和关系的低成本、零成本的聚集，能够使卑微的声音以"暴风雨"的形式聚集表现出来。"互联网把个人激活了，个人成为社会传播的基本主体。就算是不知名的小人物，只要上传到网络上的内容能够得到较多的价值认同和情感迎合，就能在层层转发中形成核裂变的传播效应。"[2] 网络对公众赋权的第三个表现是对人类社会关系的再造。信息时代提供的各种交流产品和网络服务，使"社会关系"成为大众消费的对象；人们以"消费者"的身份不断使用社交媒体，并在消费的过程中建构各种"社交圈"。人类社会关系的网络化缔造了一个"虚拟的"网络帝国，网络帝国的臣民有了"关系"主人的错觉，人们经常幻想自己构建了一个"朋友圈"，自己实现了对自我社会关系的控制。世界各国都将信息技术、网络技术当成国家战略，网络技术最初总是以"国家赋权"的面目出现，但网络发展的结果却超出了权力的想象，社会大众因网络而得到无限、持续的赋权。后消费时代公众对"社会关系"的消费，恰恰形成了一波网络对普通人进行赋权的浪潮。

二、网络赋权与我国市民社会的成熟

市民社会是以"权利"为基础的私人所构成的非强制的社会集合。市民社会是国家和社会分离的产物，是"公""私"之间形成的公共空间，是国家之外公民自我管理的社会领域。我国社会曾长期处于高度政治化、国家化的环境，公众在政治生活中的表达权、参与权、监督权难以得到有效落实。改革开放后，国家向社会不断放权，市场孕育的契约意识，传媒向基层群众的赋权，使公众的生活空间不断放大，市民社会开始快速成长。市民社会是在普通公民之间形成的社会关系，网络技术的不断发展丰富和强化了私人之间的社会联系，并在虚拟空间内创造出更多的新型社会关系。权利是在社会关系中被建构的并在社会关系中发挥作用。网络空间不仅是人们的精神交流空间，而且越来越成为

---

[1] 喻国明."互联网+"时代传媒业转型发展的关键与进路[G]// 丁和根，崔保国.传媒经济与管理研究.南京：南京大学出版社，2016：5.

[2] 喻国明."互联网+"时代传媒业转型发展的关键与进路[G]// 丁和根，崔保国.传媒经济与管理研究.南京：南京大学出版社，2016：5.

物质交换、市场交换的空间，公众在网络空间内交换物质、信息、资金等资源的时候，能够体验到参与公共事务的成就和快乐，并清晰地感受到"私人权利"在公共生活中的增加。网络空间给公众提供的社会参与体验，丰富了市民社会的内涵，并推动着中国的市民社会不断走向成熟。

市民社会最重要的特征就是重视对私人利益的尊重和维护。表达权是公民最基本的权利。网络赋权让公众获得了表达权。公众在互联网表达中积累了表达自信，提高了表达能力。"在互联网的平台上，任何一个有着良好的互联网知识的中国公民，事实上现在都能够参与任意事件的相互讨论。互联网允许思想在联入互联网的人们之间快速地传递。"[1] 在征地拆迁、环境抗争中，公众卑微的声音形成了巨大的舆论洪流。网络舆论一方面维护了公众的切身利益，培养了公民政治参与的能力；另一方面网络舆论很好地监督了公共权力和腐败现象，不断推动中国社会的进步和公平公正的实现。市民社会还注重社会契约，注重共同价值的维护，注重公民的自我管理。网络对基层社会的赋权，不断使公众在网络生活中达成社会契约，促进公众在集体行动中形成共同目标。网络赋权促进市民社会发展，提高了中国社会的自我管理能力，同时也带来了国家与社会的关系的不断调整。当然，市民社会不是国家的对立面，它是国家管理能力的重要补充，是中国崛起的重要依靠力量。

三、网络赋权与国家治理的创新

基层社会的网络赋权既有网民的自我赋权，也有国家对社会的放权、赋权。网络赋权提升了社会的自我管理能力，让更多的民众有了主人翁意识和社会责任感，他们更加积极地投入到公共生活的讨论和实践中。传媒对基层社会的赋权促进了市民社会的成熟，电子公共领域密集的公共讨论，对中国的公共决策和制度建设产生了积极的影响。随着整个社会的经济关系、社会关系、政治关系网络化，"国家—社会"关系出现了新的结构性变化，国家需要向市民社会释放更多的自我管理的空间，同时国家也需要在全新的网络空间内实现有效治理。

网络公共空间类似于自由市场，充满着光怪陆离的奇观和只言片语的观点；置身于网络空间的人们仿佛进入自选商场，每个人只是根据自我偏好选择信息、观点和立场。网络公共空间内"人人皆记者，人人皆读者，人人皆评论者，人人皆参与者"[2]，但是很多人只是如盲人摸象一般，抓住一点不及其余。网络平权思想促进了草根民主的发展，但客观上也拉低了网络空间的道德水准，很多网民面对公共生活时丧失了否定性、批判性思考。在网络公共事件中，很多人倾向于从情感出发下判断，忽视事物本身的发展逻辑，导致情感超越现实的"后真相"的出现，网络空间内频繁出现舆论审判和道德绑架。网络空间内

---

[1] 郑永年. 技术赋权：中国的互联网、国家和社会 [M]. 北京：东方出版社，2014：55.
[2] 介子平. 大道泱泱 信息惶惶 [J]. 传媒，2017（24）：32-33.

形成的社群关系表面上突破了时空的限制，实际上却形成了一个又一个信息茧房；茧房与茧房之间基本是独立的、封闭的，各种网络社群充斥着心灵鸡汤，浸淫其中的网民信息鸿沟却在不断拉大。当人类现实的社会关系不断向网络空间位移时，网络空间法制和伦理方面的准备不足，网络空间的很多领域还处于"原始状态"。

国家是网络空间的规划者，也是网络空间的治理者。网络空间出现的种种问题，给我国政府治理提出更多的挑战。近年来中央反复强调网络治理的重要性，将网络舆论治理上升到定国安邦、治国理政和国家安全的高度。党的十九大报告明确指出，党和政府要"加强互联网内容建设，建立网络综合治理体系，营造清朗的网络空间"[1]。互联网不仅给中国社会赋权，而且也对国家进行了赋权，甚至出现了国家和社会在网络空间内相互赋权。国家是网络技术的倡导者、开发者，它与市场结成强同盟关系，成为网络技术的掌控者、实践者。我国政府信仰"科技是第一生产力"，网络技术推动了微博、微信、支付宝、共享单车等业务的发展，中国在信息产业方面的进步大大提升了中国的国际影响力，这是网络赋权给国家建设带来的直接效益。网络对基层社会赋权使政府治理受到挑战，但政府是网络技术的原始规划者，它能够利用先进的网络技术强化自身的治理能力。通过金盾工程（Golden Shield Project）的实施和防火墙（Firewall）的建立，政府在物理层获得了网络空间最原始的话语权；党和政府对网络安全问题十分重视，正在构建中国特色的网络主权，网络治理逐渐纳入国家化、法制化的轨道。制度屏障、法律屏障成为政府治理网络空间的基础性工程，在此基础上相关部门还在积极评估社会情绪，利用大数据、区块链等新技术，不断对社会资源、社会权力进行再分配，在大数据环境下创新政府治理的新模式。

四、大数据时代技术与资本的霸权

网络对基层群众的赋权，提高了基层群众的权利感，扩大了他们对自身命运的决定权。因此，乐观主义者认为，网络赋权促进了"数字民主、电子民主、网络民主"。然而，政府、资本是网络赋权的最大受益者，因为信息产业逐渐成为全球的支柱产业，各国政府实际上也向市场让渡网络赋权。因此，国际上一些悲观主义学者认为，网络赋权可以被权力使用强化威权政体。我国现有政治体制决定了网络赋权能够帮助国家实行现代化，推进社会主义民主的发展。然而，政府在规划和治理网络空间时，必须要对技术与资本的霸权保持警惕。互联网产业是一个依赖资本运作的产业，在巨大的现实利益面前，资本和技术极容易合谋形成网络霸权。任何网络服务都是技术人员编写的系列程序，上网则是资本和技术对人类身心的设计和分配。当机器算法能够控制公众的注意力，普通人就可能越来越成为机器的奴隶。在一些公共事件中，公众看到了网络企业的资本强权、技术霸权，也看到了大数据技术具有的巨大社会负效应。因此，政府的管理创新还应该包括对技术和资本的合理节制。

---

[1] 习近平. 决胜全面建成小康社会 夺取新时代中国特色社会主义伟大胜利 [M]. 北京：人民出版社，2017：42.

传播是一种现象，传媒赋权也是一种现象，它们都是面向未来、发现未来的现象。传媒技术的革新主要由两种力量推动，即市场力量和国家力量。在国家力量主导的技术变革中，传媒始终处于"在轨"的状态，技术赋权最终体现的是国家权力的强化或延伸。在市场或社会主导的技术变革中，传媒首先呈现的是"脱轨"状态，传媒赋权体现的是边缘群体的增权；国家权力是社会资源的主要调配者，当传媒赋权影响到权力结构的平衡时，国家权力必然会采取措施引导传媒赋权"再入轨"，最终实现国家权力对传媒赋权的监控或收编。

从我国传媒赋权的历史回溯看，传媒技术赋权有时是"被赋权者"对权力的自我认知、主动发掘，如清末知识精英对报刊的使用，实现了传统"士大夫"向近代知识分子的转型；有的是公共权力对"被赋权者"的权力授予，是外部力量控制的权力"在轨使用"，如现代网民是在国家给定的空间内实现对公共生活的参与。传媒赋权的对象有基层社会、边缘群体，但国家也是网络赋权的受益者，甚至是最大的受益者。传媒赋权让公众的权益得到尊重，公众可以寻求外部的救济；公权力可以利用传媒赋权，维护意识形态，巩固现有政权。近现代以来，传媒赋权在不同历史阶段有不同的表现方式，但传媒赋权总是国家与社会进步的重要推动力。清末民初的传媒赋权实现了社会大众的启蒙、知识分子的转型和社会运动的动员；新中国30年的传媒国家赋权，巩固了社会主义政治制度，实现了意识形态的绝对领导地位；改革开放以来的传媒赋权，一方面调动了人民群众的社会参与热情，另一方面也提升了国家的社会治理能力。应该说，传媒对中国社会的技术赋权，改善了中国社会的权力关系，不断推动着中国社会走向进步。

经过前面一段漫长的历史回顾，我想在"绪论"中梳理出这样几条结论：近现代以来传媒发展是和技术进步紧密相连的，传媒技术赋权的对象既有媒体从业者，也有政府和公众；传媒赋权不是均等的、普惠的，职业新闻人获得的赋权性质决定着他们的工作方向和价值取向；当前职业媒体人是在体制赋权的范围内从事新闻生产，这种新闻生产深刻影响着我国"国家—社会"关系的互动和调适。本书所涉及的媒体案例主要是2004年以后的案例，此时网络媒体已经登上历史舞台并日益改变媒体生态，然而我国的职业媒体人依然在体制范围内坚守新闻理想，守望舆论阵地。我国传统媒体的阵地坚守不仅有他们的自觉性，也有体制赋权对他们的期待与规制。

新闻宣传工作要用最好的东西去武装人、引导人、塑造人和鼓舞人，这是我国新闻工作者必须坚持的工作原则，也是党和政府交给新闻媒体的光荣使命。我国媒体必须要坚持社会效益与经济效益相统一的原则，媒体只有完成了舆论宣传任务，才能在保证意识形态安全的基础上去谋求合理的经济效益。本书内容分为三篇，即新闻宣传篇、采编业务篇、经营策划篇。新闻宣传篇从舆论宣传、新闻评论、两会报道和伦理规范等角度，借鉴江苏省的媒体舆论宣传案例探讨舆论宣传的策略和方法。采编业务篇从头版头条、专题报道、新闻文风、标题制作、经济报道等方面更加细致地评析媒体业务操作的成功经验，反思业务活动中的不足，提出必要可行的改进措施。经营策划篇从较为宏观的层面聚焦报纸、期刊、电视节目的报道策划、风格定位和经营策略，从社会效益与经济效益相结合的角度探讨媒体经营的路径。因为相关内容形成的时间节点不同，再加上媒体评阅的历时性、管理性和服务性等特点，本书的逻辑性、理论性还有待进一步增强。恳请各位读者在阅读此书时多提宝贵的批评意见，以帮助我在今后的理论研究中改进和成长。

新闻宣传篇

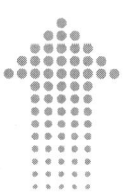

第一章
新闻宣传与主流价值观传播

我国传统媒体基本上都是国有体制，媒体在功能上是党和政府职能的重要延伸，新闻宣传成为传统媒体肩负的重要使命。然而，当新媒体崛起后，传统媒体面临着巨大的挑战，新闻传播的社会化趋势不断加强。在舆论场日趋复杂的情况下，传统媒体应该充分研究新形势下信息传播规律，在尊重现代传播规律的情况下，传播社会主流价值观，有效掌握舆论阵地中的话语权。

第一节 党报需要掌握舆论阵地中的话语权

党报是党和政府的"发言人""代言人"，党报需要通过新闻报道、新闻评论和理论文章，宣传党的方针政策，传播主流意识形态。在社交媒体异常发达的时代，话语权的争夺变得更加激烈。党报必须实现报道题材、话语风格、工作机制的转变，才能更好地掌握舆论阵地中的话语权。下面结合2015年5月21日—5月27日《徐州日报》的报道内容，对地市党报话语权建设进行简要探讨。

一、党报需要跳出"经济思维"，全面宣传中国梦的内涵

在过去的几百年间，美国成功地在世界上营销了"美国梦"品牌。美国梦的核心图景是个人奋斗、自由竞争和个体价值。进入21世纪，中国快速崛起，中国梦正在成为中国走向世界的重要品牌。中国梦是中华民族的伟大梦想。与美国梦的个人主义倾向不同，中国梦最大的特点是强调国家、民族和个人是一个命运共同体。中国梦是具有世界意义的地方知识，是中国政治家们的一种理论创新，它具体表现为国富民强、民族振兴、人民幸福等内容。

党报是地方党委政府开展工作的舆论支持力量，更是宣传中国梦的重要阵地和舞台。但是受传统思维惯性的影响，党报也容易形成"经济思维""工程思维"，将政府工作简单等同于工程上马、经济起飞，而忽视了中国梦的全面宣传。表1-1是2015年5月21日—5月27日《徐州日报》头版刊登的大标题。《徐州日报》的头版刊登新闻大标题，相当于传统党报的头版头条，新闻的具体内容刊登在第2版中。从表1-1来看，《徐州日报》

7天头版刊登了11条新闻大标题,其中工程建设、经济发展的新闻就占8条。中国梦的实现手段是政治、经济、文化、社会、生态文明五位一体的建设和发展。党报头版头条是党报的灵魂,《徐州日报》可以对中国梦进行深度解剖,力争在舆论宣传中全面体现徐州市委市政府的工作。

表1-1 5.21—5.27期间《徐州日报》头版刊登的新闻大标题

刊登时间	标题内容
5月21日	市委召开常委会议(主标题) 工业经济平稳运行 存贷款增势良好(副标题)
5月22日	振兴转型 升级巨变——聚焦徐州老工业基地转型振兴之路(上)
5月23日	"一带九区十四园"初具规模(主标题) 我市黄河故道综合开发项目已完成投资140亿元(副标题) 丘陵山区开发,哪些人可以投资?(主标题) 今年我市丘陵山区农业综合开发建设规模为4.25万亩(副标题)
5月24日	新的起点再次起航——聚焦徐州老工业基地转型振兴之路(下) 生态徐州成全国"焦点"(主标题) 央视《焦点访谈》栏目报道我市生态文明建设成就(副标题)
5月25日	以"四个全面"战略布局引领新徐州建设实践
5月26日	加强区域合作 实现发展共赢(主标题) 八市携手推进淮海经济区核心区一体化建设(副标题) 我市铁路建设步入快车道
5月27日	自觉践行"三严三实" 做忠诚干净担当的党员干部 "三严三实"专题教育拉开大幕

经过多年的"追赶和超越",中国自身已经具备了强大的发展惯性。中国要想全面实现中国梦,应该抓住历史赋予我们的"拐点",全面提升我国的综合实力,尤其注重发展各地的软实力。徐州拥有历史馈赠的楚汉文化,拥有现代生态文明的建设成果,《徐州日报》应该选择更多的报道角度全面展示"徐州形象",塑造中国梦的徐州样板。

二、党报需要创新报道模式和文风，用柔性话语赢得民心

话语权是一种非强制权力，它需要通过温情脉脉的话语表达，才能消除公众的逆反心理和敌对态度。在社交媒体时代，党报不能再高高在上，它必须要俯下身段，以精彩的故事和严密的说理赢得公众的认同。党报报道的题材和文风只有接地气，读者才不会厌恶它、逃避它。当读者愿意接受党报、亲近党报的时候，我们的意识形态宣传才能产生春风化雨、润物无声的效果。

《徐州日报》的宣传口号是"贴近铸就主流"。从该报的标题制作、版面编排来看，报纸努力通过赏心悦目的版面吸引读者的眼球。但从目前刊登的稿件来看，工作通讯占据主导地位，有些报道实际就是部门的工作报告，缺乏新闻报道的新闻性和可读性。头版头条因为要报道市委市政府的主要工作，用"工作通讯"的形式报道还可以理解。对于其他题材的报道，应该更加注重新闻性、故事性。5月22日，该报刊登《如何促进生物多样性？（引题）徐州：再造秀美山川（主题）》，这篇报道分四个部分，每个部分提炼出一个关键词，即山地丘陵保护区、湿地保护区、外来物种、建立保护网络。目前生态文明建设被更多的人重视，这篇报道如果有更多的人物、细节、场景，可能会生动起来，甚至可以登上头版。然而，这篇报道开头是"从环保部门获悉"，而报道的具体内容也确实像环保部门的工作总结。5月25日该报刊登的《走出去，是为了更好地引进来》，总结了徐州市连续6年参加中国（深圳）国际文化产业博览会的经验。报道内容过多偏向经济指标、产业指标，缺少必要的文化内涵、经验反思。类似文章完全可以具体分析徐州文化的精神内涵、创意空间和传播模式，而不仅仅根据相关部门的材料写炫耀式的工作总结。

报纸前有网络的拦截，后有电视的追兵，如果党报不强化新闻采访，不在体裁和文风上动手术，党报的权威性和公信力将会受到更大的挑战。党报应该努力创新话语体系，将群众的思维方式、生活方式和价值标准，转化为合情、合理、合法的内容，让党报的话语表达显得更加有温度、有力量。

三、党报应该介入突发事件报道，通过理性话语引导舆论

新闻报道可以分为延缓性新闻和突发性新闻。延缓性新闻是对逐步发生变化的事实的报道，如学校开学、政府开会、领导活动等，延缓性新闻没有强烈的时间限制。突发性事件是出乎人们的意料、突然发生的事件，如灾难、冲突、事故等。从新闻竞争和舆论引导来看，突发性新闻是新闻报道的核心内容，一家在突发性新闻中没有话语权的媒体，往往会被公众当成没有影响力的媒体。目前，包括新华社、《人民日报》、中央电视台等在内的中央级媒体，比较重视突发性新闻的报道。它们的报道一方面抢先占领了舆论阵地，挤压了谣言传播的空间；另一方面也用权威的信息、理性的话语稳定了公众情绪，充分引导社会舆论向平和、理性的方向发展。

7 天的《徐州日报》对突发新闻、现场新闻的报道不多，几乎所有的稿件都是延缓性报道，报纸新闻缺乏"今天""现在"的时间标识，报道中也难见到记者在现场报道的叙事。以 5 月 21 日第 2 版要闻版为例，新闻来源 5 个是会议（市常委会、市政府专题调度会、人大常委会、防汛防旱会、产业招商会），1 个是活动（职工读书月），1 个是市统计局发布经济运行情况，1 个是对全市社会救助政策的全面梳理。该版所有新闻均是从会议室和资料中获取的，因此报道中普遍缺乏场景和人物描述。第 3、4 版报道也没有太多的改观，基本还是以"工作总结"为主。不是说"工作通讯"不能报，而是说没有"突发新闻""现场新闻"的报纸，记者最终必然会丧失"记者"的特征，而成为相关部门的"记录员"或"秘书"。对报纸来说，放弃突发新闻、事件新闻的报道，将弱化报纸作为"新闻纸"的特征，是主动放弃舆论引导力、社会影响力的表现。

四、党报应该试验大数据新闻，做好舆情监测与研判工作

舆情、话语权、意识形态和社会治理，是当前党报报道原则的关键词，尤其是对舆情的研判、报道、预警，更是各级党报服务于党委的重要工作。人的思想意识和精神世界是复杂多变、神秘莫测的，但不断发展的大数据和数据挖掘技术，却为人类解开自己的心灵面纱提供了科学工具。在无处不在的各类智能终端中，公众成为数据的免费生产者和提供者，我们的言行、思想和行为都以数据的方式在各类数据库中留下了痕迹。智能终端是在没有人干扰下对公众数据进行自动记录的，因此大数据具有"与主体无关"的客观真实性。数据库中自然状态的数据是非秩序化、非结构化的数据，通过数据挖掘和整理可以在数据中建立逻辑关系，从而帮助我们分析过去、读懂现在、预测未来。

希拉里在任美国国务卿期间提出过"信息战"的概念。斯诺登事件暴露出美国对全球的监控。近年在全球发生的各类新媒体事件，让越来越多的媒体尝试、探索数据新闻的报道模式和机制。中央电视台的春节大数据、两会大数据，已经在国内新闻传播领域产生了很大的影响。更多的媒体则将大数据作为舆情监测的重要手段，数据已经成为党报报道的重要话语类型和风格。《人民日报》针对新媒体对社会治理提出的挑战，专门开设了《新媒体》专版，数据新闻已经成为《人民日报》重要的报道内容。江苏省内一些党报也在数据新闻上有所探索，如《苏州日报》《无锡日报》等。但《徐州日报》7 天中却没有数据新闻的相关报道，连最基本的可视化数据都没有。大数据新闻是正在快速发展的新闻报道体裁，也是党报进行舆情分析和引导的重要工具。各级地市党报理应探索数据新闻的报道方式，不断提高数据新闻的报道水平，最终确立党报在大数据新闻中的优势地位。

第二节 群众路线报道中的"鲜活的思想"

群众路线是我党克敌制胜的一件法宝，脱离群众是党执政的最大危险。当中国正在崛起为世界性的大国时，党却经历着严峻的考验。在基层党政组织中，一些党员干部开始满足于既有的发展成果，没有节制地追求物质享受，逐渐在工作上、生活上与普通群众拉开了档次和距离。为了从组织上、工作上、思想上进一步凝聚全党的力量，以习近平同志为核心的党中央围绕保持党的先进性和纯洁性的总目标，在全党深入开展了以"为民、务实、清廉"为主要内容的群众路线教育实践活动。在抗日战争和解放战争时期，淮安是中共重要的根据地和解放区，淮安人民为民族的独立和解放建立了巨大功勋。《淮安日报》最早可以追溯到1940年创办的苏皖区委机关报《人民报》，是一份具有光荣革命传统的党报。在群众路线教育实践活动中，《淮安日报》继续发扬党报的优良传统，不断挖掘淮安地区的红色文化资源，为群众路线教育注入了鲜活的思想，也为打造淮安党政干部的精神气质，提升淮安地区的软实力作出了重要贡献。以下是《淮安日报》2014年上半年对群众路线教育实践活动的报道情况。

一、发挥媒体组织舆论的功能，对全市教育活动进行路线规划

大众传媒是一种强大的教育工具，它能够承担起教育公众、组织舆论的任务。群众路线教育是在党员干部中开展的一场灵魂教育，新闻媒体理应站在舆论的最前沿，为群众路线教育营造积极的舆论氛围。群众路线教育实践活动，不可能只靠党员干部的自觉感悟去进行，它需要各级党委和政府带头示范、超前谋划，从组织上、路线上统筹规划群众路线教育的方向。《淮安日报》在群众路线教育实践活动中，重点报道淮安市委市政府对群众路线教育的部署，关注主要领导在路线教育中的示范效应，帮助党委和政府把握好群众路线教育的政治方向。

淮安市在教育实践活动中创造了"3+X"的"实境课堂"教学模式，2014年上半年报道"实境课堂"的教学内容成为《淮安日报》教育实践活动报道的"重中之重"。这里的"3"指的是3个群众路线教育的核心课堂，即周恩来纪念地、苏皖边区政府旧址纪念馆、新四军刘老庄连纪念园；"X"是在全市范围内建设群众路线教育X个教学点。淮安市"实境课堂"的教学模式，充分发掘了淮安地区的红色资源，为群众路线教育注入了鲜活的、有生命的内容。鉴于淮安市在群众路线教育中的模式创新，2014年3月26日，江苏省委在淮安市举办了"学习恩来精神 践行群众路线"专题活动，全省百名县（市、区）委书记走进淮安市教育实践活动"实境课堂"接受教育。3月27日，《淮安日报》以《学习恩来精神 践行群众路线》为题对这次活动进行了专题报道。同时在这期报纸的第2版，时任江苏省委副书记、省委教育实践活动领导小组副组长石泰峰还发表了专门的学习文章：《缅怀总理精神 汲取强大力量》。

群众路线教育的深入程度，取决于主要领导的重视程度、认真程度。为了推动群众路线教育在全国开展，中央政治局七个常委都深入基层蹲点调研，李克强总理更是和村民一道"甩开膀子"干活。中央高层领导走群众路线"动真格"，保证了全国群众路线教育稳步扎实推进。《淮安日报》作为淮安市委机关报，同样关注淮安市委市政府领导对群众路线教育的规划、部署和参与。知是行之始，行是知之成。执政党只有听取不同意见，接受群众监督，才能持续保持自己的先进性和纯洁性，才能有效地治理一方水土、造福一方百姓。3月21日，《淮安日报》头版头条刊登的报道《畅通民意渠道 切实改进作风》一文，反映出淮安市委主要领导人对教育活动的高度重视，能够在听取不同意见的基础上对全市活动进行顶层设计。报道指出时任市委书记姚晓东利用"四大平台"征求和听取群众的意见，这四大平台是阳光信访、阳光纪检、12345政府公共服务平台和软建办。淮安市委充分挖掘现有信息资源的做法，能够让市委更高效、更集中地听取群众意见。同一天第2版刊登新闻《践行群众路线 改进工作作风》，报道指出，淮安市市长曲福田主持市政府党组会议，会议一方面贯彻落实习近平系列讲话精神，另一方面也畅谈了市政府改进工作作风的体验。

在群众路线教育实践活动中，领导人不仅要在思想上、制度上重视，而且还应该亲自参与基层实践活动，在活动中接受群众的再教育。3月26日，《淮安日报》头版头条《务必打赢"三整治一督查"攻坚战》报道的就是姚晓东在基层调研的新闻。3月25日，姚晓东深入他的联系点淮安区开展实践活动。姚晓东进社区、访居民，与各界人士交谈，与基层群众促膝谈心。姚晓东看望淮安"孝老敬老好居民"徐锦和的父亲，徐锦和的父亲已经90岁高龄，姚晓东来到老人床前，询问老人的健康状况，对其亲属悉心照顾老人给予了高度赞赏。在实践活动中，姚晓东还提出党员干部应该具备钉子精神，以自我革新的勇气深入扎实地查摆问题。

除了市委市政府的重要活动外，《淮安日报》还报道了其他条口关于群众路线教育活动的部署和实践。如淮安市人大常委会开展"微调研"，走访慰问困难群众（4月3日）；政法委书记赴联系点走访调研；淮安市组织系统精心打造的群众路线实境课堂，受到领导专家、党员干部的好评（4月3日）；市委统战部扎实推进教育实践活动（3月28日）；等等。《淮安日报》对党政各大系统群众路线教育实践活动的报道，明确了淮安群众路线教育实践活动的方向，提高了全市广大干部群众的思想认识。

二、深挖"总理精神"的时代内涵，建设淮安社会的精神道统

任何社会都要有自己的精神世界，正如一位诗人所说："当灵魂失去庙宇，雨水就会滴在心上。"当前，中国社会物质生活进步很快，但少数人的精神生活却出现了滑坡，"宁愿在宝马车里哭，也不愿在自行车上笑"。一个国家需要捍卫共同的信念天空，一个社会需要坚守稳定的核心价值。淮安市是周恩来总理的故乡，周总理一生得到了世界人民的赞誉，周总理的精神也成为共和国的一笔财富。作为周恩来的家乡，淮安具有先天优势去继承和发展周总理的精神。为此，《淮安日报》在实践活动中开设了专栏：《学习伟人周恩来 崛起江淮作表率》。该专栏一方面继续总结周总理精神的内涵，另一方面结合时代特点解读周总理精神。3月28日,《淮安日报》将A2、A3版打通出版了一期专访,围绕"学习伟人周恩来 崛起江淮作表率"这一主题,采访了淮安市9个部门的一把手。从4月4日开始,《淮安日报》又开始连续刊登"学习伟人周恩来 崛起江淮作表率"系列访谈,通过对各部门主要领导的采访,较为全面地对总理精神进行了归纳。如4月4日采访时任淮阴区委书记刘泽宇,刘泽宇认为他在参加"学习恩来精神 践行群众路线"专题活动后获得的感受是"四个方面作表率",即强化信念作表率、服务群众作表率、改进作风作表率、推动发展作表率。4月8日,采访副市长、公安局长、城管局长和民政局长,相关领导从自身工作出发,将"周总理精神"理解为:不变的政治本色、坚定的理想信念、一心为民的群众观念,以及艰苦朴素、勤政清廉等。

"总有一种情怀,能够让人超越争名逐利;总有一种追求,能够让人舍弃一时得失;总有一种感动,能够让人不禁潸然泪下。"[1]时代变了,周总理精神也有了更丰富的内涵。群众路线教育就是要对党员干部的世界观、人生观、价值观进行再改造,"以周恩来总理为镜"可以帮助各地深刻查摆思想和行动上存在的污垢。《学习伟人周恩来 崛起江淮作表率》专栏发表了大量的教育实践新闻,这些新闻能够充分反映周总理精神在淮安土地上的渗透力和生命力。3月17日,《涟水:让群众观点入脑入心》报道涟水县教育实践活动的主题是:"以周总理为镜,争做勤廉好干部。"4月3日,《盱眙:用脚步丈量"群众路线"》报道盱眙县开展"走千家,访万户""承诺履职面对面""亲民服务品牌"创建等活动,让党员干部更"接地气"。4月6日,《爱管"闲事"的好所长》报道某派出所所长成功救下26人生命的先进事迹。这些鲜活的事例,恰好是周总理精神的时代注解。

社会有了信仰,恶性肿瘤就失去了存活的土壤,社会治理就会有强大的凝聚力。新闻评论是报纸的灵魂或旗帜,它可以直截了当、一针见血地亮出报纸的观点。《淮安日报》的评论版配合群众路线教育发表了不少相关的评论,这些评论能够帮助各级党员干部更好地洗涤自己的思想,培养党员干部的精神信仰。《做足"实"文章》(3月25日)指出:"淮安是一片红色的土地,处处都有可歌可泣的动人故事,蕴藏丰富的精神之'钙'。"《莫做新时期"华威先生"》(3月25日)一针见血地指出:"基层群众对形式主义的东西看得一清二楚,也深恶痛绝,更瞧不起搞形式主义的领导。"文章认为,形式主义是为了应付上级领导,是不计效果地体现"领导重视";"形式主义表现在下面,根子在上面"。《照"镜子" 照正"衣冠"》(4月4日)认为,干部要常照四面"镜子":即以理论理想为镜,以党章党纪为镜,以民心民声为镜,以先辈先进为镜。

三、报道各级各部门的教育实践活动,帮助党员干部在工作中摆正位置

淮安市各级各部门在群众路线教育活动中,能够将周总理精神内化于心,外现于形。

---

[1] 李拯. 涵养我们的"精神道统"[N]. 人民日报, 2014-04-09 (4).

在群众路线教育实践活动中,《淮安日报》的记者同样深入基层、深入群众,将活动中先进事迹、典型人物及时报道出来,通过舆论引导的方式激发全市党员干部参与实践活动的热情。

党员干部只有和土地、基层保持亲密的接触,才能在工作中找准自己的位置,才能搞清楚"我是谁、为了谁、依靠谁"。从《淮安日报》的报道来看,淮安市的政府部门和党员干部在实践活动中,能够将各自单位的工作放进去,让群众路线教育不走形式走实际。各单位在群众路线教育活动中,能够坚持向基层群众学习,向实践学习,多和群众座谈、谈心,通过自己的工作帮助群众解决一些实际问题。3月17日,《淮安新区》专版报道了淮安市开发区教育实践活动的成果:开发区领导为党员干部上党课,区党政办争当标兵作表率,区住建局教育实践活动"三到位",区经发局打造企业和客商的"娘家"……同一天《健康天地》专版报道了淮阴区卫生部门群众路线取得的实效,指出该区卫生系统开展的"一二三"活动成效显著,通过将任务分解到卫生局领导班子每个成员,保证落实走访1000名患者、200个医疗单位和300个服务企业。除此之外,《淮安日报》还对市农委、粮食局、人社局、城管局、国土局、总工会、法院、党校等部门的教育实践活动进行了跟踪报道,将各部门在教育实践活动中的措施、做法、成效及时报道给广大读者。媒体报道和部门实践能够产生互动效应,媒体的舆论促进了教育实践活动的深入开展,各部门的教育实践经验又丰富了舆论内涵,媒体宣传与部门工作的相互配合,帮助广大党员干部在工作中找准了自己的位置,也让淮安人民享受到群众路线教育的丰硕成果。

新闻报道不是自说自话,它需要考虑受众的接受心理,需要通过生动的报道赢得读者。在新闻竞争日趋激烈的背景下,媒体要学会"接地气",通过新闻故事和细节描写获得更多读者的认同。《淮安日报》在群众路线教育实践活动中在报道方式上有了一定的探索,一些来自基层的新闻故事更能让读者感受到实践活动的生气和活力。如《洪泽:干部在劳动中"接地气"》(3月17日)报道了一位镇长参加县机关人员"周末一日劳动"后的感受,其导语是这样写的:"沾了一身灰,出了一身汗,感觉与群众的关系也拉近了。"《淮安区"空中讲坛"讲身边典型》(3月24日)报道村民刘学才、赵汝兵等人向村支书说出了心里话。《用群众口碑检验教育实践活动成效》(3月24日)报道时任开发区党工委书记周毅参加钵池乡群众路线座谈会,周毅对座谈会的感受也很真挚:"真沉下去,与百姓面对面,把对开发区的真感情带下去,把群众真心话带上来。"还有开发区社会事业局建立"手机微信党支部",洪泽公安局坚持"民意是评判工作的晴雨表"等报道,这些报道有故事、有细节、有措施、有数据,新闻要素齐全,能够满足读者的阅读欲和求知欲。

中央要求各地群众路线教育要按照"照镜子、正衣冠、洗洗澡、治治病"的总要求,不断对工作中存在的问题进行整改。"民惟邦本,本固邦宁。"政府部门只有认真听取群众的意见,接受社会监督,不断改进工作中的不足,才能真正实现"为人民服务"的目标,才能真正稳固党的执政基础,提高党的执政能力。为了"洗澡、治病",《淮安日报》专门开设了《整改进行时》专栏，报道各部门在实践活动中整改的成果。如市公积金中心实行整改问题项目化，群众跨县区公积金还贷可以委托办理（4月8日）；盱眙群众路线教育一库三单制度，即问题记录库、问题认领单、整改报告单、落实销号单（4月9日）；清河区开展占道经营专项整治，打造"五最"发展环境（4月1日）；等等。《整改进行时》让读者看到了淮安市机关作风建设的转变成效，帮助各部门建立健全密切联系群众的长效机制。

第三节 四家党报公益广告倡导的健康生活

党的十八大提出了建设美丽中国、实现中华民族伟大复兴等目标。中华民族的伟大复兴，不仅要靠经济的崛起，而且要靠国民精神的提升和民族文化的发展。党的十八大后，从中央到地方的主流媒体，都隆重推出了"讲文明 树新风"系列公益广告。江苏的《苏州日报》《无锡日报》《泰州日报》和《盐阜大众报》切合了时代需要，也推出了大量的公益广告。翻阅2013年2—3月份的报纸，这些公益广告的推出，一方面宣传了社会主义核心价值观，大力弘扬社会正气，营造文明和谐的社会氛围；另一方面也宣传了现代生活理念，引导和鼓励群众选择健康的生活方式，做一个合格的大国国民。

一、倡导健康的生活方式

媒体是社会舆论传播的重要载体，也是弘扬社会主义核心价值观的重要力量。《苏州日报》《无锡日报》《泰州日报》和《盐阜大众报》的公益广告均围绕党的十八大精神，鼓励人们选择有利于社会的态度和行为，积极引导人民选择健康的生活方式。

每个社会都应该有核心价值观，中国建设和谐社会，尤其需要大多数国民能够认同社会核心价值。四家党报的很多公益广告主题鲜明，彰显了社会正义，如《苏州日报》刊登的《弘扬自愿精神 倡导文明新风》（2月22日）、《汇聚正义力量 传承道德风尚》（2月27日）；《无锡日报》刊登的《文明的高度 在你心中》（2月10日）、《厉行节约 力戒浪费》（2月10日）；《泰州日报》刊登的《倡廉洁 树新风 促和谐》（3月12日）、《文明是城市之魂 美德是立身之本》（3月15日）；等等。有的公益广告以平民的视角、百姓的口吻倡导健康的生活方式，为中国梦的实现绘制了很多精美的蓝图，如《苏州日报》刊登的《节能我行动 低碳新生活》（3月7日）、《创建可持续发展的生态环境 让天更蓝水更清》（3月11日）；《无锡日报》刊登的《您的笑脸 是城市最美的风景》（3月21日）、《倡导安全、文明、理性的 科学消费观》（3月9日）；《泰州日报》刊登的《绿色交通 低碳出行》（3月2日）、《垃圾不落地 文明在手中》（3月14日）；等等。这些公益广告一方面净化了读者的心灵，另一方面传播了现代人的健康生活方式。公益广告倡导的这些精神和生活品质，恰恰是中华复兴之后人民必须具备的素质。

图1-1 2月10日的《无锡日报》和3月5日的《盐阜大众报》（均为整版）

二、积极为"光盘行动"营造舆论

中国是个礼仪之邦，友善好客是中国人的传统。但是，中华民族的好客传统，在一些地方蜕变成了"舌尖上的浪费"。2013年1月，新华社内参发表《网民呼吁遏制餐饮环节"舌尖上的浪费"》一文，习近平总书记在这份内参批示中明确指出："要加大宣传引导力度，大力弘扬中华民族勤俭节约的优秀传统，大力宣传节约光荣、浪费可耻的思想观念，努力使厉行节约、反对浪费在全社会蔚然成风。"此后，在各地媒体的积极宣传下，一场全民参与的"光盘行动"在全国轰轰烈烈地开展起来。

"光盘行动"兴起之时恰逢农历春节，江苏四家党报配合中央精神，加大了反对"舌尖上的浪费"的宣传力度，积极用公益广告的形式宣传厉行节约。《苏州日报》在2月21日、3月1日刊登了《厉行勤俭节约 反对铺张浪费》的公益广告；《无锡日报》在2月2日、5日、6日、10日、23日、26日刊登了《文明过年 力戒浪费》《厉行节约 力戒浪费》的公益广告；《泰州日报》在3月13日、15日刊登了《厉行勤俭节约 反对铺张浪费》的公益广告。翻阅2月1日—3月15日的《盐阜大众报》，以"讲文明 树新风"的名义刊登的公益广告只有2则，其中的一则就是《文明餐饮 节约惜福》（2月7日整版）。值得一提的是，各报关于"光盘行动"的公益广告均有盘子、筷子的符号；除《盐阜大众报》外，广告画面都全部或部分采用了唐朝李绅的诗《悯农》。《盐阜大众报》的画面以绿色为底色，版面中心是一只盘子，盘中是一封关于"文明餐饮 理性消费"的倡议书。其他三报的画面除了盘、筷景观外，还有农民在田间收割庄稼的画面。

图1-2 《无锡日报》和《泰州日报》"光盘行动"的广告

三、设计精巧的艺术广告

公益广告主要向公众传播正面的价值观念、提倡积极的生活方式，它具有主题上的现实性、表现上的号召力和效果上的公益性等特点。当今时代是一个视觉文化发达的时代，公众通过影像阅读已经成为接收信息的重要方式。广告主要不是语言的艺术，而是图像的艺术。四家党报深知广告画面的重要性，均在广告色彩、景别、文字、布局等方面下了很大的功夫，使每个公益广告都成为一幅不俗的艺术作品。

图1-3 3月6日《无锡日报》上的公益广告

我国的公益广告除了传播现代生活理念外，更多地侧重于现实的政治功能和号召力。

公益广告需要用色彩来调动公众的情绪，传播美好的形象和植入正面的价值。四家党报公益广告的画面采用的主体颜色是红色、绿色和蓝色，而且常见的形式是红色的背景、绿色的原野和蓝色的天空或水面。如各报均用过红色的背景、雷锋的头像来传递积极向上的生活态度。3月6日《无锡日报》宣传市民巡防团的公益广告，背景用的也是红色，能够让读者和观众感受到火热和激情。

公益广告如果过分强调政治性，会让公众产生审美疲劳和阅读对抗。因此，公益广告需要保持伦理和审美的节制，用精心设计的画面和景观来感染读者，让读者带着艺术欣赏的心境来阅读广告。可以说，四家党报刊登的很多公益广告就是艺术作品，值得人们仔细地去品味和解读。2月22日《苏州日报》刊登的《弘扬志愿精神 倡导文明新风》，广告主体画面是一双手托起的用"礼"字组成的梨状物。2月21日，《无锡日报》刊登的《您的笑脸，是城市最美的风景》，画面是一潭碧水，城市景观倒映水中；画面右下角是一片荷叶，水珠在荷叶上形成笑脸，一只蜻蜓在荷叶旁嬉戏。

图1-4 2月21日《无锡日报》上的公益广告

在此次统计中，《泰州日报》刊登的公益广告最多，有时一期报纸就刊登3则公益广告。其中少数广告做得有些粗糙，大多数广告透露出设计者的创意。3月11日第1版刊登的《轻轻一点回车键 城市文明全实现》就较有创意：画面是一个电脑键盘，每个键盘上是不同的文明用语，如请坐、见谅、没关系、不客气等，回车键上是红色的"文明用语"。3月12日刊登的《倡廉洁 树新风 促和谐》，画面右侧是荷叶莲花，给人以"出淤泥而不染"的感觉。3月14日刊登的《垃圾不落地 文明在手中》，画面层次清晰，内容洁净、温馨，叫人久看不厌。

图1-5 3月11日、14日《泰州日报》上的公益广告

中国人是什么样子，中国文化、中国形象就是什么样子。《苏州日报》《无锡日报》《泰州日报》和《盐阜大众报》四家报纸，用亲切温馨的公益广告提醒国民遵守社会道德规范，关注生态文明建设，接受现代生活方式，为"美丽中国"建设提供了精神动力。

第四节 基层社会管理创新报道的创新思维

社会管理和服务的重心在基层，社会稳定的根基在基层，基层社会的管理水平，决定着整个社会管理的质量和效益。社会管理的目标是给人民群众提供高质量、有效率的管理和服务，因此，社会管理一定不能高高在上，而是应该与基层群众紧密联系。2011年4月，江苏省委决定在"十二五"期间重点实施"八项工程"，其中第六项工程就是社会管理创新工程。《泰州日报》围绕基层社会管理创新，精心策划、集中报道，贯彻落实省委省政府的决策部署，宣传泰州市委市政府的决心和目标，总结和推广泰州基层社会管理的经验和措施。

城乡社区是社会构成的基本单元，是大多数居民生活的基本依托，是基层社会管理和服务的综合平台。只有紧紧依靠人民群众，才能真正搞好基层社会管理。为此，江苏省委省政府在全省开展领导干部下基层"三解三促"活动，即各级领导干部要了解民情民意、破解发展难题、化解社会矛盾，促进干群关系融洽、促进基层发展稳定、促进机关作风转变。2011年6月15日至19日，时任省委书记罗志军深入姜堰市（现为姜堰区）沈高镇沈高村驻点调研。罗志军"只带着秘书和省委办公厅一位负责同志，不让市县领导陪同，直接驱车来到沈高村，住进了房东刁友生家"。"他住农家屋、吃农家饭，与村民群众肩并肩下田劳动、面对面促膝谈心，深入了解群众的所思所虑所盼。"身为省委书记的罗志军下基层具有明确的舆论导向意义，他实际上是给全省各级领导干部起了表率作用，提醒各级干部不忘密切联系群众的光荣传统。正是从这个意义上，《新华日报》对罗志军驻村调研进行了深入、全面、详细的报道。6月20日，《泰州日报》对《新华日报》的报道进行了全文转载，这次转载无疑给泰州市的机关作风吹进了一股清新的风。巧合的是，同在6月15日，《泰州日报》在头版头条发表了《以社区建设推进社会管理创新》一文，报道了泰州市委市政府出台《关于进一步加强城市社区建设和管理的意见》的消息。这篇报道援引《意见》指出："到2015年，全市80%的城市社区达到省级和谐社区标准。"《意见》"从5个方面，创造性地提出了19项加强社区建设和管理的措施"。该报道可以说是对省委书记下基层的很好回应，也显示了泰州市委市政府抓基层社会管理的态度和决心。

从基层社会管理方面来看，泰州基层社会管理工作，实际上是省委提出的"社会管理创新工程"的重要组成部分。为了推动泰州市基层社会管理创新，从2011年6月10日开始，《泰州日报》开办了《创新社会管理看基层》专栏，组织系列稿件总结、推广泰州基层社会管理创新经验。

社会管理必须要了解民心、民情，只有在深入群众的基础上，才能凝聚各方力量，调节社会利益关系，化解社会矛盾，促进社会有序运行。6月10日，专栏发表《苏陈：干部每月驻村蹲点》一文，报道海陵区苏陈镇干部驻村蹲点的经验。5月25、26日，该镇首批25名机关干部分头蹲点调研，开展以"记一篇民情日记，走访一家企业和一批农户，开一次座谈会，帮扶一个贫困户，解决一件实际难题"为主题的驻村活动。机关干部驻村听取民意，现场解决问题，让基层政府真正掌握了农村工作的主动权。提高基层社会管理水平，需要让群众依法行使民主权利，参与公共事务，通过吸纳民间智慧解决社会问题。6月17日，专栏发表《娄庄农民参加党政联席会》一文，报道姜堰市（现为姜堰区）娄庄镇的党政联席会向基层干部和农民代表敞开大门，基层群众不仅可以在党政联席会上发表意见，会后还要测评领导能力。"这样的党政联席会扩大会，'被扩'的与会人员喜出望外，也让书记、镇长们高度紧张。每次会议之后，镇党委、政府都要组织参会人员搞测评，评分管领导的方案策划能力、问题解决能力、措施创新能力。"群众测评，通过民意"逼着每一位党政领导深入基层、了解实情、干成实事，逼着大家做学习型、知识型、创新型的干部"。6月23日发表的《其乐融融的大家庭》一文，报道了社会组织在基层社会管理中的作用，基层党组织可以通过与基层组织的合作，建立群众自我管理和自我服务平台。报道指出泰州市明珠社区原有的物业管理公司和业主委员会关系闹得很僵，明珠街道党委积极介入社区管理，召开党员代表、居民代表大会，经过表决换掉了物管公司。并在管理中逐步协调、理顺了社区党委、社区居委会、业主委员会、物管公司之间的关系，探索建立了"一心三翼四联"的管理模式，即以社区党组织为领导核心，社区居委会、业主委员会和物业管理公司为主体，实行组织联建、工作联商、服务联办、责任联担。

网络是新兴媒体，它正深刻地改变着人类社会。基层社会管理必须重视网络，利用新的传播工具，实现和基层群众的即时、实时沟通和互动。6月19日，《创新社会管理看基层》专栏发表了《兴泰：村村设有网络发言人》，对大学生村官担当网络发言人进行了报道。随着电脑的普及，网络逐步成为农民民意表达的重要渠道，为此姜堰市（现为姜堰区）兴泰镇8个行政村，村村都设立了网络"民情发言人"。"在兴泰镇，几乎每个村的大学生村官都自觉担任起网络'民意发言人'。"大学生村官具有较高的知识和科技素养，如何用好大学生村官也是一项重要的工作。姜堰培养大学生村官作为发言人，恰恰利用了大学生的现代技术优势，是值得推广的一种基层社会管理的创新经验。

  基层社会管理创新也是民生工程的重要内容。省委提出的"八项工程"中第五项是民生幸福工程，省委省政府提出要"坚持以人为本、民生优先，切实解决好群众最关心、最直接、最现实的利益问题，全面提高人民群众的生活水平和质量，提高人民群众的幸福感和满意度"。《泰州日报》对"基层管理创新"的报道必将推动泰州市民生幸福工程、社会管理创新工程的建设。

第二章
新闻评论与舆论的有效引导

新闻报道与新闻评论是媒体引导舆论的两个重要方式。随着信息化时代的到来，普通公众在面对海量信息时，经常变得茫然或失去判断力。此时，新闻评论就变得更加重要，它能够点明新闻的内涵和意义，可以对公众起到引导和教育的作用。因此，对于我国传统媒体来说，新闻评论是引导舆论的一个重要的手段。

第一节 中国军队精神光谱的有效呈现

在报业发展历史中，早有"信息取向的新闻事业"和"意见取向的新闻事业"之分。对于"意见取向的新闻事业"来说，新闻评论无疑是最重要的一种文章体裁。提到新闻评论人们首先会想到李普曼。在60多年卓越的新闻生涯中，李普曼结交了世界上很多政要，他让记者成为"仅次于总统的职业"。作为天才的专栏作家，李普曼用理性的推理帮助美国人应付各种挑战，如大萧条、第二次世界大战、冷战和越战，他让人们相信总能找到一种新方法缔造一个新社会。当年很多美国人每天起床的第一件事就是：开门捡起牛奶和报纸，一边用餐，一边看李普曼对世界的评论。因此，美国人认为李普曼是他们的眼睛和大脑。《李普曼传》的作者罗纳德·斯蒂尔也认为："他并不指挥千军万马，然而他确实有左右舆论的巨大力量。"《人民前线报》是原南京军区机关报，《人民前线报》虽然没有专门的评论部、理论部，但是他们一贯重视"政治家办报"和"文人论政"，通过新闻评论传播军队媒体的正面声音，汇聚强军兴军的正能量。约瑟夫·奈在《软实力》一书中指出，软力量是"由共同的价值观产生的吸引力，及为实现这些价值观作贡献的正义感和责任心"[1]。舆论引导是软实力建设的重要手段，《人民前线报》的评论既提升了军队的软实力，也可以在关键的时候将军队软实力转化为硬实力、战斗力。

在物理学上，复色光经过色散系统（棱镜、光栅）分光后，被色散开的单色光按照波长（或频率）大小而排列的图案被称为光谱（Spectrum）。如果借用"光谱"概念来考察《人民前线报》的新闻评论，我们可以说《人民前线报》的新闻评论呈现的就是人民军队的精

---

[1] 奈. 软力量：世界政坛成功之道[M]. 吴晓辉，钱程，译. 北京：东方出版社，2005：7.

神光谱。中国军队是一支有理想、有追求、讲政治的军队，拥有强大的精神动力和战斗能力。通过《人民前线报》这个精神光谱的分析仪、呈现器，读者能够一睹中国军队精神空间的绚烂色彩。

一、《人民前线报》呈现的第一道色彩是"红色"，它是中国军队坚定立场和政治定力的象征

红色是血液的颜色、火焰的颜色、喜庆的颜色，红色能够激发人们的无限热情和坚强斗志。2013年3月人代会期间，习近平在参加解放军代表团讨论时指出："建设一支听党指挥、能打胜仗、作风优良的人民军队，是党在新形势下的强军目标。"[1] 近年在很多场合，"习近平同志一再强调，理想信念是共产党人精神上的'钙'，没有理想信念，或者理想信念不坚定，精神上就会'缺钙'，就会得'软骨病'"[2]。《人民前线报》以"重要评论文章"为代表的新闻评论，既是中国军人练就"金刚不坏之身"的精神素材，也是人民军队在复杂的国际国内环境中的政治表态。

笔杆子和枪杆子是中国共产党革命斗争的两种武器，笔杆子对外是战斗的武器，对内则是凝聚力的来源。随着全面深化改革和强力反腐的推进，我国意识形态领域出现了激烈的较量。人民军队是党和国家的改革依靠，只要军队牢牢掌握在党和国家手中，全面深化改革就有坚强的政治保障。《人民前线报》策划的系统的、厚重的重要评论文章，从政治定力、胜战之问、精神指南等方面，进一步强化了军队干部战士的政治定力，也为人民军队筑起了坚强的思想堡垒。

军报的新闻评论需要唱响主旋律，传递正能量，需要对部队官兵进行认知引导，需要给官兵们释疑解惑。《始终保持不可撼动的政治定力》一文就是"解惑"的宏文，它帮助部队官兵解决了政治定力问题。文章指出："所谓政治定力，就是在思想上政治上排除各种干扰、消除各种困惑，坚持正确立场、保持正确方向的能力，是我们站稳脚跟的'定盘星'，经受风浪的'压舱石'。"文章从七个方面对政治定力的历史来源、思想内涵、现实作用进行了深刻、全面的理性分析，真诚地告诫军队官兵：始终保持强大的政治定力，我们就能无往而不胜。

新闻评论需要抓住重大问题发声、发言，需要帮助读者明辨是非。"评论往往要紧扣有争议的社会问题，以引起人们的普遍关注，产生心理上的接近和观念上的认同，并对人们的社会行为产生影响。"[3] 最近两年中央反腐利剑指向军队，一些军队腐败高官落马，革命队伍的纯洁性得到了有效维护。然而，国内外一些人却借此说事，认为军队多名高官

---

[1] 中共中央宣传部. 习近平总书记系列重要讲话读本 [M]. 北京：学习出版社，人民出版社，2014：132.

[2] 杨振武. 做好新形势下舆论引导工作的科学指南 [N]. 人民日报，2014-05-28（7）.

[3] 王谷雨. 报纸评论的"三无"[J]. 青年记者，2015（1）：45-46.

落马，反映出中国军队战斗力出了问题。国外一些媒体甚至刊文，怀疑中国军队的战斗力。2014年5月23日，《人民前线报》刊发的《胜战之问》可谓既回应了舆论的猜疑，也鼓舞了部队官兵提高战斗力的信心。这篇评论从战争之问、天职之问、能力之问、精神之问、良将之问等方面，系统回答了人民军队胜战的五个保障性要素。战争之问指出："能战方能止战，准备打才可能不必打，越不能打越可能挨打。"强军之问指出："铸犁为剑难逃国运衰败，化剑为犁终将任人宰割。一手扶犁，一手持剑，才是大国崛起的制胜之道。"天职之问指出，准备战斗和战斗，是军人永恒的姿态。能力之问指出，传统本领必然要实现向新型能力跨越。精神之问指出，军人要把为国家民族献身作为至高无上的荣誉和无穷的精神力量。良将之问指出，在军队信息化建设中，我们需要培养一批具有现代指挥素养的军中良将。这篇评论对胜战因素的系统梳理，让读者看到了中国军队的胜战基础，也有效地回应了舆论的无端质疑。

《强军思想领航壮丽征程》《在强军征程上镌刻新的辉煌》等重要评论，从谁来领导、精神保障、军队职责等方面反复体现军队的"红色"本质，反映出人民军队坚固稳定的政治定力；在意识形态斗争激烈的背景下，体现了人民军队思想意识的纯洁性和高尚性。

二、《人民前线报》呈现的第二道色彩是"蓝色"，它显示了中国军队的理性品质和理论积淀

天空和海洋是蓝色的，因此蓝色经常代表自信、沉稳、宁静、理性和深邃。古罗马哲学家会在外衣里面穿件蓝色的衣服，以便向世人宣告他们的睿智和超凡脱俗。现代中国军队是用现代科技和先进理念武装的人民军队。作为军队喉舌的《人民前线报》从不回避中国社会的重大理论问题，它经常通过"重要理论文章"在中国社会重大理论问题上发言，充分显示了人民军队的马克思主义立场和高超的理论水平。

新闻评论强调以理服人，理论文章更应该体现理论水平。说服传播主要有两种方式："一种是通过冷静地摆事实、讲道理，运用理性或逻辑的力量来达到说服的目的；另一种是通过营造某种气氛或使用感情色彩强烈的言辞来感染对方，以谋求特定的效果。"[1] 传播学将这两种方式概括为诉诸理性与诉诸情感。社会心理学在进一步研究中提出了两种说服途径，即中心说服途径和边缘说服途径。中心说服途径（Central Route to Persuasion）是充分收集有力的证据，进行严密的逻辑推理，全面系统地论证宣传理念的传播方式。外围说服途径（Peripheral Route to Persuasion）不采用逻辑推理的方式，而是借助言语、动作、手势、表情和故事等外围线索，转移公众的注意力，使受众在感性的氛围中直观感受宣传目标。"中心途径能够引起人们更加稳定的态度和行为的改变，而外围途径的影响要短暂

---

[1] 郭庆光.传播学教程[M].北京：中国人民大学出版社，1999：206.

和表浅得多。"[1] 基于证据和逻辑的结论不大容易被推翻，它能够持久、稳定地改变或巩固受众的态度和行为。在公众素质不断提高的情况下，传播者应该更多采用诉诸理性的中心说服途径。当然，中心说服途径对传播者的理论水平要求较高。从《人民前线报》的重要理论文章来看，《人民前线报》评论员具有很高的思想觉悟，也具有深厚的哲学和人文功底，能够通过逻辑论证触及思想领域的根本问题。

2014年2月10日至20日，《人民前线报》连续刊发了5篇重要理论文章，针对当时社会上流行的各种思潮，如历史虚无主义及军队非党化、非政治化和军队国家化等，进行了有针对性的理论批判。文章旨在正本清源返本开新，帮助官兵进一步坚定高举旗帜、听党指挥的政治信念，廓清思想迷雾，划清是非界限，凝心聚力推动强军兴军的伟大实践。这些理论文章通过历史考证、严密推理和逻辑论证，旗帜鲜明地对各种错误思潮进行了批驳和抵制，传播了马克思主义的立场、观点和方法。这些以"南政平"笔名发表的理论文章，一方面体现了报社的理论宣传功底和舆论引导水平，另一方面也是中国军队理论水平的反映、折射，体现出中国军队对社会主义的坚定信仰。

"新闻评论的本质是一种对新闻的认识活动，而认识的结果就是论点，其表达形式是一个或多个判断。"[2]《人民前线报》的重要理论文章是基于新闻热点、高于新闻评论的理论文章。文章从标题到中心论点、分论点都是明确地表达观点，然后通过事实证据、观点证据和逻辑证明等层层深入展开论述。这些文章既有一定的篇幅，也有较深的哲理，更有现实的论证，多元的证据链条无疑增强了这批理论文章的说理性和论战力。

三、从《人民前线报》呈现的光谱中还可以看到黑白分明的态度，它充分显示了新闻评论的教育和论战功能

新闻评论一般被称为是报纸的灵魂、心脏、旗帜、眼睛、塔尖、发声器、生命线等。"新闻评论作为上层建筑中意识形态的一个重要组成部分，由于其自身的特点和优势，同社会政治、经济、文化生活的各个领域都有密切关系，对这些领域都会产生广泛而深刻的影响。"[3] 新闻评论是一个非常讲究表达效率的文体，优秀的新闻评论不兜圈子，它强调开门见山、开门见理，尽可能多地传递确切信息。《人民前线报》的新闻评论具有坚定的政治立场，表达观点没有丝毫犹豫、含混，美丑善恶爱憎分明、绝无歧义。《人民前线报》通过精心策划的系列专题评论，充分发挥了新闻评论的教育和论战功能，坚定了部队官兵走中国道路的政治信念。

习近平在与北京大学师生座谈时曾引用《礼记·中庸》中的一句话："博学之，审问

---

[1] 迈尔斯. 社会心理学与心理咨询 [M]. 侯玉波, 乐国安, 张智勇, 等译. 北京：人民邮电出版社, 2006：183.
[2] 马少华. 新闻评论教程 [M]. 北京：高等教育出版社, 2007：24.
[3] 杨新敏. 新闻评论学 [M]. 苏州：苏州大学出版社, 2007：33.

之，慎思之，明辨之，笃行之。""习近平同志引用这句话，提出的是思考、学习和实践的问题。他认为，这三者应该是相辅相成的，知与行应该是合一的。'知'是基础、是前提，'行'是重点、是关键，必须以'知'促'行'，以'行'促'知'，做到知行合一。"[1]对于部队官兵来说，学习党的方针、政策，学习中央最新指示精神，是统一全军思想、提高部队战斗力的重要途径。《人民前线报》是基层官兵阅读的一份报纸，是一线官兵进行政治学习、思想教育的重要工具，因此《人民前线报》的专题评论是重要的思想教育阵地。2014年该报策划了学习贯彻习主席系列讲话精神评论（12篇）、十八届三中全会精神评论（6篇）、军区党委会议精神评论（9篇）、第二批教育实践活动评论（11篇）、弘扬"硬骨头精神"评论（6篇）、深化战斗精神培育评论（5篇）、深化"牢记强军目标，献身强军实践"主题教育评论（4篇）、落实安全管理评论（4篇）、学习总书记在全军政治工作会议上讲话评论（12篇）、学习总书记视察机关时的重要讲话评论（7篇）等。很显然这些评论都经过了精心策划，既体现了报纸评论敏锐的新闻意识，也体现了新闻评论传播的规模效应。这些有计划、成系统、有理论的新闻评论是部队官兵学习的重要参考材料，也是反映舆论、引发舆论、引导舆论的重要内容。

《人民前线报》的新闻评论还具有舆论战的功能。拉斯韦尔认为战争有三条战线：军事打击、经济封锁和舆论宣传。他认为，"在战争期间，人们意识到仅仅动员人力和物力是不够的，还必须进行公众舆论上的动员"[2]；而"所谓宣传，其实就是思想对思想的战争"[3]。目前我国处在快速发展的和平时期，但国内外的环境却并不安宁，人民军队需要始终保持临战状态，随时准备投入到保家卫国的战斗中去。现代战争中，舆论战是一个重要手段。《人民前线报》的新闻评论的标题基本都是文章观点的浓缩，标题就明确表明政治立场，字句铿锵有力，如《坚定走中国特色社会主义道路的政治信念》《确保部队绝对忠诚 绝对纯洁 绝对可靠》《旗帜鲜明地批驳和抵制历史虚无主义》等。

第二节 《观点·声音》彰显党报的思想力量

我国报纸素有"文人论政"的传统。自王韬始，梁启超、陈独秀、李大钊、张季鸾等人，都曾利用报刊指点江山、激扬文字，图"言论报国、言论救国"。中国共产党更是提倡"政治家办报"，要求党报成为党和人民的喉舌，通过言论引导社会舆论。2011年《苏州日报》《观点·声音》评论专版，继承中国报刊的优良传统，褒奖善政，针砭时弊，倡导健康的社会价值观；同时，它又坚持党报的政治方向，为建立社会共识孜孜以求，彰显

---

[1] 人民日报评论部. 习近平用典 [M]. 北京：人民日报出版社，2015：147.
[2] 拉斯韦尔. 世界大战中的宣传技巧 [M]. 张洁，田青，译. 北京：中国人民大学出版社，2003：26.
[3] 拉斯韦尔. 世界大战中的宣传技巧 [M]. 张洁，田青，译. 北京：中国人民大学出版社，2003：23.

出党报的思想力量。

一、紧跟时事，争取第一解释权

没有专业知识和充沛精力的受众，难以准确把握各类新闻的内涵。世界的模糊性和混沌性，增加了人类工作和生活的不确定性，此时，受众对媒体提出了更高的要求：媒体不仅要传递信息，而且要对时事进行解释和评论。从舆论引导角度看，新闻评论是新闻竞争的最高台阶，对时事新闻发表评论，不仅能够满足公众的知情权和话语权，而且能够争取到新闻的第一解释权，发挥媒体舆论的"首因效应"。当年《大公报》主笔张季鸾"看完大样写社论"，美国政论家李普曼主持时评专栏《今日与明日》36年，其目的就是要在"最新事实"的基础上，建构起报纸的思想力量。《观点·声音》专版评论均缘时事而发，其中《铿锵声音》专栏常以整版篇幅出现，以宏大的规模评说最近的新闻热点。《苏州日报》的铿锵之音可谓海上灯塔，它让处在舆论迷雾中的受众，听到一种最清晰、主流的声音。

《铿锵声音》并非长篇铺陈、坐而论道，它的版面组合采用集纳的方式，即在一个专栏标题下安排系列短评（一般7—10篇）。这种版面组合方式，一方面发挥了评论的规模效应，提升了《铿锵声音》的思想张力；另一方面短评适合排版，提升了评论版面的视觉效果。我国于1987年加入国际消费者联盟，自此，"3·15国家消费者权益保护日"渐成中国消费者的节日。3月14日，《铿锵声音》推出"3·15：谁来给你撑腰"主题，分新理念、新观察、博客三大版块14篇短评，为"3·15"活动寻找新理念、新动力。这些评论呼吁社会注重道德因子，提高失信成本，建立信用体制，扎紧法律法规的篱笆，全方位维护消费者权益。3月15日，《铿锵声音》针对日本大地震，组织7篇评论对日本地震和救灾进行总结和反思，得出"天灾无法对抗，学会从容应对"的版面主题。3月7日则以3个苏州人入选"中国好人榜"为由头，提出"做有益社会的事，创造有价值的人生，就是新时代好人形象"。

二、集纳民智，为城市发展献策

近代报刊史上的一些文人，他们手无寸铁，急于救国，期望通过政论承担起启蒙、革命和现代化的任务。由于"文人论政"的个人色彩浓厚，所以各种观点就成一盘散沙。中国共产党历来强调党管报刊，党报需坚持党的基本路线，为经济建设、改革开放创造积极的舆论。中国自古就有"上有天堂，下有苏杭"之说，苏州曾以其智、仁、秀、灵、雅征服了历代国民。进入20世纪后期以来，苏州再次站到中国经济的潮头，成为中国经济发展的新模式。《苏州日报》作为地方党报，当然要服务于地方经济、文化建设，不懈为城市经济的发展献计献策。

《今日谈》是《观点·声音》专版的第二个重头栏目，它的权重仅次于《铿锵声音》。

该栏目既是苏州的一扇窗，也是苏州未来的风向标。2011年全国两会期间，《苏州日报》记者在北京采访了出席人代会的时任苏州市市长阎立，阎立表示："苏州将通过多种途径，更大力度改善民生、更大程度提高幸福感。"《今日谈》随后发表评论《提升幸福感要给百姓信心》（3月9日），肯定了苏州市委、市政府的开明行政。时任吴江市委书记徐明在全国人代会上提出建议："取消并拆除中途收费站，真正实现物理状态上的高速公路网'全国联通'。"《今日谈》立即发表呼应文章《收费站"不死"非技术问题》（3月11日），称赞徐明的建议是"民间声音"的升级版，指出收费站不死的症结在于局部利益。《加快开掘"草根文艺"市场》（3月8日）从苏州民营越剧团"壮丽工作室"成立谈起，认为群众性文艺组织具有一定的公益性质，政府应该为其提供更好的环境。《一体化进程中的幸福密码》（3月1日）则总结了相城区城乡一体化经验，积极评价相城区重视民生、尊崇自然、维护民利，避免农民被上楼、被城市的发展策略，认为它处处彰显了社会公平正义。《追求"慢生活"也是现代化》（3月10日）认为苏州园区建设"慢行区"，是经济发达地区的一种反思和自觉，让百姓生活'慢下来'，也当是提高百姓生活质量的内容之一。《安全供水就要抓好细节》（3月3日）借苏州高层住宅二楼供水症将于年底破解之机，鼓励政府要有足够的耐心、细心和信心，把民生工程变成民心工程。

沧浪区是苏州的老城区，因其地缘的限制，该区意在发展创意产业。《创意沧浪 大家谈》就是《苏州日报》配合沧浪区发展创意产业而开设的评论栏目，它集中了民间的智慧为沧浪的发展献计献策。《培育创意经济 打造文化沧浪》（3月11日）一文认为，沧浪地处古城，空间发展受阻，只能发展以创意经济为主的文化产业，实施"特色文化工程"，培植"文化品牌"。《创意沧浪演绎城市转型》（3月2日）从吴文化、太湖文化、吴歌等更高层次理解沧浪创意产业，指出沧浪是苏州城的有机组成部分，沧浪可以作为创意苏州的标杆。《放水养好创意产业之"鱼"》（3月9日）认为创意产业离不开政策引导，放活水才能养好鱼，只有出台更多优惠政策，才能让沧浪成为活力四射的"创意之区"。《文化创意突破来自人才高度》（3月8日）认为，只有努力吸引人才，才能使沧浪产生"磁场效应"，形成双赢甚至多赢的创意氛围。

三、尊重民意，表达百姓的心声

党报评论不能靠灌输和说教，而应贴近群众、贴近实际、贴近生活。《观点·声音》专版开设了《市民说吧》《评世情》等多个专栏，通过对主流媒体报道的新闻事件进行及时评论，保持党报在社会舆论中的影响力。这些反映民意的评论，一方面满足了公众参政议政的需要，反映了公众对热点事件的看法；另一方面通过对违规行为的监督、丑恶现象的鞭挞，帮助政府改进工作。这些评论不是站在党的对立面唱对台戏，没有尖酸挖苦、冷嘲热讽的杂文风格，而是在真情说理和逻辑推演的基础上，帮助党和政府解决社会问题，帮助广大群众培养现代公民意识。

在《观点·声音》专版的各个专栏中,《苏报锐评》算是舆论监督力度稍大的栏目,该栏目的稿件能够对热点事件提出独到的看法。《药商赞助研究,何来学术公正?》(3月1日)一文,通过尼美舒利事件揭露医药行业的问题,指出药厂赞助学术会议最终让患者买单。《状告毛家村是公关行动》(3月4日)一文认为,韶山毛家饭店状告昆山毛家村湘菜馆商标侵权,其实是想通过打官司扩大自身影响,其本身是一种独特的营销艺术。《"为啥收"比"收多少"更重要》(3月25日)对征收车船税发言,提醒有关部门只有收得明明白白,群众才会缴得心甘情愿。

至于其他各类评论专栏,则发表了一大批选题各异、短小精悍的时评、短评,帮助读者实现法律所规定的知情权、表达权、监督权和参与权。有的评论关注公共政治生活、监督公共权力,如考虑到刘翔的时间和精力,主张刘翔最好不当"委员";曹德旺"史上最牛捐款",考验一些慈善机构的公信力;食品添加剂泛滥成灾,禁售的不应该只有面粉;不法企业和人员收购洋奶粉罐,是在嘲笑国产奶粉业;等等。有的评论关注收入、房价、生态等与群众生活相关的领域,如新运河景观带的永久化需要法律撑腰;电器商场明码标价切莫一阵风;家政服务应该走向市场化、产业化;等等。有的评论帮助市民提高公民素养、树立正确的人生观,如经济处罚威慑力有限,解决无绳遛狗还得靠市民素质;呼吁立法实行垃圾分类,提醒市民别忽视自身的"恶";未富先奢是面子文化的反映,是社会浅薄的表现;等等。

苏南是全国经济、文化最活跃的地区之一,而苏州是苏南最耀眼的明珠。《苏州日报》扎根苏州经济、文化沃土,已居全省地市党报的龙头位置。《观点·声音》是《苏州日报》的亮点、品牌,但这一品牌还可打造得更亮一些。本版评论观点多元、政治正确,但版面理念还需继续提炼。明确的、一贯的理念是报纸评论的灵魂,如《人民日报》敏锐的政治嗅觉,《南方都市报》《现代快报》浓厚的人文精神,都已经成为这些报纸品牌的重要元素之一。《苏州日报》个别稿件略显单薄、稚嫩,少数评论员显缺理论水平,有时为了立论新奇不免削弱了论证力度。匆忙办报难免略有粗疏,然而瑕不掩瑜,《苏州日报》的评论专版,依然是全省地市党报中一个最棒的版面。

第三章
全国两会报道的策略与风格

"全国两会"不是一个特定的机构名称,而是"中华人民共和国全国人民代表大会"和"中国人民政治协商会议"的统称。1978年以来,随着中国经济和社会的快速发展,国内外媒体非常关注这两个会议,因此,媒体逐渐形成了"全国两会"这样的通俗叫法。全国人大会议、全国政协会议的会期基本重合,时间一般都放在3月份,会议时间大概在10—15天之间。两会是中国人政治生活中的重要会议。两会实际上在农历年初就为全国一年的工作布局,当然也会为国家发展进行长远规划。随着中国社会的不断进步,人民参政议政的意识不断增强,两会已经成为媒体竞争的战场,成为群众参政议政的重要机会。在两会的报道中,各级各类媒体积累了大量的报道经验,同时也形成了日益"民生化"的报道趋势。

第一节 《现代快报》报道体现的全国两会舆情

全国两会是海内外媒体激烈竞争的战场,也是观察中国社会舆情的重要窗口。2017年全国两会期间,《现代快报》开设了《聚焦2017全国两会》专版,从3月2日到16日,该报总共出版两会专版73版。两会期间该报组织队伍进京采访两会,认真组织两会报道的策划,在发表的两会专版中该报自采或"自采+综合"的稿件达到49版,占两会专版总数的67%。《现代快报》两会报道不仅勾画出整个国家一年的中心工作,而且回应了群众的期待,反映了社会舆情,更对党政部门做好全年工作起到了良好的指导和监督作用。

一、提炼关键词,解读政府工作报告和总理记者招待会

2017年全国两会最引人注目的新闻有两个:一是人代会开幕时李克强总理作的政府工作报告,二是人代会结束时总理的记者招待会。3月5日十二届全国人大五次会议开幕,3月6日《现代快报》综合新华社、《人民日报》、中国网的内容,从总理"最"强音、九大民生期待、十大关键词和报告中的新词4个角度,用可视化的方式直观、形象、全面、深入地解读了总理的政府工作报告。

表 3-1 《现代快报》解读政府工作报告选择的视角和主题词

解读报告的角度	选择报告中的主题词
总理"最"强音	改革、民生、简政放权、经济、政府自身建设、企业减负、中国"质"造、环境治理、教育、食药安全、消费
九大民生亮点值得期待	创业就业、住房、脱贫、消费、城镇化、环保、教育、医疗、社保
十大关键词读懂政府工作报告中的民生分量	收入、住房、交通、环保、就业、教育、医疗、养老、减负、降费
政府工作报告中的新词	蓝天保卫战、居住属性、数字家庭、数字经济、全域旅游、河长制、海绵城市、农村土地三权分置、清单管理制度、人工智能第五代移动通信

3月15日人民代表大会闭幕，李克强总理举行记者招待会，在2个多小时内总理共回答了19个记者的20个问题。16日《现代快报》详细地报道了招待会的内容。报道虽然援引的是新华社和中国政府网的内容，但在编排的时候将总理答记者问的内容提炼出20个关键词，即中美关系、经济增速、金融风险、对外开放、简政放权、朝鲜半岛、就业压力、为政之要、"双创"、香港发展、中俄关系、汇率问题、职工安置、70年产权、周边外交、减税降费、两岸关系、中欧贸易、雾霾治理、消费者权益。在记者招待会内容之后，《现代快报》还做了两版关于两会采访报道体会的新闻，刊登快报记者连续5年现场采访总理记者招待会的体会，从招待会上记者总结出：5年必谈4个字"简政放权"，5年4次回答"雾霾治理"，5年4次回答"住房问题"，5年3次回答"创业问题"。

图 3-1 记者5年参加总理记者招待会的深切体验

二、采访政府部门领导,寻求热点问题的解决之路

国家部委主要领导人是每年两会的热门人物,很多媒体记者都会对部长们围追堵截,期望能够从他们那里得到热点问题的答案。记者采访部长主要有两个渠道:一是在人民大会堂设置的百米"部长通道"内采访,二是国务院新闻办公室邀请部长们举行记者招待会。2017年两会,《现代快报》共报道了23人次部长回答记者的采访和提问,涉及25个民生问题、8个外交经贸问题和1个科技问题。

表3-2 部长接受采访解答民生问题

采访对象[1]	采访渠道	采访内容的关键词
教育部部长	部长通道	择校热
中国民航局局长	部长通道	航班晚点
交通运输部部长	部长通道	征收拥堵费、解决拥堵问题
农业部部长	部长通道	平时喝国产奶
监察部部长	部长通道	反腐力度减弱?无稽之谈
工商总局局长	部长通道	网购不是"法外之地"
食药监总局局长	部长通道	鼓励国外药品来中国上市
工信部部长	部长通道	打击通信诈骗
国台办主任	部长通道	坚定反对、遏制任何形式的"台独"分裂行径
国土资源部部长	部长通道	产权到期问题
司法部部长	部长通道	司法鉴定"任性"收费问题今年要解决
发改委主任	记者招待会	医疗、电力等价格将改革攻坚
财政部部长	记者招待会	个税免征额
农业部部长	记者招待会	到点开饭、土地流转、粮食产量、农业污染
外交部部长	记者招待会	主要谈中美问题、南海问题、领事保护、半岛局势、中韩关系、中日关系,敦促韩方悬崖勒马,终止部署萨德
人行行长	记者招待会	汇率稳定、房贷放缓、理财规范
国家工商总局局长	记者招待会	"网购7日无理由退货"相关争议
工信部部长	记者招待会	取消手机国内长途和漫游费
科技部部长	记者招待会	深海空间站等重大项目两年内启动
商务部部长	记者招待会	中美贸易

---

[1] 采访对象所在部门的名称均为当时的名称。

采访对象[1]	采访渠道	采访内容的关键词
教育部部长	记者招待会	义务教育、毒跑道、乡村教师、校园欺凌、双一流、校园足球
国家质检总局局长	记者招待会	绝不让假冒伪劣在网络上大行其道
环保部部长	记者招待会	蓝天保卫战、PM2.5、生态环境保护、土壤污染防治、环保罚单

作为江苏省内的都市报、南京人民的都市报，《现代快报》还关注参加全国两会的家乡官员，让他们走上快报的媒体平台，解答江苏人民对社会发展的疑惑和期待。3月6日该报报道了江苏代表团审议政府工作报告的活动，时任省委书记李强强调江苏要"创新思路举措，创造过硬成果"；时任省长石泰峰强调江苏要"强化创新驱动，突出民生改善"。同时参加审议的时任南京市委书记吴政隆提出要全力推动"两聚一高"，加快建设强富美高新南京。同时该报还报道了7位市厅级领导人关于发展、民生问题的思路和答案。

三、关注代表委员履职过程，为社会全面进步献计献策

代表委员进京参加两会，是他们履行人民托付的职责的光荣时刻。《现代快报》用媒体"镜头"跟踪江苏的代表委员，报道了他们审议政府工作报告、"两高"报告等的庄严时刻，同时也报道了代表委员呼吁中央支持、寻求地方发展的神圣使命。在全球一体化时代，地区发展更加需要国家权力的协调。3月9日，《现代快报》报道江浙100多位代表联提议案，呼吁中央将宁杭生态经济带上升为国家战略，同时呼吁江浙两省兄弟强强联手，协同发展轨道交通、特色小镇，保护区域内的青山绿水，倡导家门口的休闲旅游。3月7、8两日，该报连续报道江苏省全国人大代表联合提出议案，呼吁加快建设京沪高铁第二通道，京沪高速扩容至双向八车道，同时将江淮生态大走廊纳入国家生态建设规划，发展大运河文化旅游带。3月4日，该报报道江苏多名全国人大代表联名提案，争取下一年开建江北沿江高铁，促进江苏沿江八市的融合，带动长江经济带"朋友圈"提速。其他代表还提出了很多发展和民生议案和建议，如沈健委员提出南京成为"国家中心城市"很有希望，朱晓进

图 3-2 百位代表呼吁将京杭生态经济带上升为国家战略

委员提出"给子女发放赡养津贴",陈静代表提出"为脑死亡立法",张近东委员提出筹建国际足球小镇,等等。还有代表委员提出治理月子会所乱象,将教师节改为教育节,南京建设现代化天文馆,南京建设城墙博物馆,等等。

《现代快报》还根据两会讨论的主题,策划、组织专题报道,让两会报道有互动、更生动。3月6日,该报策划"江苏代表讲述政府工作报告最打动自己的话"活动,采访8位全国人大代表,得到了八句话:年内取消手机长途通话费和漫游费;广大干部要有作为有担当;关注实体经济发展;使城市既有"面子",更有"里子";打响蓝天保卫战;民生是为政之要;使更多孩子成就梦想、更多家庭实现希望;培育众多"中国工匠",打造世界品牌。3月10日,采访书画界的代表委员,讨论中华传统文化的传承和中国文化自信的问题。3月11、14日拿出4个版面,结合"最美江苏诗词大会",连续报道江苏和江苏籍的代表委员为家乡推荐最美诗词活动。3月4日结合村上春树新书引发的关于南京大屠杀的议论,呼吁在世界范围内传播历史真相。

两会是人大代表、政协委员参政议政的过程,也是人民通过代表委员行使当家作主的权力的过程。每年两会讨论、决议的内容包括政治、经济、文化、外交、军事、科技等各个领域,但作为都市报的《现代快报》报道的主要内容是民生主题,它更加关心读者的需要、人民的需要,更加关注培养广大人民的治国理政的热情和素养。

第二节 江苏地市党报全国两会报道的三种风格

每年全国两会既是国人政治生活中的一件大事,也是媒体进行新闻竞争的中心舞台。2014年全国两会期间,江苏13家地市党报充分挖掘两会蕴藏的行政资源、媒体资源和新闻资源,帮助江苏各地群众深入把握两会的精神。因为各家报社的经济条件、地区文化和功能定位的不同,13家党报在报道两会的过程中逐渐有了风格上的差异,形成了新闻主导、两会外宣和精神传达三种报道风格。这三种风格不仅显示了江苏各地党报的个性,也为全国两会报道提供了可供参考的报道模式。

一、以《南京日报》《苏州日报》为代表的"新闻主导"风格

随着人大、政协参政议政功能的不断完善,全国媒体的两会报道也逐渐从一项政治任务演变成重要的业务活动。每年两会期间,各级各类媒体通过参与两会报道,挖掘两会蕴藏的重大民生新闻,通过同台竞争展示各自的实力。在两会新闻竞争中,中央级媒体占据了地利和人和的优势:一是中央媒体级别高,它们拥有两会重大新闻的发布权;二是中央媒体地处京城,具有东道主轻车熟路的优势。然而,随着地方媒体的经济实力和业务能力的进步,地方媒体在两会中有了更多的表现。《南京日报》《苏州日报》作为江苏地市党报的龙头,每年都会投入相当的精力竞争两会报道,通过制作鲜活的两会新闻赢得读者的

认同和尊重。

《南京日报》《苏州日报》具有高度的政治觉悟，能够高质量地转载中央媒体发布的重大新闻，完成两会报道中的"规定动作"，如开幕闭幕、政府工作报告、"两高"工作报告、中央领导人活动、两会新闻发布等。虽然很多重大、重要的新闻稿直接来自新华社，但是两家党报还是从版面设计、标题制作等方面，尽可能地将新闻做得"接地气""有灵气"。3月14日，《南京日报》的封面采用李克强的亲民照和生活语，版面通过大国总理的形象展示出领导人的魅力和人情。两报每天出版的两会特刊，均按照"都市新闻"的标准，从新华社通稿中选择新闻。《南京日报》转载的新闻稿均从民生角度切入，按照"都市新闻"的标准精心制作版面和标题。版面设计注重版块化、专题性和条理性，通过图片、图表和数字的使用达到图文并茂的效果。编辑们精心选择的新闻专题，既有生动性、新闻性，也有权威性和公信力，如环境治理、楼市行情、工资改革、转型升级、房价分类调控、南极旅游规范、房产税立法、废除嫖宿幼女罪等专题，都能够让读者产生强烈的阅读兴趣。新闻标题中大量采用"判断句"，标题不仅凝练、浓缩了新闻的核心内容，而且读起来生动活泼、朗朗上口，如《让重大改革都于法有据》（4月5日）、《周小川："余额宝"不会取缔》（4月5日）、《农业部长：政府部门有责任让群众吃好吃安全吃得放心》（4月7日）、《延迟退休年龄改革 全部放开单独二孩 尚无时间表》（4月7日）等。

图3-3 《南京日报》为人代会开幕（3月6日）、闭幕（3月14日）设计的报纸封面

《南京日报》《苏州日报》不仅"规定动作"体现出新闻性，而且还能够策划、报道很多"自选动作"。首先，两报能够主动发现议题、设定议题，通过自采稿件展示本地代表委员参政议政的过程。如《南京日报》的《将住宅"保质期"延长20年》（4月5日）一文，报道时任全国人大代表、江苏省住建厅厅长周岚呼吁，将住宅设计使用年限从50年提高到70年。《预防职务犯罪进行国家立法》（4月5日）一文，报道时任全国人大代表、南京市职务犯罪预防局局长林志梅呼吁，预防职务犯罪国家立法的时机已经成熟。苏州日

报社记者还与新华日报社记者联合采访,报道了3月7日人大江苏代表团的全体会议,并在3月8日《苏州日报》上发表了新闻《138家中外媒体聚焦江苏团》。报道称江苏团的全体会议备受海内外媒体关注,"来自新华社、《人民日报》、中央电视台等109家境内媒体和路透社、《华尔街日报》、彭博社、《读卖新闻》《朝日新闻》、道琼斯通讯社、凤凰卫视、《南华早报》等29家境外媒体的近170名记者到会旁听和采访"。其次,两报记者能够根据每天两会热点,采访身在北京的江苏代表委员,问计本地民生。当全国政协委员谈论北京天气的时候,《南京日报》记者访问时任全国人大代表、省环保厅厅长陈蒙蒙,陈蒙蒙透露"今年底前全省可实现像天气预报一样预报雾霾天气,其中南京有望在青奥会前做到"。(《青奥会前,南京将实现提前一天预报霾情》,3月4日)3月5日李克强总理的政府工作报告提出了不少当年的施政看点,《南京日报》记者第一时间连线在北京开会的一些南京市的部门一把手,向他们了解这些施政看点中会有哪些"南京动作"。(《这些施政看点,南京正在行动》,3月6日。)李克强总理在政府工作报告中发出"向污染宣战"的号召,苏州日报社记者专访了时任全国人大代表、苏州市市长周乃翔,发表了新闻《周乃翔畅谈"美丽苏州"建设和大气污染治理》(3月7日)。最后,两报还通过评论的方式帮助读者深入理解两会精神。《南京日报》设立了"两会微评",对国内主要媒体的报道进行简短评论,如@新华视点发表了关于吴碧霞骑车到北京参加两会的微博,4月2日"两会微评"针对这一新闻发表了简短的评论:"改善环境没有旁观者。如果我们都能像吴碧霞一样,将骑车作为自己的出行方式,哪怕一周、一个月或者一年之中只有一天,也能让我们赖以生存的环境多喘一口气。当然,城市的慢行系统要跟上。"这样的微评文字不多,但满足了新媒体时代读者的"微阅读"的需要。

二、以《淮安日报》《宿迁日报》为代表的"两会外宣"风格

每年在北京举行的全国人大、政协会议,既是全国人大代表、政协委员建言献策、表达民意、共商国是的机会,也是全国各地领导干部交流学习的机会,更为一些省、市、县搭建了推销地方品牌的舞台。一方面两会聚集了全国各地的主要领导干部和各界精英,开展"两会外宣"可以获得兄弟省份、地市的了解、支持和帮助;另一方面海内外很多媒体和记者聚焦两会,如果能够利用好两会平台,就能够向海内外展

图3-4 《淮安日报》坚持主流、稳重的报道风格

示良好的地方形象。以《淮安日报》《宿迁日报》为代表的地方党报，侧重于报道本地代表委员在北京的外宣活动，通过"外宣形象"树立本地读者对地方经济建设和社会发展的信心。

淮安市一直重视两会外宣，《淮安日报》更是积极地展示本地的外宣成果。对于重大、重要新闻，《淮安日报》全部采用新华社的通稿，版面编辑坚持主流、稳重的原则，如3月6日，《淮安日报》关于全国人大会议开幕的报道，版面就显得正统、大气（如图3-4所示）。淮安两会外宣达到了"精心组织、精细实施、精益求精"的程度。《淮安日报》通过记者自采的稿件，集中报道淮安市代表委员在北京参政议政的新闻，以及淮安市主要领导做客各大媒体畅谈淮安发展的情况。3月7日的稿件《深化经济改革 创新发展路径》，报道全国人大代表、淮安市委书记姚晓东走进江苏广电总台的"两会演播室"，介绍淮安在深化经济体制改革等方面的探索。3月8日的稿件《坚持以创新驱动建设好周总理家乡》，报道淮安市领导接受新华网两会特别访谈采访时的内容。3月10日的稿件《新淮安精神："中国梦"的淮安篇章》，报道姚晓东做客人民网《高端访谈》栏目，与全国网友畅谈淮安的各项建设成就。

《宿迁日报》除了报道本地代表委员在北京的参政议政活动外，同样用了较多的版面报道市领导两会外宣的成果。3月4日《"宿迁现象"令人欣喜 "宿迁现象"值得关注》一文，报道了时任全国人大代表、宿迁市委书记蓝绍敏在北京会见部分中央级媒体代表的情况。在这次会见中，蓝绍敏与《农民日报》、新华网、《人民日报》、新华社、中央电视台等媒体的有关负责人进行了深入交流。3月5日《蓝绍敏拜访中央电视台》一文，报道了蓝绍敏与中央电视台总编辑交流，探讨如何宣传推介宿迁的情况。3月6日《宿迁代表得到人民日报高度关注》一文，向读者传达了这样的信息：全国人大开幕当天，《人民日报》在显著位置用约1/4的版面，报道了宿迁三位人大代表（蓝绍敏、李生、张秋香）过去一年的履职情况。3月7日《宿迁梦 小康梦》一文，报道蓝绍敏接受凤凰网的专访。3月10日报道蓝绍敏走进江苏卫视"两会直播室"谈城镇化建设的问题。3月12日报道蓝绍敏接受新华网专访，谈宿迁的改革着力推动六大转型，扎实建设小康社会等。

注重外宣成果报道的还有《镇江日报》。3月5日，《镇江日报》报道时任全国人大代表、镇江市委书记杨省世接受《焦点访谈》采访。3月7日报道时任全国人大代表、镇江市市长朱晓明走进江苏卫视全

图3-5 宿迁全国人大代表接受凤凰网专访的报道

国两会特别访谈。3月9日,《镇江日报》全文转载《人民日报·两会特刊》专访杨省世的访谈文章。3月10日报道朱晓明做客人民网与全国网民交流,围绕"通过生态文明建设全面加快镇江现代化进程"这一主题,向全国网友介绍了镇江的生态文明建设情况和做法。

《淮安日报》《宿迁日报》《镇江日报》的"两会外宣"报道,一方面报道了本地代表委员在北京参政议政的情况,让读者参与检验代表委员的履职情况;另一方面报道了本地代表委员在北京的外宣活动以及重要媒体对代表委员的采访,这有助于帮助本地群众树立起发展的信心。同时,本地媒体与中央媒体的集中报道,可以形成一个有利于本地发展的舆论氛围,推动本地在全省乃至全国树立起较好的地区形象。当然,目前"两会外宣"的报道模式注重对本地的发展规划、发展目标、改革措施的报道,如《镇江日报》的《全面深化改革 推动镇江发展》(3月6日)、《坚持改革创新 推动镇江发展》(3月8日)、《抓实抓好深化改革这个动力源打开镇江现代化建设的新局面》(3月7日)、《生态文明建设镇江在行动》(3月10日)等,明显宣传味重了一些。期望在今后的报道中能够突出"新闻性",通过讲好本地的故事宣传好本地的形象。

三、以《无锡日报》《徐州日报》为代表的"精神传达"风格

图3-6 《无锡日报》两会报道主要以转载为主

《无锡日报》策划的《聚焦2014年两会》专版,基本采用的是新华社通稿。但《无锡日报》注重内容的新闻性,版面的设计也非常考究。《无锡日报》选择的新华社的稿件,贴近了本地读者的需要,不仅能够让读者感受到代表委员的议政过程,而且也让读者感受到"民

生新闻"的温暖。《"限"怎能包治百病？》（3月4日）、《"挤"出的钱去哪儿了？》（3月5日）、《"税收立法权"应尽早收归人大》（3月5日）、《外逃"裸官"为何竟能拿到假护照？》（3月10日）等报道，标题就很有新闻性，能够迅速抓住读者的眼球。《无锡日报》自采的稿件不多，但基本反映了本地代表委员的履职情况。《无锡代表热议政府工作报告》（3月5日）报道无锡6位人大代表与全国3000多名代表一起共商发展大计。《"医改"要引入市场机制》（3月5日）报道了陈静瑜代表在江苏团全体会议上的发言。《秸秆发电"变废为宝"》（3月7日）报道金征宇代表持续支招"治霾"。《徐州日报》主要转载新华社的重大新闻稿件，对普通的民生稿件转载不多，报道中适当兼顾了本地代表委员在北京的履职情况。

《扬州日报》《盐阜大众报》《常州日报》《南通日报》都开设了两会报道专版，稿件全部采用新华社通稿。与《无锡日报》重视新闻性相比，这些报纸更加注重宣传性，版面的设计也比较正统。如3月14日《盐阜大众报》第3版的特别报道中有三篇文章，标题分别为《深化改革 只争朝夕》《世界眼中的中国变革》《中国声音 世界倾听》。这些标题没有进行太多的编辑加工，较为原汁原味地传达了两会精神。除了转载新华社的报道之外，该报还注意转载《人民日报》的评论，如3月14日转载了《人民日报》为人大闭幕所配发的评论《以法治促改革 以民主聚力量》。《南通日报》《聚焦全国两会》专版全部转载新华社的稿件，但版面设计比较时尚美观。3月11日该报刊登了一篇自采稿件：顾秀莲看望南通全国人大代表，勉励家乡《抢抓机遇 加快发展》。《常州日报》《连云港日报》能够保证两会特刊的出版，一般不大关心本地代表委员的活动。《扬州日报》能够坚持每天采用新华社的稿件出两会特刊，并采访了一些本地的代表委员，如3月9日采访扬州代表王广基，王广基认为《扬州发展健康产业大有可为》。3月14日《扬州日报》刊登一篇记者采访总理记者招待会的稿子：《抢座大战本报记者坐第一排》。该稿是在记者现场感受的基础上写成的，内容也较为活泼。该稿的导语写道："总理记者会是每年两会压轴大戏。昨天上午，本报与《人民日报》、新华社、中央电视台、《香港商报》《联合早报》等媒体一道齐聚人民大会堂金色大厅，近距离目睹和见证李克强总理的记者会，这也是本报记者连续第九年走进金色大厅参加总理记者会。"该报道的第一个分标题是："本报打赢'抢座大战'。"报道指出："新华社派出了近20人的强大报道阵容，不仅有传统的文字、摄影记者，还有来自新华网、网络电视等新媒体的记者，确保第一时间将记者会的讯息传播出去。"《扬州日报》记者本次两会打赢了"抢座大战"，读者更期望《扬州日报》记者在今后的两会报道中打赢"新闻大战"。《泰州晚报》关于全国两会的报道做得非常充分，而且体现出都市性、民生性。也许出于内容分工的考虑，《泰州日报》不再重复《泰州晚报》的报道，而是将主要版面留给本地的日常工作。在两会期间，《泰州日报》关于两会的报道主要有四期，分别在两会开幕后报道开幕的消息，在两会闭幕后报道闭幕的消息。

图 3-7 《泰州日报》关于两会开幕时的报道

2014年两会期间，新华社、《人民日报》、中央电视台都派出了强大的记者阵容，中央媒体期望既能传播中国社会的主流价值，也能挖掘到受众满意的民生新闻。在社交媒体快速崛起的时代，传统媒体面临着重大的生存挑战，中央媒体为了迎接挑战，探索数字化转型的道路，纷纷使用"大数据"报道"精确新闻"。和中央级媒体、其他兄弟媒体相比，江苏地市党报两会报道还有很多改进的空间，如充分发挥派驻北京记者的作用，力争自采一些重要的独家新闻；与外省兄弟媒体进行联合采访，通过资源互换宣传本地形象；关注本地代表委员在两会议政中的表现，充分反映本地群众的呼声与期待；结合全国两会的重大议题，探讨本地未来发展的思路和方向；紧跟大数据时代新闻改革的步伐，不断利用数据挖掘技术对传统报道进行改进……江苏一直坚持要在全国率先进入现代化，期望江苏地市党报能够再接再厉，在两会报道中作全国地市党报的表率。

第三节　江苏地市党报全国两会报道的民生话题

全国两会是我国政治生活中的一件大事，也是代表委员参政议政的舞台。每年全国两会，江苏省地市党报均会集中主要采编力量，策划重点报道，以较大的版面和篇幅报道两会。2016年两会，江苏省13家地市党报除了沿袭传统的"政策解读"之外，更加强化了对民生话题的报道，更加注重利用图表增强版面的可视化，从而使全国两会报道效果得到了巩固和强化。

一、兼顾数量和质量，注重版面可视化

两会是中国民主政治的特色，也是中国民主政治的实际运行。来自全国的代表委员在两会期间共商国是，他们的智慧和决策将影响共和国一年的发展，因此每年全国两会深受海内外媒体的关注，两会成为每年全国媒体新闻竞争的主要舞台。对于党报来说，报道两会是党报必须完成的政治任务，两会新闻必须要传播社会正能量，因此，采用新华社通稿成为党报的纪律和习惯。江苏省地市党报虽然主要采用新华社通稿，但各家报纸均根据自身的资源和特色，努力在稿件选编、版面策划中，体现各自报社的风格和特色。

13家地市报均对两会开幕、闭幕进行了重点报道；对于两会重大的程序性报道，各报基本都置于头版头条发表。在两会期间，《南京日报》每天均有2—3个《聚焦全国两会》专版，最多一期共出版13个专版，整个两会期间出版专版43个，发表两会新闻稿173篇。如果仅从报道数量上看，《南京日报》显然在地市党报两会报道中独占鳌头。《苏州日报》开设《全国两会特别报道》专版，共出版两会专版29个，刊登新闻稿92篇，新闻图片26幅。《镇江日报》出版了24个《聚焦全国两会》专版，刊登相关报道60多篇；该报还在"实践·思考"理论版刊登落实全国两会精神的理论文章4篇。《南通日报》出版了17个《聚焦全国两会》专版，头版头条发表两会报道12篇。《连云港日报》开办《聚焦两会》专版，两会报道达到20个版面，刊发的重点报道有36篇，图片用量达到20幅。《常州日报》两会报道篇幅达到25个版，共计刊发73篇稿件。《无锡日报》出版《聚焦全国两会》专版，报道篇幅较多，版面策划较为精致。《宿迁日报》出版13个《聚焦全国两会》专版。《盐阜大众报》《扬州日报》《淮安日报》以《特别报道》版面来报道两会，两会报道数量均较多。

图3-8 《苏州日报》刊发的傅莹在发布台上的照片

虽然两会报道的"食材"相同，但各报根据自身特点烹制的"菜肴"却各有特色。《镇江日报》的《聚焦全国两会》专版有近10个专栏，如《两会声音》《两会观点》《两会速递》《两会关注》《两会通道》《两会巾帼》《两会观察》《两会表情》，两会报道显得有层次、有主题。《南京日报》《聚焦全国两会》专版有"现场"和"热点"两种分类，专版设有《两会今日关注》《两会声音》《两会短新闻》《两会创新策》《两会部长通道》《委员代表在线》《图说两会》《记者手记》等若干栏目。《连云港日报》两会专版中设有《两会消息》《两会声音》《热点》《议政录》《直通北京》《图片新闻》等专栏。需要特别指出的是，面对电视媒体、网络媒体的强力冲击，各报均注重了

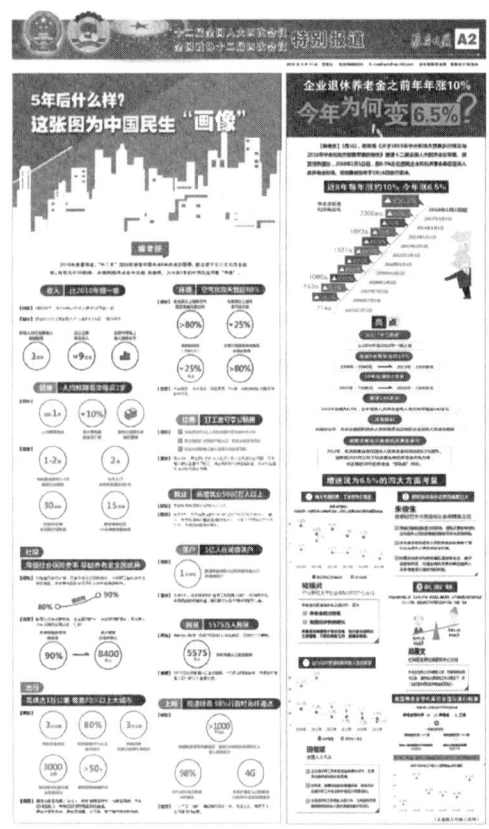

图3-9 《淮安日报》两会《特别报道》版面

版面的可视化表达，图片和图表的用量明显增加，尤其是数据新闻得到了充分重视。《淮安日报》全国两会《特别报道》专版，几乎没有刊登完全的文字稿，全部用图表解读两会精神。3月10日，该报将第2、第3版打通策划特别报道，纯用图表和数字来解读全国政协常委会工作报告、政府工作报告、全国人大常委会工作报告。3月11日，《淮安日报》继续用图表解读未来5年我国的民生"画像"，以及企业退休养老金变动情况。《淮安日报》完全用数据新闻报道两会是一种大胆的创新，当然也美化了版面，适应了读者阅读方式的转型。

照片是直观传递信息、美化报纸版面的重要符号。两会期间各报都精选新华社图片，通过新闻人物精细的面部表情，更加感性化地传播两会的重要信息，显示了政治人物的人性温度。《常州日报》用较大的篇幅刊登两会的图片报道，每天至少3幅，最多一天达到8幅。3月4日，傅莹作为人大新闻发言人首次亮相，并成功地回答了国内外记者的提问。3月5日，《苏州日报》在报道本次新闻发布会时，选择了傅莹在发布台上的一张微笑照片，该照片显示了傅莹的儒雅、自信和亲和，充分展示了人大新闻发言人的形象魅力和人格魅力。

二、跟踪新闻发布会，设置民生议题

两会是全国政治生活的浓缩，是高官云集的地方；媒体和记者关注两会，也是因为这里可以采访到"重量级人物"。中央政府各部委是国民生活的管理者，各部委领导均掌握着国民生活某一方面的权威信息，因此，2016年两会最大的亮点就是"部长通道"的开通，以及对部长们参加的记者招待会的报道。部长们能够勇敢面对媒体，是两会开放透明和善待媒体的象征。在两会期间，部长们越坦诚，公众对政府就越理解，公众对政府就越有亲近感。部长们在两会期间的实话实说没有引起公众的吐槽，反而为各部部长赢得了形象分、亲民分。

因为部长们掌握着权威的民生信息，所以新华社的稿件有大量的民生选题。江苏地市党报利用新华社的材料，为江苏人民设置了丰富的民生议题。在两会期间，部长们参加的新闻发布会，成为江苏地市党报民生主题的最重要来源，仅《苏州日报》一家就报道了10多个部长的"答记者问"。《镇江日报》也对相关部委负责人参加的记者招待会进行了报道。各报在报道记者招待会时，均选择了具有表现力的新闻图片，如《无锡日报》在报道国资委相关负责人的记者招待会时，选用照片中肖亚庆的手势就很生动。

因为部长们掌握着最权威、最全面的信息，所以他们的回答能够让群众释疑解惑。在江苏地市党报报道的记者招待会和部长通道新闻中，读者了解到很多与民生有关的新闻话题，如棚户区改造、房地产工作、出租车改革、核电站建设、环境保护、教育改革、金融热点、外交政策等。记者招待会"干货"很多，言之有物、有的放矢，回答不是泛泛而谈，每场发布会均有特色。如3月16日《宿迁日报》报道住房和城乡建设部负责人的答记者问,其中涉及稳定房价、规范中介、鼓励棚户区改造货币化等内容,相关内容直接与草根基层的未来生活相关。《常州日报》的《特别报道》主要内容来自部长们的"答记者问",报道均策划在专版显著位置发表,报道含金量较高。除了报道部长们的活动外,地市党报还报道了代表委员的发言,同样从民生角度寻找"新闻眼"。如3月5日《南京日报》在A4版刊登8篇稿件,报道各个领域的人大代表在会议上的发言,其中涉及嫦娥登月、火星探索、水陆飞机、货币管理、科研经费、艾滋病控制、延迟退休等问题。两会报道"民生议题"的强化,让两会报道有了更多的社会意义。

三、选派记者驻会采访,记录本地参政成果

两会代表委员肩负着人民的重托,履行的是人民交给的神圣使命。每年的全国两会不是一次普通的会议,而是代表委员进京履职的会议。作为地方媒体,江苏地市媒体体现了地方党报的特色,多家媒体选派记者进京采访,见证、记录本地代表委员参政议政的过程和成果。

代表委员是一种光荣的身份,更是一种日常性的工作。在日常生活中,代表委员虽然有各自的工作,但这些工作相对于"参政议政"来说,反而显得较为次要。因此,代表委员必须要在日常生活中走基层、察民情、搞调研,这样才能提出好的建议和议案。《苏州日报》刊登了多位代表委员的建议、议案形成过程,如熊思东委员建议儿科医生培养应有长远规划,盛小云委员呼吁加强生命教育健全青少年心理,等等。《苏州日报》在江苏地市党报中办得较有活力,但对代表委员的专题报道显得还是很正统,尤其是配发的代表委员照片均为半身正面像,缺乏生机和活力。和新华社的新闻照片比起来,《苏州日报》代表委员的照片只能算是"证件照",没有个性更没有新闻性。

因为各地的主要领导均是全国人大代表,所以地市党报更加注重本地领导在京的履职活动。《徐州日报》本次没有专门的版面用于两会报道,但在头版和要闻版非常重视本地主要领导的活动。3月7日,时任徐州市委书记张国华走进江苏卫视的《两会e事厅》,和其他江苏的代表委员畅谈"厚植创新沃土,培育发展动力"。3月10日,该报在头版头条进行了重点报道,篇幅较大,但时效性差了些。3月7日,《淮安日报》头版头条报道了前一天下午,时任淮安市委书记姚晓东走进新华报业全媒体《直播两会》特别访谈节目,与读者、网友交流城乡发展。3月8日,该报报道7日下午姚晓东走进《人民日报》和人民网的《两会e客厅》,与原文化部领导和有关专家交流文物保护开发新理念、新路径。3月6日,《盐阜大众报》刊登该报记者在北京对时任盐城市委书记朱克江的专访,朱克江强调《认真践行新发展理念 实现"十三五"良好开局》。3月15日,《泰州日报》报道时任泰州市委书记蓝绍敏在两会驻地接受中央电视台记者的采访。《连云港日报》重点报道了市委书记、市长在京打"港城品牌",两会报道注重将会议主题与港城实际联系,突出两会报道的"港城元素"。

各报均或多或少地报道了本地代表委员在北京履职的情况，以及江苏代表团讨论的情况，尤其是中央领导人参加江苏团讨论的情况。3月3日，《泰州日报》报道《我市全国人大代表抵京参加盛会》；3月9日该报报道泰州市6名人大代表参加审议"十三五"规划纲要草案。《镇江日报》本次两会自采的稿件近10篇，主要报道中央领导参加江苏团讨论、央媒采访本地主要领导、代表委员参政议政过程。《南京日报》刊登了大量的自采稿件，采访对象主要是江苏省参加两会的代表委员，突出两会报道的江苏元素、南京元素。《南通日报》相继发表了南通代表委员"点赞'十三五'规划""建议完善基层医疗服务体系""审议'两高'报告""为建设'强富美高'新南通再作贡献"等报道。

总体来看，江苏地市党报自采稿件反映了地方特色，但和新华社的通稿在质量上有较大的差距。从各家报纸刊登的稿件来看，各报基本把两会报道当作政治任务，报道内容体现的"任务意识"强一些，"新闻意识"弱得多。

第四章
两会报道构建的社会舆论场

两会是我国人民参政议政的重要渠道。除了每年的全国两会外，省（自治区、直辖市）、市（地）、县均会在本级范围内举行地方两会。全国两会是讨论全国工作的会议，地方两会是地方人民参政议政的舞台。随着国家政治生活的进步，地方经济社会发展的重要决策，都要经过地方人民代表大会批准。因此，地方两会也逐渐成为媒体报道的重要内容。最初地方媒体报道地方两会只是一种政治任务，但现在地方两会同样成为地方媒体发挥作用的舞台。各级各类媒体对各级两会的报道构建了一个强大的社会舆论场，这个舆论场体现了党和国家的意志，呈现出群众参政议政的成果，反映了群众对国家建设和发展的期待。

第一节 地市党报构建的"江苏两会"舆论场

两会是中国特色民主政治的一个具体运作机制，也是代表委员每年参政议政的平台。2016年1月23日至27日，江苏省政协十一届四次会议召开；1月24日至28日，江苏省十二届人大四次会议召开。江苏省两会既是展示江苏民主政治的一个窗口，也是对代表委员民主素养和履职能力的一次考察。在江苏省两会期间，江苏省13家地市党报围绕两会精神进行专题报道，营造了一个积极向上的两会舆论场。舆论场是公众意见自由交流、相互作用的时空环境。江苏13家地市党报集中报道两会，增加了江苏两会舆论场的能量，在传播两会精神、凝聚社会共识、打造"升级江苏"等方面起到了重要的作用。

一、报道容量虽然有限，但却传递了两会的重要精神

两会报道是媒体宣传的重要任务，也是媒体竞争的主要战场。地市党报每年要连打三次两会新闻战，它们会根据两会的不同级别，分配不同的采编力量和版面资源。全国两会层次高、政治性强、新闻多，地市党报会根据自身的财力和需要，或用新华社通稿，或进行自主采访，两会报道呈现出庄谐有度、形式多样的风格。地市两会具有近距离、贴近性和亲和性等特点，地市党报在各自党委的领导下，可以进行全方位、多角度的报道。处于"天地之间"的省级两会容易成为"夹心会议"，地市党报采编投入不够，又没有高质量的新闻通稿，因此地市党报省级两会报道总体上呈现出偏弱的状态。虽然各

家报纸在省级两会报道中是节制的、有限的，但有限的报道却较好地传递了两会的重要精神。

在13家地市党报中，《南京日报》因为"东道主"的原因，对省两会的报道最多。1月25日至29日每天均有《直通省两会》专栏，除29日外稿件容量均在半版左右。《南京日报》还全文刊登了政府、人大、政协等工作报告全文，这在其他地市党报中是没有的。《无锡日报》除了在头版要闻位置刊登报道外，还开办了《聚焦省两会》专栏，每天坚持提炼两会精彩内容进行报道。《连云港日报》对省级两会的报道也较多，两会期间该报开辟了《直通南京》专栏，共刊登新闻稿22篇，平均每天报道量在4—5篇。该报同时利用微博、微信、客户端等形式扩大两会报道的覆盖面。《南通日报》共发省两会新闻稿9篇，且基本上在要闻位置刊出。《镇江日报》开辟《连线江苏省两会》专栏，两会期间共发稿7篇。《常州日报》两会期间共发稿6篇，其中报道省政府工作报告的新闻稿有1500字左右，其他5篇稿件字数均在400—550之间。《徐州日报》刊登两会报道4篇，其中28日、29日分别报道政协会议、人大会议的闭幕消息。这次江苏省地市党报的两会报道，实际上成了"人大会议报道"；只有《南京日报》《无锡日报》《扬州日报》等少数党报对省政协会议进行了报道，其他党报或对省政协会议开幕、闭幕低调报道，或完全没有省政协会议的报道。

图 4-1 《无锡日报》《聚焦省两会》专栏

二、通过"本土化落地"提高两会报道内容的贴近性

近年很多网站都在追求"落地生根"，一方面它们的分支机构逐级下沉，通过市场扩张获得规模效应；另一方面它们坚持"以奉献换支持"的原则，通过服务地方建设谋求发展。因此，在江苏省两会报道中，各类新闻网站积极参与报道。新华网江苏频道、新浪江苏、中国江苏网等网站，利用它们在报道容量、表现形式、技术支持等方面的优势，将两会报道做得有声有色，不仅全面报道了两会的议程和花絮，而且在视觉效果和沟通互动等方面独具特色。各家网站在报道两会时都有明确的主题，如中国江苏网的主题是"增强新优势 开辟新境界"，新浪江苏的报道主题是"升级江苏"。

图 4-2 "新浪江苏"省两会报道的主页

相对于网站来说,地市党报的两会报道是保守的、节制的、正统的。它们坚持传统的报道风格,报道内容庄重,报道形式规范。因为地市党报有各自的读者群,所以每家党报都有较强的本土意识,它们努力发掘两会内容与本地的关联性,通过"关联报道"赢得本地读者的认同。首先,各家党报主要跟踪本地代表委员在省城履职的过程,特别是当地主要领导在两会期间的活动,以及省里主要领导参加本地代表团审议讨论的情况。如《无锡日报》《南通日报》《淮安日报》《常州日报》等都用较大篇幅,报道了本地代表团审议政府工作报告、参与会议讨论等情况。其次,多家党报对本地代表委员履职情况进行了总结报道,统计出本地代表委员提交议案和建议的数量。《宿迁日报》报道,两会期间宿迁代表委员共提交议案 23 件、建议 21 件;《镇江日报》报道,镇江代表委员提交议案 2 件,建议 37 件。最后,各报都比较重视本地代表委员提案建议被两会采纳的情况,尤其是关系到本地经济建设和社会发展的提案建议。1 月 27 日,《泰州日报》刊登《江北沿江高

图 4-3 《南通日报》报道省委书记参加南通代表团审议

铁列入今年"省计划"》，报道称："正在召开的省十二届人大四次会议上，我市19名省人大代表联合南通、扬州19名省人大代表提出议案，提请省人大常委会加强'十三五'规划专项督查，推进江北沿江高速铁路建设。"1月24日，《扬州日报》刊登《扬州迈入"动车时代" 加快同城化步伐》，报道了1月23日扬州的省人大代表在南京乘坐测试列车视察宁启铁路复线电气化工程的情况。1月25日，《扬州日报》记者从两会上获悉，扬州过江通道将纳入国家和省相关规划。1月25日，《连云港日报》报道时任市委书记杨省世分别接受《新华日报》等媒体的专访和省两会连云港直播间记者的专访，杨省世就连云港作为"一带一路"交汇点核心区、先导区如何发挥功能作用进行了激情阐释。

图4-4《扬州日报》报道省人大代表的活动

三、通过"人物专访"展示代表委员的风采

两会代表委员是人民选举出来的，他们来自人民、了解民生、关注民情，因此对两会代表委员进行专访，采访他们参与两会的任务和感受，能够提升两会报道的质量和水平。同时，报道两会代表委员在两会期间的言行，可以展示他们治国理政的水平，展示人民选举的代表委员的风采。各地党报两会报道主要以"会议新闻"为主，"人物专访"并不多见，只有少数报纸有一些，如1月27日《徐州日报》专访中国矿业大学校长葛世荣。葛世荣在专访中说，徐州未来发展三大新兴产业优势明显、大有可为：一是积极对接《中国制造2025江苏纲要》，立足装备制造业基础雄厚优势，深化与高校、科研院所、龙头企业的合作，大力发展以机器人制造为代表的智能装备制造产业；二是抢抓"互联网+"机遇，深度整合医疗、教育、商业等优势资源，大力发展现代信息产业，加快打造区域性信息产业基地；三是立足五省通衢、交通优越的区位条件，主动对接国家"一带一路"建设机遇，发挥好徐州新亚欧大陆桥经济走廊重要战略节点优势，大力发展现代物流产业。这篇人物专访还是书面化重了些，如果生活化、口语化也许传播效果会更好。

两会报道是党报特有的资源，但因为省级两会的"夹心"位置，所以地市党报对省级两会的报道总体偏弱。这种"弱"一方面体现在报道的数量,另一方面体现在报道的质量。从总体上看,地市党报对省两会的报道缺少策划、篇幅较少、标题平淡、手法单一。

第二节 全国两会报道形成的立体舆论阵地

每年全国两会期间,各级各类媒体都参与到两会报道中,它们从各自的定位出发,承担各自的宣传任务,最终形成了一个立体的、多媒体的舆论阵地。这个阵地既传递了党和政府的声音,也表现了群众参政议政的热情。

一、中央媒体:站在全国的战略高度,把握正确的舆论导向

两会报道既是政治宣传的重要任务,也是新闻竞争的舞台。中央级媒体具有天时地利人和的优势,一方面它们的级别高、人才多,两会重大新闻都是通过中央级媒体发布;另一方面中央级媒体具有东道主的优势,身处京城、轻车熟路,能够组织庞大的报道队伍。随着全国新闻竞争的日趋激烈,中央媒体更加自觉地采取竞争性战略,提前准备、精心规划、高瞻远瞩,不断与国内外媒体竞争话语权。

中央媒体两会报道主要分为常规报道和专题报道两类。常规报道主要是规定动作,报道内容包括:会议议程安排、两会开幕式、政府工作报告、"两高"工作报告、中央领导活动、两会记者招待会、新闻发布会等。常规报道政治性强,需要牢牢把握正确的舆论导向,兼顾到人大、政协等各个部门的利益。地方媒体的常规报道,一般都是采用中央媒体的稿件,尤其是新华社的新闻电讯通稿。

除了常规报道外,中央媒体越来越加强"自选动作"的策划,围绕两会热点问题深入策划若干专题,如实、准确反映代表委员共商国是的情况,最大限度反映人民群众的呼声。中央媒体的自选报道既有代表委员的心声,又有专家学者的访谈;既有省部级高官的政策解读,又有普通百姓的反馈意见。近些年全国两会,中央媒体更加重视民生主题的报道,报道内容呈现平民化、生动化的特点。中央级媒体专题策划的主要内容都是民生热点,如楼市行情、通胀压力、转型升级、中国外交、制度反腐、党建新规、医疗改革等内容。中央媒体的报道形式主要有这样一些特点:更加注重策划,报道内容栏目化、节目化、专题化,如新华社两会视点、两会特稿、两会时评、新华组稿等;注重采访代表委员、记录代表委员发言、报道代表委员的提案议案;注重以记者、主持人的视角报道两会,既强调明星效应,也增强内容的活泼性,如中央电视台曾经设立的小丫跑两会、小撒探两会等;注重邀请专家(包括代表委员中的专家)评点两会、参与节目,如《国是论坛》《强国方略》《新闻会客厅》等节目;平面媒体、网络媒体大量运用图片,通过图文并茂的方式增强内容的生动性。

二、地方媒体：围绕地方社会发展目标，宣传提升地方政府形象

两会期间，省级媒体、很多市级媒体纷纷组织精兵强将赴京，参与两会的新闻竞争。从人员规模上看，地方媒体的总规模超过中央媒体，他们的信息覆盖面也超过中央级媒体，因此，地方媒体是两会精神传达到基层的重要桥梁和纽带。两会重大新闻报道，地方媒体需要采用新华社通稿。在重大新闻报道之外，地方媒体仍然具有广阔的施展空间，能够结合各地的社会发展目标，形成各具特色的两会报道风格。

地方党报应该提前策划两会报道、烘托两会的气氛。对于江苏各级党报来说，第一，要关注新华社、《人民日报》、中央电视台等中央级媒体的报道基调和报道手法，在贯彻两个率先的基础上积极解读政府工作报告。第二，关注江苏赴京代表委员的行程、活动，设计主题采访江苏省的代表委员，帮助代表委员接受中央级媒体的采访。第三，加强和兄弟省份的媒体合作，通过联合采访、成立报道组等方式实现资源互换，积极向全国宣传江苏形象、江苏精神。如过去两会曾出现过中部联合报道组、珠三角联合报道组、长三角联合报道组、西部联合报道组等合作模式。各地还曾在两会期间，集中宣传各地的主要建设目标，如海南宣传国际旅游岛、安徽宣传安徽城市带、重庆宣传两江新区等。第四，根据两会的主要内容策划政经专题，通过数字、图表解读全国的政治、经济、社会发展形势，反映江苏各项事业在全国的位置。第五，在报道形式上可以有多种形式，如代表委员访谈、提案摘登、两会走笔、两会视点、会议侧记、两会花絮、图片新闻等，力争做到报道内容既权威又生动。

两会期间，各地都市报应该发挥贴近大众的功能，充分表达民声民意。可能因为受到两会开放度的影响，一些都市报无法接触到信息源，于是很多媒体就在边缘下功夫，将两会报道娱乐化、社会新闻化、春晚化，降低了两会报道的层次。有的媒体投入很大精力关注明星代表委员、红色后代、雷人雷语、女服务员、帅哥警卫、美女记者等。客观来说，都市报记者队伍比较年轻化，很多记者时政兴趣不高、时政知识不足，各地都市报要借两会机会加强记者队伍的培养，培养年青一代记者较高的政治素养。

无论党报和都市报，都要围绕民生才能赢得读者。媒体应该结合具体的省情、市情，联系本地实际，站在百姓利益的角度，从小处着手关注两会。报道不能泛泛而谈，要言之有物、有的放矢、做出特色。可供选择的民生主题主要有：宏观调控、货币政策、公共财政、财政预算、财政信息公开、社会管理、医疗改革、房产物价、保障房建设、教育改革、公车改革、低碳经济、用工荒、就业难等。

三、新兴媒体：发挥技术优势，对信息进行全面、深入整合

网络对社会的渗透无处不在，影响力越来越大。从总理到地方各级领导都越来越重视网络。两会网络报道既是必修课、命题作文，也是展示各大网站实力的机会。近年两会期间，网站报道的理念、手段不断成熟，报道内容既让党中央、国务院、主管部门满意，也

让普通网民感觉舒服、解渴、畅快,并创造了一个又一个访问高峰。

网络报道两会的优势主要有:①新闻传播的快捷性。随着网络进入宽频时代,网络可以实现图文、视频直播,在新闻发布会、总理记者招待会等重大新闻发布方面,网络显示出传统媒体没有的优势。②网络信息的集纳性。网络没有电视的时间限制,没有报纸的版面限制,因此网络可以和传统媒体互动,将报纸、广播、电视的内容全部集纳到网络中。③网络检索的便利性。网络具有超链接的特点,因此网络中的两会新闻具有检索的便利性,只要在搜索网站输入关键词,就可以链接到大量的两会报道。④新闻传播手段的丰富性。网络可以综合使用文字、图片、视频、数字等多种手段,及时、直观、动态地报道两会。

江苏网站在两会期间,应该充分挖掘网络的优势。①争取在重大新闻中,第一时间参与报道,至少要及时报道江苏省代表委员的活动、讨论。②将庞杂的信息条理化。网络具有容量优势,但是如果不进行分类,信息就会缺乏条理性。为此,网站可以开设专门的频道,将两会信息条理清晰地归类。③运用文字、图片、视频、博客等多种手段报道两会。④独立策划专题报道,如民生调查、五年金句、五年人物等。网站策划的报道主题可以覆盖各个传统媒体的内容。如搜狐网站曾策划过两会观察、搜狐跑两会、手机两会、看两会、问总理、问领导、问发言人、民生考察、报道满意度调查等内容。⑤邀请代表委员直接和网民互动聊天。⑥鼓励代表委员、跑会记者开微博,编辑手机报。

第五章
新闻传播的职业与伦理规范

新闻传播必须要遵守职业规范、伦理规范，更要遵守国家的法律法规。新闻传播事业是在职业道德的基础上产生和发展的，任何行业没有职业道德最终都会被历史抛弃。新闻事业的发展历史以丰富的案例告诉我们，新闻媒体良好的职业道德是公信力和权威性的重要来源。然而，在现实生活中，很多媒体还是有这样或那样不规范的地方，甚至个别媒体和记者有违法乱纪的现象。在媒介融合的时代变革面前，职业媒体更应该恪守职业规范和职业伦理，通过客观、准确、真实的报道赢得更多受众的信任。

第一节 创新职业道德社会化管理新模式

新闻管理是社会治理的重要组成部分，而社会治理是一项艰巨的、复杂的、系统的、富有挑战性的事业。在新闻管理方面，我国已经建立起行政管理体系和法律管理体系，但对新闻工作的道德约束却相对薄弱。2015年12月23日，江苏省新闻道德委员会在南京成立，这是江苏省社会管理的一种创新，也是新闻工作社会管理、自我管理的重要尝试。

江苏省新闻道德委员会的成立，有助于提升江苏媒体的新闻声誉和社会威望。在国际社会，新闻道德机构是在报纸大众化背景下诞生的。当时，走向市场的报纸因为迎合读者需要，大量刊登煽情新闻、犯罪新闻，结果给媒体声誉带来巨大的影响。1908年密苏里新闻学院院长威廉斯制定《报人守则》，1912年普利策在哥伦比亚大学创办新闻学院，其目的都是为了规范媒体人的从业行为，强化媒体人的职业修养，进而让新闻业成为美国当时"有尊严的职业"。1946年，英国议会成立皇家报业委员会，对英国国内媒体进行全面的道德调查。英国媒体在国际上的信誉度比较高，这和它拥有较为发达的新闻评议制度有一定的关系。目前，中国社会正处在快速的转型期，在个人观点容易公开化，社会问题快速表面化，国内问题容易国际化的复杂舆论环境下，职业化的新闻媒体应该发出稳定的、权威的、清晰的声音。相信，江苏新闻道德委员会的工作一定能够帮助江苏媒体守护好舆论阵地，通过有效的信息传播，确立起江苏媒体在江苏社会生活中的权威性和公信力。

江苏省新闻道德委员会的成立，有助于约束媒体人的职业行为，帮助媒体人坚守"道德文章""文人论政"的理想。中国古代文人一直拥有明道救世的精神和道德文章的理想；近代中国文人失去了"士"的体制性身份，但却在报刊中实现了"文人论政"的转型。"君子遵道而行，半途而废，吾弗能已矣。"中国古代文人恪守"仁""道"，认为半途而废只能枉为君子。清末民初的报人自诩为知识分子，将"救亡图存"作为报刊的主要角色，启蒙、革命和国家现代化成为办报的"三部曲"。新中国成立后，媒体人不再是传统意义上的"士"或"文人"，而是被重新定义为意识形态和国家政策的宣传员，媒体人工作时被社会看成是"单位人"，缺乏个性展示和思想发挥的空间。改革开放后，社会进步和媒体发展带来了媒体人人格的多元化，信息人、社会人、经济人的角色逐渐在职业活动中被唤醒。作为信息人，媒体人更加自觉地及时传递世界变动的信息；作为社会人，媒体人将个性带进新闻产品，创新了新闻产品的形式，丰富了新闻产品的内涵；作为经济人，媒体人在工作中追求媒体和社会的承认，获得了较为满意的收入和受人尊重的地位。少数媒体人自称知识分子，在社会进步和民主法治等方面发挥了自己的影响。媒体人多元人格的出现是社会的进步，但媒体人的多元人格也需要加以约束和引导，否则就会产生很多负面影响。近年新闻失实、新闻失范、新闻违规、新闻违法时常发生，低俗新闻、新闻敲诈、舆论审判已经对社会造成了诸多伤害。凸显媒体人个性不等于在采访活动中随性而为，经济人意识的觉醒不等于无原则地追求利益，知识分子的名号更无法和网络水军、舆论推手画等号。新闻道德委员会应是媒体人身边的一台警钟，通过连续性的道德监测报告警示媒体人坚守正义、传播真理。

江苏省新闻道德委员会的成立，是我国报刊社会化管理的重要探索，是社会管理的重要创新。新闻管理有行政管理、法律管理、利益控制和道德管理等多种模式。新中国成立以来，我国新闻事业管理主要采用行政管理的模式，行政之手较为频繁地干预了媒体的新闻采编和日常运营。法律管理是国际通行的新闻管理原则。法律追求公平、正义、自由，追求对规则的尊重和遵守。依据法律来裁决人类的利益或争端，是人类文明进步的产物和标志。我国新闻管理不断探索由行政管理向法律管理过渡，不断将传统行政管理模式用法律、法规等形式制度化。然而，在法律管理之下还有很多漏网之鱼。道德约束主要通过舆论对行为进行警示性约束。在整个社会呼吁道德回归的年代，道德约束成了行政管理、法律管理的重要补充。道德委员会有半官方的色彩，这在一定程度上加强了道德与行政、法律的匹配，从而使新闻的道德管理变得更加有力而高效。

江苏省新闻道德委员会可以在新媒体管理方面进行有效探索，为新媒体有序发展作出贡献。2006年笔者出差去广州，当时夜游珠江的游轮打的名号多为媒体广告，如"广州日报号""羊城晚报号""信息时报号"等，显示了传统媒体的风光和实力。新媒体的崛起，让传统媒体感受到前所未有的生存压力，社会舆论和媒体自身都在唱衰传统媒体。然而，有学者提出，当前不是新闻传播的黑暗年代，而是新闻传播发展的第二个黄金时期，只不过引领这次潮流的将是新媒体。以"两微一端"为代表的新媒体，已经通过媒体景观影响了人们的思想和行为，电子终端（尤其手机）已经成为每个人思想的取景框。新闻事业在向新媒体快速转移，新闻管理显然也要向新媒体空间跟进。道德管理没有边界，道德委员会应不断延伸自己的工作职责和活动范围，对新媒体空间内的道德状况进行必要的监督，引导"两微一端"体现更多的社会正能量。

道德是维护社会秩序的重要手段。目前，中国正处在社会转型期，伦理道德不断裂变、重建，社会舆论强烈呼唤道德力量的回归。新闻媒体是社会船头的哨兵，是公民教育的课堂，是社会责任的使者。"未有不能正身而能正人者。"新闻媒体只有强化自身的道德约束，才能获得公众的信任和支持，才能通过职业道德引领社会道德，才能让中国人民生活的社会空间变得更加和谐与有序。江苏省新闻道德委员会应努力工作，为维护新闻职业道德作出更大贡献。

第二节　报纸转载新闻要尊重作者版权

在媒介融合的大背景下，平面媒体受到"泰山压顶"般的重创。生存的压力让更多的记者注意到版权问题，他们发现各类网络传播的主体信息，仍然是他们这些"职业传播者"的作品。然而，在混乱的媒体版权市场上，各类报纸既是被侵权者也是侵权者。版权（Copyright）也称著作权，它是作者对其作品所享有的权利。版权保护是一个国家文明程度的重要指标，是精神文化产品生产的持久动力。报社是职业传播机构，它拥有一群具有深厚专业素养的职业传播者，报社必须首先尊重版权，这样才能更好地维护自己的利益。

一、报纸的国际国内新闻侵权现象普遍

我国报业结构是行政主导的结构，绝大多数都市报都是各级党报的延伸。各地报纸的首要任务是：传达本地党委政府的政策，指导本地各行各业的工作，宣传本地先进典型和先进事迹。因此，各地报纸主要在本辖区内发行，报社记者主要在本辖区内活动，报纸上本地新闻能够全部实现自采。《泰州日报》就是一份注重本地新闻的都市报，该报新闻版面主要有要闻、关注、社会、社区、天气、乐活等，其他为软硬广告版面或文学文化版面。在2014年9月8日—13日[1]一周时间内，该报共出版了70个新闻版面，发表120篇报社自采的本地新闻稿件，另有18篇稿件转载自其他媒体。转载稿件主要是全国性新闻和健康保健类文章。《泰州日报》对国内国际重要新闻兴趣不大，它没有专门的报道国际、国内新闻的版面。因为该报主要报道本地新闻，本地新闻都是记者或通讯员采写的，所以该报新闻版的版权标识是比较清晰的。

---

[1] 注：原本统计的是一周时间，即9月8日至9月14日，但《泰州日报》周末版几乎没有什么新闻，因此这里选择9月8日至13日这个时间段，仍然代表该报一周新闻报道的情况。

国内国际重大新闻是优质的新闻资源,任何有追求的媒体都不会放弃对国内国际新闻的报道。对于都市报来说,报道国际国内重大新闻可以获得发行量,可以提升报社的采编水平和专业素养。对很多报社来说,采访国际国内新闻需要庞大的开支,需要受到新闻发生地党政部门的采访限制。因此,地方报刊国内国际新闻来源主要有三种:一是购买新华社的专稿,二是转载其他媒体的报道,三是根据其他媒体的报道自行进行改编。总之,绝大部分地方报刊记者基本不到新闻事件现场。下面是江苏几家报纸新闻版面的情况。2014年9月17日,《盐城晚报》在《城事》《社会》《帮办》《爱心》《饮食文化》等版面刊登本地新闻、文化活动报道20篇,这些稿件全部由记者或通讯员采写。《江苏时讯》版有4则报道江苏省内的新闻,其中一篇署名"苏丽萍";其余3篇电头是"本报扬州专电""本报南京专电""本报综合消息",但3篇均没有作者署名。《每日特稿》版有两则新闻,署名分别为"澎湃""中新"。在《娱乐》版还有署名"欣闻""易飞"的新闻。再来看10月17日的《现代快报》,当天有两个《中国新闻》版共刊登11篇报道,其中10篇转载自《法制日报》《新京报》《华商报》、新华社(3则)、《南方都市报》《南方周末》《河南商报》《重庆晨报》,1篇为"综合";两个《世界新闻》版8篇报道,7篇转载自新华社(5篇)、《法制晚报》《北京科技报》,1篇没有任何标识。10月18日《姑苏晚报》有两个《国内新闻》版,刊登7篇新闻稿件,其中5篇来自新华社,1篇来自中新网,1篇无任何标识;两个《国际新闻》版刊登4篇稿件,全部转载自新华社。

从以上简单的报道统计来看,都市类报纸绝大部分国内国际新闻都转自新华社,约1/3左右转载自国内其他有影响的媒体,如《新京报》《南方都市报》《南方周末》等。报纸购买或转载新华社的稿子,这本身并没有错,但问题是包括新华社稿件在内的所有新闻均没有作者署名,新闻作者的名字在转载过程中消失了。在笔者简单的版面统计中,所涉及的几家报纸的所有转载稿,没有一篇稿件署了作者的名字。报纸在转载新闻的时候,对原稿刊发机构称呼不规范,如媒体经常将新华社、中新社、《人民日报》等媒体简称为新华、中新、人民。如10月17日《扬子晚报》刊登一则新闻:《国家文物局通报8起文物违法案件》,该文结尾署名为"新华"。地方媒体经常对其他媒体所发的新闻稿进行改写,改写后通常有"综合""宗合""宗禾""宗宣""宗轩""佚名""欣闻"等署名。由此可见,目前都市类报纸版权侵权现象比较普遍,突出表现为国际新闻、国内新闻转载不署名,本报记者任意综合其他媒体的相关报道,对原稿刊发单位的称呼不规范,等等。

二、报纸新闻侵权的司法原因和解决思路

现在各地的报纸越办越厚,报纸正常出版需要大量的内容,而报社的采编力量是有限的,因此,填充报纸版面的最佳做法就是转载。目前我国报纸转载侵权主要有两个原因,一是国际上对时事新闻的版权保护本身存在争议,二是我国著作权法对新闻作品保护的规定不够明确。法律规定的模糊,版面内容的需要,使不规范转载成为制作国内新闻、国际

新闻的主要做法。

精神文化产品包含创作者的创造性劳动，因此，防止精神文化产品被他人抄袭或滥用是版权法的主要内容。但是，很多国家的版权法或著作权法对时事新闻不予保护，因为传播新闻属于公共领域的范畴。美国最高法院指出："当代新闻的实质内容不可取得版权保护，这是出于明显的公共政策的考虑，即此段历史应向一切人自由开放。"[1] 也就是说，版权法不予保护的不是"新闻作品"，而是新闻事件本身的内容。如美国广播公司曾经宣称，它拥有1986年7月4日自由女神庆典活动部分报道的专有权，这样的声明遭到了很多媒体的抗议。但是，美国人在司法实践中还认为："组织新闻或信息的方式，包括记者或者出版商在表达已采集的新闻或信息时所使用的言词及方式，则是可以取得版权保护的。"[2] 因为很难在新闻的实质性内容与记者对新闻的表达之间划定界限，所以国外在新闻侵权官司中依然难有明确的裁决标准。

《中华人民共和国著作权法》第五条规定了该法不适用的领域，其中包括"时事新闻"；第二十二条规定了著作权的限制条款，有十二项内容可以"不经著作权人许可，不向其支付报酬，但应当指明作者姓名、作品名称"，其中第三项内容是"为报道时事新闻，在报纸、期刊、广播电台、电视台等媒体不可避免地再现或者引用已经发表的作品"。对著作权的十二项限制性规定属于作品的"合理使用"，其中第三项是根据《伯尔尼公约》相关内容进行修改的。[3]《中华人民共和国著作权法》并未对"时事新闻"进行任何界定，因此，"时事新闻不受著作权法保护"成为很多媒体大胆抄袭、盗用的主要原因。

其实时事新闻与新闻作品有很大区别，时事新闻是单纯对新闻事实的直观记录，因此时事新闻"作品太单纯，单纯得只有事实，而没有或者基本上没有作者主观上的加工，没有独创性的特点"[4]。所以，著作权法只能保护作者的智力劳动和创造性表述，而不能对"客观发生的事实"进行保护，这样才能让每天发生的新闻能够传得更快更远，同时这也是对广大公众知情权的尊重与保护。然而，新闻媒体刊登的文章除了简单的消息报道外，还有特写、通讯、深度报道、解释性报道，以及评论、杂文、散文等，这些体裁"具有一定的对现实社会的科学研究价值，具有独创性，都不属于时事新闻，适用著作权法的保护"[5]。因此，时事新闻不受保护，并不等于新闻作品不受保护。早在20世纪初，美国就确认新闻是"准财产"（Quasi-Property）。我国在司法实践中需要更多地提倡对"新闻作品"的保护。

著作权包括人身权和财产权两方面内容。所谓人身权，是指与人身不可分离而又没有直接的经济内容的权利，包括发表权、署名权、修改权和保护作品完整权四项；所谓财产权，

---

[1] 卡特，迪，盖尼斯，等. 大众传播法概要 [M]. 黄列，译. 北京：中国社会科学出版社，1997：22.
[2] 卡特，迪，盖尼斯，等. 大众传播法概要 [M]. 黄列，译. 北京：中国社会科学出版社，1997：22.
[3] 中华人民共和国著作权法 中华人民共和国商标法 [M]. 北京：中国民主法制出版社，2001：38-19.
[4] 魏永征. 新闻传播法教程 [M]. 北京：中国人民大学出版社，2002：275.
[5] 魏永征. 新闻传播法教程 [M]. 北京：中国人民大学出版社，2002：267.

是指作者或其他著作权所有者享有的转让、授权或许可他人以复制、表演、播放等方式使用其作品并由此获得报酬的权利。[1]当新媒体对传统媒体构成巨大冲击时,传统媒体显然首先会想到著作权,即利用法律手段维护职业传播者的劳动收益。当传统媒体需要著作权法保护的时候,自身首先必须带头遵守著作权法的相关规定。鉴于目前混乱的新闻转载环境,媒体很难兑现新闻原作者的"财产权",但是作为转载单位最起码应该尊重作者的"署名权"。同时,重要新闻、重大新闻应该慎用"综合""宗禾"之类的化名,因为这既是对新闻原稿的侵权,也是新闻真实性的大忌。记者不深入现场盲目"综合"别人的稿件,是新闻失实的一个重要原因。当然,应该鼓励更多的媒体或记者联合起来打新闻侵权官司,推动司法部门作出更明确的司法解释,同时,通过司法实践向社会进行著作权普法。

第三节 法制新闻报道不可滥用"同情心"

给予犯罪嫌疑人以人格上的尊重,这本身是我国司法进步和社会进步的表现。但近年媒体在报道法制新闻的时候,出现了过度娱乐化、煽情化,乃至滥情化的趋势。媒体对一些案例的报道有时不是为了警示社会,而是为犯罪嫌疑人洒"同情泪"。2017年3月19日,《现代快报》在封14版刊登署名"新华视点微信公众号"的文章《惯偷被抓 身上的三封家书让人唏嘘》,副标题是《父母妹妹写信劝其改过,他放在身上,却没记在心里》。这篇原本关于抢劫案件的报道,结果被写成了"娱乐秀"。

图 5-1 《现代快报》报道该新闻的版面

该报道共分三个部分,三个部分的小标题分别为:"顺手牵羊,却被迅速抓获""饱

---

[1] 黄瑚,钟瑛. 新闻法规与职业道德教程[M]. 上海:复旦大学出版社,2004:207.

含期待的三封家书""他也曾是'三好学生'"。第一部分叙述犯罪嫌疑人饶某在快餐店顺手拎包被抓的情况;第二部分将饶某的父亲、母亲、妹妹给他写的家书摘登出来;第三部分讲饶某曾经是个三好学生,后离家出走、在外漂泊四年。在整个报道中,只有第一部分稍微讲解了一下案情,字数为152个字;整个报道正文共有816个字,案情叙述只占正文的18.6%。整个报道的立意不是剖析案情,而是"邀请"读者和作者一道"唏嘘"。

该报道故事的发生地在重庆,且报道时没有署记者的名字。通过百度搜索我们发现,中国网、中国青年网、凤凰网、东方网、新浪网等很多网站都转载了该文,这些网站在转载时都注明了消息来源是华龙网。笔者在重庆华龙网找到了该报道的网络原始稿:《惯偷被抓 警察从他身上搜出三封感人家书》,报道的署名是实习记者祝某。需要指出的是:华龙网和其他网站转载的报道的文本是一致的,报道的内容分"快餐店歇歇脚被小偷瞄上""逃跑不足数十米就被民警抓获""他屡次盗窃随身带着家人家书",最后是重庆江北警方提醒读者如何防止盗窃。应该说看,网络原始稿本身就是一篇较为平庸的实习作品,一个不算大的案子写了那么多带有煽情的故事。但网络原稿至少还是把案情作为了报道的重点,这和《现代快报》所呈现的文本还是有很大的不同。

《现代快报》应该不会自己加上最后一部分内容,否则那就是典型的新闻造假。通过推理可以得出:该文的纸媒原稿可能更长,华龙网刊登时已经做了技术处理。《现代快报》也许是从纸媒的原稿中转载、编辑的。《现代快报》转载时压缩了基本案情,删除了网络版中的司法内容,如"2月22日,饶某被江北警方以涉嫌盗窃罪执行逮捕""3月6日,江北警方已将此案移送检察院审查起诉"等,同时将网络版中家书图片转化成文字,留下了网络版中没有的"他也曾是'三好学生'"部分,这样的编辑方式使这篇报道完全娱乐化了。该报道给我们的启示是:法制新闻不能滥情,不能为了赢得读者,拼命挖掘"情感"因素、编写离奇故事。

附:华龙网原文:

惯偷被抓 警察从他身上搜出三封感人家书

2017年3月12日 23:47:21 来源:华龙网

华龙网3月12日21时15分讯(记者 祝某) 21岁的饶某曾屡次盗窃,家人一次次原谅他,仍然期盼他能改邪归正,而他却将要再次把自己连同家人的家书一起送进牢房。近日,江北区公安分局观音桥商业区派出所破获一起盗窃案。民警抓获一名刚盗窃完,正准备逃脱的犯罪嫌疑人饶某(1996年生,21岁,小学文化,重庆市合川人),追回被盗现金3000多元人民币、驾驶证、银行卡等财物。3月6日,江北警方已将此案移送检察院审查起诉。

快餐店歇歇脚被小偷瞄上

2月9日下午,逛街途中略感疲倦的刘女士来到一家快餐厅休息。快餐厅环境较好,不用点餐也能在店内坐坐,是大多数人的临时选择。刘女士落座后把挎包放在身体和椅背之间,独自坐在窗边休息的她不自觉地闭上眼睛了一会儿。

就是这打盹儿的工夫,小偷瞄上了刘女士,并以极快的"身手"将她的包从椅子上抽走,走出快餐厅。"我把包放背后,用背压着以为这样就安全了,包被拿走我一点感觉都没有,要不是邻桌的人叫我……"发现被偷后的刘女士顺势朝小偷逃跑方向追了上去。

另一边,正在商圈巡逻的民警,发现一男子手提女士挎包,神色匆匆,形迹可疑,立即将其拦停进行盘问。询问中男子无法说清挎包来源,民警将其控制并带回派出所进行调查。该名男子正是刘女士在追赶的小偷,被巡逻民警逮个正着。

逃跑不足数十米就被民警抓获

据嫌疑人饶某交代,当日他来到快餐厅,见一女子将包放在座椅上,而女子似乎在打瞌睡。他见财起意,有了顺手牵羊的主意,从女子身边经过的同时他顺手将女子放在背后的挎包拿走。刚走出快餐厅,逃跑没多远就被民警拦下。

他万万没想到,自己刚盗窃完,正准备带着囊中之物一走了之,然而逃跑不足数十米,不到几分钟就被民警抓获。

据刘女士回忆,当她感到万分焦急,追赶窃贼无望时,只见几名男子将拿着她挎包的男子拦下,原来男子手拿女子挎包的异常行为引起了巡逻民警的警觉。

经调查,犯罪嫌疑人饶某对其盗窃他人手提包的犯罪事实供认不讳。民警查获饶某盗窃所得女士手提包一个、包内3000多元人民币现金、银行卡、驾驶证等财物。

他屡次盗窃 随身带着家人家书

让人唏嘘的是,饶某手上拿着偷来的财物,包里却揣着家人给他的家书。爸爸教导说:"人的一生,要做到不偷、不抢、不骗、不坑人,不违背良心,不触犯国家法律。"妈妈殷切期盼地说:"儿子,希望以后你能做一个真正的男子汉,家里的大门永远等你回来。"妹妹告诉哥哥说:"我考了2个100分,希望和哥哥一起生活,将来工作挣钱,爸爸妈妈就不用太辛苦,一家人能在一起!"

饶某曾屡次盗窃,家人一次次原谅他,仍然期盼他能改邪归正,而他却将要再次把自己连同家人的家书一起送进牢房。

2月22日,饶某被江北警方以涉嫌盗窃罪执行逮捕。饶某盗窃的财物,也已全部返还事主。

3月6日,江北警方已将此案移送检察院审查起诉。

商圈由于人流集聚,往往是盗贼扒手的主要作案区域之一,江北警方提醒广大市民在商业地带或是在公共场所休憩时，提高安全意识，不要疏忽对个人财物的保管，注意以下几点，避免被盗：

1. 市民在任何时候，都应该提高自身的警觉性，这是避免被盗的最好方法。

2. 扒手习惯趁市民上下电梯、结账、接听手机的一瞬间，飞快盗走其身上的钱包或手机。市民在公共场所处理事情的过程中，对突然靠近自己的身边人还需要格外留心。

3. 市民尽量不要将钱包、手机等物品放在外衣衣兜里。手机、钱包等贵重物品最好贴身放置。

4. 在行走时，挎包或背包切记背在身前；落座后，挎包等贵重物品要放置在身边，最好能将之加以固定，不让小偷有机可乘。

5. 在公共场所，要学会"分散"注意力。对经常出现在身边的陌生人，一定要多加留意。

《现代快报》报道的文本：

惯偷被抓 身上的三封家书让人唏嘘

父母妹妹写信劝其改过，他放在身上，却没记在心里

重庆一名年轻惯偷被抓获后，警方从他身上搜出了三封被精心保存的家书。

这些信的内容令办案民警深感意外，唏嘘不已……

不久前，1996年出生的饶某因盗窃被重庆江北警方移送检察院审查起诉。每每想起这个孩子，办案民警便感到怅然，这是因为饶某被捕时身上紧揣着的三封家书。

顺手牵羊，却被迅速抓获

2月9日下午，市民刘女士在一家快餐厅坐着休息，把挎包放在了身体和椅背之间。一名男子趁其不备，快速把包偷走。可惜没跑多远，就被巡逻民警拦下抓获……

这名男子，就是饶某。

被抓后，饶某被民警带回派出所进一步调查，在清点他身上物品时，民警在饶某的钱包里，发现了三封细心保管的信纸，打开一看，在场的所有人都是一阵唏嘘！

饱含期待的三封家书

这是饶某的家人写给他的三封家书，一封是母亲的，一封是父亲的，还有一封是年仅10岁的妹妹写的。

爸爸：儿子，人的一生，要做到不偷、不抢、不骗、不坑人，不违背良心，不触犯国家法律，要好好检视自己。

妈妈：儿子，希望以后你能做一个真正的男子汉，家里的大门永远等你回来。

妹妹：哥哥，我考了2个100分，希望和哥哥一起生活，将来工作挣钱，爸爸妈妈就

不用太辛苦，一家人能在一起！

原来，今年21岁的饶某是一名惯偷，长期在重庆主城以及合川等地作案。这次作案的前5天，他刚从看守所出来，上次被捕也是因为盗窃。

饶某说，家人一直没有放弃他，一直以各种方式劝他浪子回头。这三封家书就是他前段时间在看守所时，家人寄来的……

他也曾是"三好学生"

由于父母在广东佛山打工，饶某从小就是一个留守儿童，父母疏于管教。长大后，饶某虽然经常到佛山和父母团聚，但一直没有正当职业，逐渐走上了犯罪的道路。

其实饶某以前也是一个品学兼优的"三好学生"，一切的转变要从他13岁那年说起。那年，他念初一，因为叛逆，他迷恋上了网络游戏。这样的生活状态最终持续到了2013年，高一未上完的饶某背着家人辍了学，还离家出走，开始了四年的游荡生活。

这四年他基本不回家，实在没有钱了才回去，回去一次爸爸骂一次，实在不想回去。没钱了就偷窃，有钱了就进网吧。对于家人，他始终心怀愧疚：人家父母在一起都说自己娃儿多么多么能干，而父母因为自己，在亲戚朋友面前都抬不起头。正是这份愧疚，让饶某一直把家人的三封家书珍藏。放钱包里，就是怕丢，其实，他经常拿出来看，也流眼泪，也希望自己能变。

第四节　广告与新闻应有清晰的可识别性

现行的《广告法》对大众传媒刊登广告有明确的规定。《广告法》第十三条明文指出"广告应当具有可识别性，能够使消费者辨明其为广告。""大众传播媒介不得以新闻报道形式发布广告。通过大众传播媒介发布的广告应当有广告标记，与其他非广告信息相区别，不得使消费者产生误解。"浏览2017年3月3日的《扬子晚报》，发现该报有些广告还有明显的违规现象，广告与新闻还有一些"不可辨识性"。

彩票是以筹资为目的而发行的抽奖凭证。因为彩票是募集公益资金的重要手段，因此我国一般不认为彩票就是赌博。但是彩票毕竟是一种筹资工具，它与一般的新闻信息有本质的区别，所有媒体刊登彩票应该遵守《广告法》的有关规定。3月3日《扬子晚报》的A17版是《体彩新闻》版，但本版内容的新闻性并不强，本版头条新闻实质是一则活动广告。该新闻的标题是《顶呱刮"卧虎藏龙"花式出奖 "中1000送8000礼品"火热进行中》，新闻的导语为："顶呱刮'卧虎藏龙'20元票'中1000送8000促销礼品'活动正在全省火热开展，各地上演花式中奖秀，1000元及以上奖金和价值8000元的大礼被频频送出。"标题和导语都明显在为抽奖活动做广告。3月3日，该报的A10版的下半版打出了《福彩专版·扬子彩经》的栏标，但该版的另外两篇文章《高邮525万元大奖得主你在哪里？》（署名苏彩)、《无锡新区彩民10元刮中"闪耀钻石"二等奖3万元》(没有署名)却跑到了专栏外面,混迹在《江苏新闻》版的其他新闻中,没有实现"与非广告信息相区别"。

图 5-2 彩票广告与新闻报道的混淆

《扬子晚报》在3月3日的其他版面,还有刊登广告不规范的地方。A12《江苏新闻》版刊登了一篇文章:《数字化舒适种牙,高龄缺牙患者的优选(引题) 100例口腔疑难病诊疗活动今日开启(主题) 我省口腔知名专家亲诊,机会难得、名额有限(副题)》,该文明显是一则医药广告的文章,但该文的署名却是"通讯员赵云龙",感觉有意让读者混淆广告与新闻的区别,并且在医疗广告的写作上也不够规范。当天A23版刊登了一则广告《头锅春茶平价上市 货真价实头锅茶,就来文生茶业》,但报纸在编辑时没有对该广告进行"可识别性"处理,而是在该文的末尾印上了"广告"两个字。

图 5-3 相关广告没有做好"可识别性"处理

《扬子晚报》有着较长的办报历史,是全省乃至全国闻名的晚报品牌。作为老牌晚报,还是应该坚守自己的报格,通过守法办报提升报纸的品牌效应。

第五节 用准确的新闻来源防止新闻失实

新闻是客观事实的报道,不是记者的主观猜想或道听途说。记者在报道新闻时,一定要保证消息来源的可靠、清晰和多元,这样才能使受众能够准确、客观地把握新闻事实。然而,2008年4月10日《东方卫报》上发表的《弥留之际,80岁老汉只想离婚》(A03

版）一文，消息来源不仅模糊，而且单一，像这样的报道容易让当事人丧失话语权，成为舆论声讨的对象。该报道共有三部分，下面仅以第一部分为例说明消息来源与信息准确的关系。

在该报道提要中，记者明确指出：她从南京市白下区法院了解到，"目前老年人离婚现象逐渐增多"。然而，在其后的报道中，记者并没有扣住这个新闻来源，而是在模糊叙述中误导读者。报道的第一部分，作者在关键信息点上用了两个"据悉"：一是据悉李俊和老伴王红已经结婚46年，可老伴总是让他吃剩菜，艰难度日；二是据悉李俊是某干修所的退休干部，月收入5000多，他每月给老伴1800元作为生活费。王红在某街道工作，每月仅有500多元。这两个"据悉"都是新闻的关键内容，它的来源不明给新闻的真实性大打折扣。

在该报道第一部分还存在着消息来源单一的问题。从总体上看，第一部分是站在"李俊"的视角来叙述事件的，李俊到法院告老伴主要有三大理由，这三大理由文中是以直接引语出现的。一是李俊声讨老伴："她总是买很多菜，一连吃好几天，我很少吃新鲜菜。"二是李俊表示，老伴在各方面控制他，把他当挣钱的工具，"我多年都吃不上早饭"。三是李俊曾在老年公寓住过大半年，"那段时间，我就像过着流浪汉的生活，吃就在外面买"。由于新闻来源单一，李俊的老伴实际上丧失了任何表达自己观点的机会，完全被放到舆论和道德的被告席，任由读者评判。而且，从整个行文看，记者极有可能并没有采访报道中的主人公"李俊"，文中的直接引语很可能只是"据悉"来的，或者是记者想当然地杜撰。

正是记者不重视新闻来源，不重视客观报道，也不重视叙事逻辑，因此，文中产生了大量的逻辑问题。文中明明讲李俊的老伴总是买很多菜，一连吃好几天，而本部分的标题却用"吃了46年剩饭，实在'咽'不下"，这符合逻辑吗？李俊是退休老干部，月收入5000多元，王红在某街道工作，月收入500元，李俊每月给王红1800元。李俊"多年吃不上早饭"，难道他不会去买早点吗？李俊在老年公寓生活期间，"像过着流浪汉的生活，吃就在外面吃"。住老年公寓难道就是过"流浪汉生活"吗？通观本部分的报道，记者采访当事人的内容很少（也许根本没有），整个内容是"据悉"和"想象"构成的，这是新闻吗？

清官难断家务事，记者不是法官，更无权裁决"家庭纠纷"。当然，近年老年人离婚案增多，这是一个社会问题。但这个问题可能并不仅仅是"家庭纠纷"的问题，它还在不同程度上折射出人性自由的选择。对老年离婚案的报道能够引起读者兴趣，也能够激发读者去思考。但是，记者必须要知道自己只是个记录者，而不是道德裁判。像这一类新闻，建议我们的记者学学《南京零距离》的《甲方乙方》版块，让双方当事人各抒己见，记者少评价或不评价，而让受众自己去判断。新闻是用脚跑出来的，本文的作者如果能够深入采访李俊和王红两人，让他们各自说出自己的看法，也许本文不仅客观而且生动。

附原文：

弥留之际，80岁老汉只想离婚

安享晚年，是每个老人的愿望，也是儿女的期待。然而，一些老年人也赶起了时髦——离婚。

昨日，记者从白下法院了解到，目前老年人离婚现象逐渐增多。2008年1月1日至今，60岁以上的老年夫妻到白下法院起诉离婚的案件已有8起。

吃了46年剩饭，实在"咽"不下

李俊今年已经85岁高龄，去年年底，他将71岁的妻子王红告上法院，要求离婚。据悉，他们结婚已经46年了。李俊表示，老伴比自己小10多岁，理应照顾自己。可老伴总是让自己吃剩饭剩菜，艰难度日。"她总是买很多菜，一连吃好几天，我很少吃到新鲜菜。只有孙子、儿子和她家亲戚来时，我才能改善伙食。"

更加令他伤心的是，自己患有疝气多年，深受病痛折磨，老伴不拿钱给他治病。"我让她先垫付一下，等我报销之后再还给她，她也不愿意。"这让李俊伤心不已。对此，王红表示否定："我从没让他吃过剩饭，他也从来没向我要过钱看病。"她还表示会尽力而为，好好照顾老伴，不会亏待他的。

据悉，李俊是某干休所的退休老干部，月收入5000多元，他每月给老伴1800元作为生活费。王红在某街道工作，每月仅500多元收入。李俊表示，老伴在各方面都控制自己，把自己当作挣钱的工具。"我多年都吃不上早饭。"

为了治病，李俊曾向自己的弟弟借过1万元。而且，为了让自己生活好一点，李俊还在老年公寓住过大半年。"那段时间，我就像过着流浪汉的生活，吃就在外面买。让她买给我吃，她就要加钱，陪我去看病她也不愿意。"

最后，李俊表示，只要老伴不侵犯自己的饮食权利，同意先垫付医疗费，他就愿意继续过日子。近日，法院下判决，不同意他俩离婚的请求。

生命的最后一刻想的竟是离婚

80多岁的张小生得了肺癌，目前正住院治疗。据悉，他已经有一个多月没有进食了，靠打点滴维持生命。去年，身患重病的他委托律师到法院起诉离婚。考虑到双方的感情基础并未破裂，法院判决不离。

半年后，张小生再次到法院起诉离婚。他表示这是临死前唯一的愿望。但他的老伴坚决不同意离婚，她表示："我们感情很好，我要照顾他。"据悉，张小生和老伴再婚已经10多年了，再婚前两人各自都有儿女。

记者从法院了解到，这对老年夫妻的儿女在老人离婚的问题上起着关键性的作用。张小生有一处房产和若干存款。如果不离婚，他的财产就要和老伴分割。离了婚，他的财产自然归自己儿女所有。据悉，张小生的病情已经到了晚期。

目前，此案正在审理中。

法官：多是老头无法忍耐想离婚

丁华夫妇都是年近八旬的老人，夫妇俩都曾是南京某医院的医生。今年年初，丁华以感情不和为由提出离婚。目前，丁华正在找律师。

针对越来越多的老年夫妻"黄昏散"的现象，白下法院主要负责婚姻家庭案件的王法官表示："老年夫妻离婚的案件有三大特点，一是老头提出离婚的较多，很少有老太提出。二是再婚的老年夫妻离婚的较多。其中涉及财产问题，再婚夫妻有各自的儿女。不管怎样，两人都是要偏向自己的儿女的，再加上有些儿女在其中添油加醋，离婚的问题就更加明显了。三是生活上缺少照顾。这样的情况很多，就是普遍的'老小孩'问题，许多老年人认为老伴照顾不好，还不如保姆。"

昨日，记者为此专访了南京市民政局老年办。相关工作人员表示，如今老年人越来越追求个人自由了。有些年轻时不愿意或是有所顾忌而没有做的事，到了年龄大的时候，他们就不再忍耐了，会像火山一样爆发出来，而且常常很彻底。（文中人物系化名）

采编业务篇

第六章
党报新闻报道的探索与创新

工作报道是各级党报新闻宣传工作的重要内容。从体制上来看，各级党报都是各级党委的机关报，党报报道要服从服务于地方政治、经济和社会发展的大局。党报体制性身份、政策性要求，使得很多党报认为改革没有突破口，一些党报的工作报道基本上变成了工作汇编，丢掉了新闻性。在新媒体不断成长的过程中，党报在舆论场中遭遇到强劲的对手，党报只有在工作报道上有所创新，才能更好地服务于地方发展。

第一节 《无锡日报》头版头条的"坚守"与"创新"

头版头条是报纸版面上最神圣的地方，无数记者将"稿子上头版头条"当作永恒的追求和崇高的荣誉。过去，我国报纸头版头条主要刊登的是会议新闻、领导人活动和社论，人们习惯称这种办报模式为"真理报模式""新华模式"。近年，很多党报积极改革，探索党报头版头条多元化的编辑和表达方式。《无锡日报》一方面"坚守"党报的传统办报模式，通过正面宣传积极引导社会舆论；另一方面在内容选择、标题制作、版面语言等方面有所"创新"，顺应了党报变革的潮流，逐渐形成自己的个性与特色。下面结合2011年4、5月份的《无锡日报》进行简要阐述。

一、坚守

坚守一：坚持党性原则，积极传达上级党委政府的声音。坚持正确的舆论导向，是党报铁的纪律。党报要坚持党性，头版头条更需讲政治。报纸的头版头条代表编辑部的办报方针，是编辑部的一杆旗帜。我国党报头版头条代表的是党和政府的声音，它总是体现当前工作的指导思想和编辑部的报道重点。《无锡日报》作为地方党报，一方面围绕当地党委、政府的中心工作选择报道内容，另一方面也自觉地传达上级党委政府的声音，如4月22日报道了江苏省委十一届十次全会，4月23日报道了无锡市委常委（扩大）会议传达贯彻省委全会精神，4月26日报道了省政府全体（扩大）会议，4月28日报道省委宣讲团来无锡宣讲全会精神。连续几天的头版头条，既报道了省委、省政府全会的精神，也报道了无锡市委、市政府对两会精神的贯彻。在这组报道中，《无锡日报》成为上情下达、下情上达的桥梁和纽带，充分体现了党报为党的中心工作服务的党性原则。

坚守二：跟踪领导干部的活动，在活动中挖掘重要新闻。各级领导干部是公共决策的制定者、实施者，他们的言行举止直接影响地方政治、经济和社会的发展，所以，领导人活动是媒体的重要新闻来源。以前，我国领导人活动报道重活动流程，轻活动内容；重行程介绍，轻个性展示。近年，很多媒体更加注重从领导活动中寻找政治议题、公共议题，同时注重展示领导人的个性魅力和行政风格。领导干部考察、视察是《无锡日报》头版头条的重要新闻来源，但《无锡日报》在报道中都尽可能地淡化了活动程式，更加关注活动牵涉到的民生主题，如4月17日，省领导到无锡考察太湖治理工作，头版头条在报道中更多聚焦"确保居民饮用水安全"。

坚守三：报道重大事件、重点工程，保存无锡发展的历史记忆。头版头条是"要闻中的要闻"，它是经过编辑部精挑细选，最终确定的本地最重要、最重大的新闻。《人民日报》的头版头条和国家的发展、民族的命运紧密联系，为共和国留下了最珍贵、最权威的史料。对于地方党报来说，它们的头版头条同样是地方历史的蓝本。《无锡日报》通过精选的头版头条，反映了无锡政治活动、经济建设、民生工程、社会和谐等方面的重要活动、典型经验和重大成绩，是对无锡发展进程和社会变迁的记录，具有很高的史料价值。4月19日、5月6日，《无锡日报》两次对全市领导干部会议进行报道，4月19日报道的是市委书记职位的变动，5月6日报道朱克江任无锡市委副书记。重要领导的变动是地方历史性事件，报纸及时发布"要闻"，既尊重了人们的知情权，也在历史上记下了重要的一笔。头条中报道的全市重大活动、重大事件，对无锡发展史来说更具有标本意义，如4月19日报道金匮大桥、太湖大隧道等一批城市重点工程竣工，4月21日报道无锡准备申报世界遗产，4月27日报道冲刺全国双拥模范城"六连冠"，5月5日报道20个重大项目落户无锡新区，等等。

二、创新

创新一：抓住会议报道的精神，不断创新会议报道的形式。会议是传达上级精神、落实工作责任、谋划发展蓝图的重要活动，无论国内媒体还是国外媒体都把会议作为重要的新闻来源。我国传统的会议报道空话、套话太多，说教味浓，可读性差，因此读者普遍感觉会议报道乏味、枯燥。《无锡日报》头版头条却在会议报道上有所突破，不断创新会议报道的方式。首先，对于部门性工作会议，《无锡日报》大多在标题中抹掉了会议痕迹，如4月15日报道住房保障工作会议，主标题是《近年保障房建设任务分解落实》；4月20日报道流动人口计生协工作现场会时，所用标题是《我市"大人口"工作促社会管理》。仔细翻阅《无锡日报》，部门工作会议报道，引题、主题、副题中都难觅"会议"这个词汇。其次，《无锡日报》善于从会议精神中提炼标题，注意让标题贴近"民生"，如4月16日报道卫生改革与发展工作会议，主标题是《让"病有良医"民生愿望触手可及》，4月18日报道国务院房地产市场调控督察组在无锡调研，主标题是《楼市调控见成效 住房保障有新招》。

  创新二：采用多元的编辑手段，尽最大可能活跃版面。头版是报纸的脸面，头条是报纸的眼睛，头条的内容含量、编辑质量直接影响整个版面的质量，甚至影响一期报纸的质量。《无锡日报》调动多元的编辑手段，运用标题、套红、加彩、转版、配评论等方式，使头版头条更加出彩。头版头条都是重要会议、重要活动和重大事件，稿子一般都比较长。《无锡日报》采取"转版"方式，使一版字数控制在1500字左右，保证一版版面活跃、不沉闷，如4月22日、4月23日、4月24日连续三天，头版头条都转了版。4月25日，头条以标题新闻的形式报道胡锦涛在清华大学建校100周年大会上的讲话，具体内容则转到5版。对《无锡日报》来说，"转版"已经成为他们的"正常工作"。对重点策划的稿件，编辑部还通过配发短论的形式，既突出报道主题也活跃版面，如5月1日为《南长成服务业引资主战场》配了"采访手记"，5月3日为头条《江阴首季经济发展亮点频现》配了"短评"，5月4日为《宜兴经济量质并举强势开局》配了"短评"，5月8日为《医疗机构"空间版图"统筹谋划》配了"记者点评"，5月9日为《民生警务 提升百姓安全感》加了"编者按"。对那些"重中之重"的稿件，则调动更丰富的编辑手段突出处理。4月22日在报道省委十一届十次全会时，不仅标题做得浓墨重彩，而且还在文中用三栏的篇幅，刊登全会的"主要精神"，即四个牢牢把握、四个新共识、八项工程。同时，编辑还调动其他版面语言精心设计"主要精神"版面，即橙色铺底，标题套红。这种处理方式不仅美化了版面，而且让"主要精神"更加醒目、突出，使广大读者能够感知到全会精神的重要性。

  创新三：始终将民生放在心上，在要闻中挖掘民生主题。从狭义的角度看，民生主要是指民众的基本生存和生活状态，以及民众的基本发展机会、基本发展能力和基本权益保护的状况，等等。《无锡日报》在选择头版头条时，比较重视民生问题，注重从重大新闻中发现主题，显示了编辑的政治素养、新闻素养和编辑功力。4月24日发表的通讯《蠡湖重生的"无锡经验"》，虽然是谈蠡湖污染治理，但却透出浓浓的民生意识。5月2日报道了胡锦涛在天津的调研，标题是《总书记叮嘱：食以安为先》。这个标题匠心独运。类似的例子还有很多，既报道了重大活动、重要会议，也关注了民生，实现了党报贴近实际、贴近生活、贴近群众的"三贴近"目标。

第二节 《泰州日报》帮助读者畅想空港生活

  党报应该报道党和政府的中心工作，通过选择能够影响国计民生的重要新闻，宣传经济建设成就，鼓舞人民群众的士气，正确引导社会舆论。2010年3月18日，苏中机场在江都奠基，《泰州日报》抓住这个政府重视、群众关心的重大民心工程，整合本报和兄弟地市报的采编力量，精心策划了一次"苏中机场奠基特别报道"。3月19日，《泰州日报》以6个版的篇幅为苏中机场奠基谱写了华彩的乐章，也为泰州人民提前畅想了未来的空港生活。

一、头版主题报道有高度、见声势

《南方日报》曾经提出了一个响亮的口号：高度决定影响力。一版是报纸的脸面、报纸的窗口，党报一版内容的高度和视野，往往决定一家党报的办报水平。3月19日，《泰州日报》在一版刊登了2篇重头稿件，一篇是机场奠基礼上领导人活动的报道，一篇是具有宏观视野的专题通讯。两篇报道风格不同、特色各异，但是都有较高的立意，以这两篇报道统领整个特别报道，有力度，见声势。

3月19日《泰州日报》头版头条是一篇记述奠基过程的活动报道:《苏中民用机场奠基》。活动报道是党报传统的新闻报道体裁，一般难以出彩、出新。苏中机场奠基是苏中经济崛起的一个重大事件，事件的重要性提升了机场奠基活动报道的分量，整个报道透露出许多关于机场的重要信息，读者阅读之后不但不感到平淡、客套，反而有"精神为之一振"的感觉。参加奠基礼的领导来自省委、省政府，原南京军区，中国民航局，以及扬州、泰州市委、市政府。这些领导在奠基礼上的活动和讲话，透露出很多读者非常感兴趣的权威信息，头版头条对之报道能够振奋泰州人民的精神。时任江苏省省长罗志军在讲话中指出："加快建设苏中江都机场，对于优化长三角地区民用机场布局，完善现代综合交通运输体系，改善投资环境，扩大对外开放，促进苏中地区经济社会又好又快发展，必将起到重要的推动作用。"时任中国民航局局长李家祥在发言中指出：苏中江都机场的建设，为中国民航增添了新的生力军，民航系统将全力支持苏中江都机场的建设。

时空的压缩程度是衡量一个国家现代化、国际化和全球化的一个重要标准。近年，我国传媒、通信和交通技术的快速发展，大大压缩了中国人的时空距离，人流、物流、信息流的速度不断加快，中国经济取得了令世界瞩目的巨大成就。苏中机场的建设无疑将拉近苏中人民与全国人民、世界人民的距离。相对于头版头条的动态、客观的活动报道，头版的另一篇重头戏，通讯《打开空中开放的大门》则更具有畅想意义。该通讯站在泰州未来发展的高度，高屋建瓴地盘点了苏中机场的战略意义：填补了泰州航空运输的空白，有效提升了泰州对外通达和集散能力；可以产生原生、次生、衍生和永久性四重效应，将对区域经济发展产生积极影响；促进泰州经济与机场接轨，迅速做大、做强、做优泰州的高新产业；等等。

二、全方位畅想泰州人的空港生活

苏中机场的建设必将给泰州人的生活带来实质性变化，然而，苏中机场毕竟才刚刚开始建设，对于普通读者来说，他们对未来的空港生活的印象还很模糊。当受众对社会环境的认识比较模糊的时候，媒体就应该承担起"社会雷达"的角色，不断搜集环境变化的信息，帮助受众绘制准确的"社会地图"。为了让泰州人民提前"进入"空港生活，《泰州日报》采取信息联动的方式，一方面组织记者深入到社会各个角落采集信息，另一方面约请兄弟报社记者为《泰州日报》供稿。多元信息的组合，使"苏中机场奠基特别报道"在宏观和微观两个层面上，全方位地为泰州人民勾勒出未来的生活蓝图。

在宏观方面，"特别报道"主要侧重描绘苏中机场对未来泰州经济发展的意义。第5版主题报道《空港推动经济腾飞》，将苏中机场放在江苏全省和长三角的层面上去思考，通过区域比较突显苏中机场的战略意义。目前江苏全省已经建成7座机场，每座机场都给所在城市带来了重要影响。为了借鉴省内其他城市的发展经验，《泰州日报》分别约请了《徐州日报》《无锡日报》《盐阜大众报》和《南通日报》的记者，就机场对当地经济的推动作用写了专门的报道。从这些报道中，读者了解到机场在徐州打造淮海经济中心、无锡建设空港产业园、盐城建设汽车城、南通建设"北上海"过程中，起到了重要作用。苏中机场服务的直接对象是扬州、泰州人民，为此《泰州日报》在第6版策划了一个对话专版。该版分别采访了扬州、泰州4个相关部门的8位领导，他们分别就产业发展、空港经济、旅游开发、交通衔接四个方面展开对话。这种对话式的报道，使读者感受到"因为有了苏中机场的衔接，扬泰两座地缘相近、人文相亲的兄弟城市更加紧密地拥抱在一起"。

对于普通读者来说，他们更感兴趣的是：苏中机场对他们的日常工作和生活带来哪些便利。3月19日《泰州日报》在第3版以《20分钟可抵机场航站楼》为题，具体探讨了未来泰州人乘飞机的具体方案，为泰州市民设计出6条直达机场的路线。报道透露出未来泰州市区将建"城市候机楼"，乘客在市内就能够完成购票、换取登机牌、行李托运、购买保险、安检等手续，然后登上大巴直达机场。第4版以《张开双臂拥抱"空港时代"》为题，采访了泰州各界人士对未来空港生活的设想：韩国老板期盼"回家就是一句话的事"；商务人士不再自卑，"告诉客户直接飞来就行了"；医药企业提高运输速度，拉近泰州与世界的距离；旅行社让"旅游时间不再'缩水'"；普通市民快乐指数上升；女孩盼望坐飞机度蜜月；等等。

三、调动各种编辑元素美化报纸版面

随着电视、电影、网络的崛起，大众传媒越来越演变成一种视觉艺术。为了抵挡电子传媒的冲击，报纸更加注重现代编辑手段的运用，调动图片、漫画、图表、线条、标题等多种元素，提高报纸的视觉效果，稳定报纸的读者。《泰州日报》在策划"苏中机场奠基报道"的时候，充分利用现有的编辑手段，为读者精心策划出6个精美的版面，使读者捧起报纸就有一种赏心悦目的感觉。

第1版除了刊登2篇重点稿件之外，编辑还将2—6版的版面微缩，放在1版的最下端。将后面的版面微缩放在第1版，具有多重意义：一是使6个版的专题策划形成了逻辑关系，能够直观向读者传达编辑的意图；二是对2—6版的内容进行预告，吸引读者阅读后面各版的内容；三是通过后面版面的微缩，将版面元素演变成图片元素，强化了一版的视觉效果。在报纸的第 2 版，编辑运用了更多的编辑手段来美化版面：用地图表述未来泰州的客流量，用饼图反映未来苏中机场旅客构成，用数字参数模拟苏中机场未来状况。在第 4 版，编辑甚至通过漫画的形式，模拟未来航线开通后的商务往来情况。

《泰州日报》本次特别报道没有停留在泰州的"小圈子"内，而是把目光分别投向了苏中、全省、长三角和全国，将泰州的发展放在越来越大的范围去考察。报纸的视野开阔了，报道的高度提升了，但是却带来了表述上的困难。为了解决这个矛盾，编辑采用给不同文章配置相关地图的方式，既化解了表述上的困难，方便了读者的阅读，同时也美化了报纸的版面，提高了版面的艺术性。第 2 版在中国版图上绘制泰州旅客流向图，在江苏版图上绘制江苏境内航线示意图；第 3 版在江苏版图上绘制了由铁路、公路、隧道、航线构成的现代江苏交通网；第 5 版在长三角的版图上标注出 15 个机场位置，让读者一目了然，能够把握苏中机场与长三角机场的关系。

第三节 《泰州日报》浓墨重彩宣传"中国医药城"

江苏省委、省政府提出的"苏中崛起"战略，给苏中小城泰州的发展带来了历史性的机遇。当地党委和政府以"一个城市"为概念，努力打造"中国第一，世界有名"的中国医药城。2009 年，中国医药城获批成为全国唯一的医药高新区。积极宣传地方经济建设，是地方党报的重要任务。《泰州日报》投入了大量的人力，精心策划了医药城的系列报道，全方位、多角度地向读者推介中国医药城。值得肯定的是，只要有医药城的重头稿件，关于市里主要领导活动的新闻都可以弱化处理，甚至干脆放在头版二条的位置。这既显示了当地主要领导的开明，也显示了中国医药城在当地党委、政府心目中的位置。

一、围绕动态新闻，揭开医药城华丽面纱

经济报道目的是给公众画"经济地图"，帮助读者判断经济形势，进行投资决策。近年，泰州市抓住长三角世界级城市群规划、建设的机遇，积极完成地方产业的蜕变，逐步形成了"1+3+N"的产业模式，即一个传统产业：包装制造业；三个新兴产业：生物医药、电子信息和新能源；若干个新兴产品集群。医药产业则是泰州整个产业升级战略的突破口。《泰州日报》关于医药城的系列报道，采用宏观的政策、形势分析和微观的事件报道、人物访谈，动态记录了医药城的发展历程，揭开了医药城的华丽面纱。这些报道一方面让泰州人民感受到地方经济发展的出路和希望，另一方面也建立起了投资者来中国医药城投资的信心。

在市场经济环境下，企业是经济活动的主体，它可以独立支配自己的资产、独立作出市场决策，但是，企业也必须独自承担投资和经营的风险。为了让投资者更深入地了解医

药城，消除投资者投资的顾虑，《泰州日报》将医药城的目标定位、战略规划和动态新闻作为报道重点，指导投资者作出理性的投资决策。2010年9月1日头版发表的重头稿件《美德集团总部从美国迁入中国医药城》，报道美德集团正在着手将总部由美国迁入泰州，这将是首家总部设在医药城的台资企业。为了配合这篇动态新闻的报道，头版还配发了对美德集团老总陈德芳的专访：《我们看中的，是医药城的未来》。2010年9月19日头版头条发表的重点稿件《一个园区一座城》，重点介绍了医药城的目标定位和发展主题。该文向读者详细、全面地介绍了医药城6大功能区（科研开发区、生产制造区、会展交易区、教育教学区、综合配套区、康健医疗区）的建设情况。头版主题图片是升有"万国旗"的园区照片。照片上医药城豪华的现代建筑、微风中飘扬的各国国旗，充分体现了医药城国际化、专业化、现代化的发展主题。该日第3版配合第1版出了整版画刊，用丰富多彩的图片引领读者"走进中国医药城"，一饱眼福。

二、巧借权威信息，打造医药城金字招牌

新闻宣传要想获得良好的传播效果，必须要强调新闻来源的权威性，必须要学会利用他人之口宣传自己的成绩。经济报道是为了帮助公众进行投资决策的，所以，经济报道更应该强调消息来源的权威性和公信力。《泰州日报》关于中国医药城的报道，总是巧妙借助各种权威、可靠的信息来源，将中国医药城打造成泰州的城市名片和金字招牌。

消息来源的权威性程度是衡量新闻价值的重要标准。在新闻宣传中，权威机构和专业人士的言论往往更具有权威性，更能被受众所信服。江苏省科技厅编制的《江苏省生物技术和新医药产业发展规划纲要（2009—2012）》2010年4月公布后，《泰州日报》在2010年9月7日的头版发表重头稿件《中国医药城将引领全省生物医药产业发展》。该文全面介绍了中国医药城在全省医药产业规划中的位置，指出中国医药城承担着引领全省生物医药产业发展的重任。2010年9月8日，《泰州日报》第2版发表了《把药城建成全球医药信息集聚区》，报道时任中国工程院常务副院长潘云鹤考察医药城的情况。该文通过潘云鹤之口，指出医药城以科研、人才为核心，"是一个非常有前途的发展方向"。潘云鹤评价医药城的高温超导磁共振成像技术、江苏干细胞治疗技术已处于国际领先水平，期望医药城利用会展经济的"眼球效应"，让全球医药信息更多地汇集在医药城。

自己的成绩自己说好是"自夸"，自己的成绩别人说好是"称赞"。为了提高医药城报道的宣传效果，《泰州日报》通过采访还没有落户泰州的"第三方"企业和人士，来客观地、没有偏见地评价医药城。2010年9月19日，苏台生物医药健康产业合作高峰会在医药城举行。9月20日，《泰州日报》拿出三个整版的篇幅，全面报道这次盛会。头版通栏大标题是《苏台生物医药健康产业峰会举行》，文章跟踪报道了300余位海峡两岸生物医药界精英汇集泰州的情况。头版还配发会议侧记《两岸医药智慧在此激荡》。第2版、第3版则是《"苏台生物医药健康产业合作高峰会"特别报道》专版。台湾工业总会理事长陈武雄在接受采访时说："中国医药城很大，建设很好。制药厂商多，海外贤人多，科技项目多。""我们不和中国医药城合作，就没有可以发展的地方了。"中华海峡两岸医疗暨健康产业发展协会理事长廖国栋在接受采访时说："中国医药城立足泰州，放眼中国，经营全球，她正以这样的气度吸引越来越多的台商。""一旦条件成熟，长庚医院一定有兴趣来中国医药城投资。"

三、宣传配套政策，描绘医药城产业蓝图

现代工业不再是单打独斗的作坊，而是规模化、产业化的集团运作。任何一个行业要想发展成产业，同类生产和服务必须要达到一定的规模，上下游企业必须能够相互衔接和沟通，并且能够从事专业化的集中生产和经营。同样的道理，中国医药城只有走产业化发展之路，才能吸引更多的企业落户泰州，才能促进泰州地方经济持续、快速、协调、健康地发展。《泰州日报》在宣传中国医药城的时候，始终把"医药产业化"作为报道的总神经、总枢纽，不断为读者勾画医药城未来的产业蓝图。

医药产业是一个快速发展的朝阳产业，随着社会的不断进步，医药行业的技术含量、科技含量不断增加。世界一流的医药企业，为了在竞争中获得优势位置，总是把研发放在第一位。中国医药城则紧跟国际潮流，干脆在医药城办起了医科大学。2010年9月16日，《泰州日报》头版推出重点报道：《南京中医药大学翰林学院迎来首批新生》。该报道以图文配合的形式，报道了翰林学院开学的情况。报道指出学校毗邻高端医药企业，可以享用到高端的研发技术和先进的实验室；同样，医药企业牵手高校，也会更好地促进科研与产业的衔接。

医药城的产业规划，除了有高校入驻外，还有一系列的政策保障。2010年9月19日，《泰州日报》第2版刊登的两则消息，报道了高新区出台优惠政策招商引才。《300多医药成果落地申报》报道高新区吸引优秀项目和成果入园的情况；《中国医药城再添29名高层次人才》报道来自全国各大名校的优秀毕业生，被医药高新区吸纳为高端人才。2010年9月25日，《泰州日报》头版二条刊发稿件《医药高新区实行独立财政管理体制》。该报道指出，泰州市为支持中国医药城的发展，对医药高新区实行独立的财政管理体制，"除上缴省级以上财政收入外，市本级不集中医药园区的分成财力，分成财力全部用于园区的滚动发展"。

经济报道容易陷入"观点+数字+例子"的模式，造成外行人看不懂，内行人不愿看的结果。《泰州日报》关于医药城的报道经过了精心策划，发挥了该报新闻报道的最好水平，收到了雅俗共赏、亦庄亦谐的效果。如2010年9月20日第3版《"这水好美呀！"》报道了台湾工业总会考察团游溱湖情况，该文以"一路走，一路拍。一路问，一路笑"开头，生动活泼，可读性强，读者落目就被吸引。不过，《泰州日报》的相关报道还可以做得更好，如将医药城放到产业范围、全国范围、世界范围进行深入浅出地分析和解读；个

别报道可以不跟着采访对象走，可以加入一些专业知识，不把正面宣传的话说得太过。由于医药产业可能成为泰州未来的支柱产业，更多的医药高端人士将汇聚泰州，因此《泰州日报》有必要培养一两名懂经济、懂医药的专业记者，专门为未来的高端读者提供他们愿意读的精彩内容。

第四节　党报头条登书记博文是要闻报道的创新

2009年2月12日，《宿迁日报》头版发表了时任宿迁市委书记张新实的一篇博文：《教育的内涵建设》。党报的核心任务是宣传党委、政府的中心工作，但是，这并不意味着党报只登领导人活动、会议报道和工作安排的新闻。《宿迁日报》改变传统做法，将书记"博文"登在头版，活跃了党报版面，拓宽了党报办报思路，值得提倡。

网络是依托于新技术的媒体平台，这个平台正在给人类创造出一个又一个新媒体。"博客"就是寄生在网络平台上的一个自由的媒体，它被很多网民称为"信息时代的麦哲伦"。因为博客没有发表的门槛，所以博客吸引了越来越多的普通人，他们在网络空间内尽情展现自己的个性魅力和自由思想。然而，博客空间内众声喧哗的局面，也容易产生舆论审判和舆论暴力。一些有先见之明的干部，主动到网络空间内开设博客，通过与网民的接触来传播主流思想，引导公共舆论。时任宿迁市委书记张新实在繁忙的工作之余，开设个人博客，显示出现代领导的"平民姿态"。

作为一个市委书记，平时在党报上出现的机会很多，但是，那些工作中的讲话往往带有政策性和严肃性，可能难以和普通百姓沟通。而博客是一个个性化的人际交流空间，市委书记自己写稿，可以写出自己的真实想法，就像作者在博文中说的"写来有直抒胸臆之感"。因为不是工作报告，也不是会议讲话，所以博文中个性化的、生动的语言多了。当作者在博客上谈到宿迁的"教育水平和能力没有大的提升"时，用了一个形象的比喻："宿迁的教育现在还是一片平原，没有什么高山，我们要的这个高山就是在省内外具有一定影响力的名牌学校。""如果通过我们的努力在宿迁大地上涌现这样几所学校，群峰竞起，就一定会带动整体水平的提升，那时的平原也不会是现在海拔的高度。"市委书记写博文，提高了书记教育思想的共享价值。《宿迁日报》的编者按指出：博文发表后，"全市广大教育工作者和关注我市教育事业的人士纷纷跟帖，形成浓厚的讨论氛围"。

近年网络空间出现了电子报纸、电子杂志、网络电视、网络视频、网络博客等新媒体。网络中新媒体正在抢夺传统媒体的受众和广告，影响传统媒体的宣传效果和舆论引导能力。一些有远见的传统媒体为了摆脱被动局面，积极主动地从网络空间寻找话题，通过网络互动来扩大传统媒体的影响力。《宿迁日报》将书记博文搬到头版，给党报找到了一条"活鱼"，使党报更加贴近现实、贴近生活，为党报赢得了宝贵的"读者资源"。同时，党报将个性化的博文转载到主流媒体上，更加提高了博文的权威性和影响力。书记博文在党报头版刊发后，宿迁教育主管部门和相关学校纷纷学习和表态，《宿迁日报》拿出了更多版面追踪报道（如2月20日拿出一个彩版刊登《博文精神访谈录》），从而在宿迁掀起了一个发展教育的高潮。

第七章
新闻文风与报道个性的形成

新闻报道受到时代背景的影响,因而不同的时代背景会有不同的文风。所谓文风,指的是文章的气势和格调,它包括文章的遣词造句、素材选择、思想表现和文章结构。新闻作品的文风与社会风气密切相关。受消费主义和市场经济的影响,当代新闻作品的文风出现了脱离基层群众的现象。近年通过"走转改"活动的开展,新闻作品的文风出现了一定程度的回归,新闻作品的丰富性和贴近性得到了强化。

第一节 "走转改"让江苏党报面目更清新

真实、全面、客观、智慧地报道新闻,是党报记者首要的职责和任务。记者应脚踩热土,心接地气,获得丰富的新闻来源,按照新闻规律客观报道新闻,实现新闻工作者承担的社会责任。然而,现在一些记者乐于在城市、会场兜圈,过度依赖手机、网络采访,新闻来源的清晰度不断下降,虚假、失实的新闻陆续登场。鉴于此,中宣部、中央外宣办、原国家广电总局、原新闻出版总署、中国记协等五部门,联合在全国新闻战线发起"走基层、转作风、改文风"活动。2011年8月以来,江苏省各级党报积极响应五部门的号召,全面组织实施新闻单位"走转改"活动。活动开始后,江苏党报记者纷纷深入江淮大地,接受基层工作的洗礼和基层群众的教育,写出了一批有质量、有特色、有影响的新闻稿件。

一、记者回家:新春与群众的亲密接触

网络的崛起深刻地改变了人类的生活环境,网络社区成为人类社会的一个重要领域,人们可以在虚拟空间内超越时空,组成网络社群,形成网络舆论,发起网络行动。由于普通公众能够直接参与新闻生产,因此作为职业传播者的新闻工作者,必须要更加坚守职业规范,通过权威、可靠的信息积极引导舆论。然而,现在很多记者对变化的环境感悟不够,不但没有很好地利用现代通信、传播技术,反而丢掉了党报新闻工作的很多优良传统。很多记者采访不再深入基层、深入群众、深入生活,而是靠电话采访、网络摘抄拼凑稿件,一些都市报大量转载网络文章,署名"综合""宗禾""宗轩"的稿件越来越多。在社会转型期,记者因为草率、敷衍、失职导致的失实报道,会被一些网民进行情绪性解读,然

后再经过传统媒体、网络媒体的转载，最终可能形成对社会发展极其不利的负面舆论。媒体新闻来源模糊、第一手资料缺乏，很容易使媒体成为谣言滋生的土壤，最终伤害的是党报的权威性和公信力。

长期的新闻实践早就证明：真正有价值的新闻是记者用脚跑出来的。电话即兴采访，拼贴会议材料，上网"百度"信息，必然疏远记者和群众的感情，冲淡记者的朴实情感和人文精神。孟子说过："老吾老以及人之老，幼吾幼以及人之幼。"记者的父母兄弟、亲朋好友就生活在群众中间，记者新春回乡，是他们接触亲人、接触群众、感受基层的绝佳机会。为此江苏党报纷纷举办"新春走基层"活动，将记者探亲和基层采访有效地结合起来，从基层采写了大量鲜活的稿件。2012年初，《新华日报》不仅刊登了《农民工专列，常州一开就是6年》（1月10日）、《远离欠薪，今年好过年》（1月12日）、《年货消费："囤货"升级为"买现"》（1月30日）等文章，而且还与《淮安日报》联手举办了"新春走基层"摄影展，用图片的方式报道精彩的基层生活。记者新春深入基层，体验基层生活，发现了丰富的新闻线索，采集到很多鲜活的新闻素材，使各地党报的面孔更加清新、朴素。

江苏13家地市党报更是以竞争的姿态，转变新闻采访方式、新闻报道理念和新闻价值取向，争相刊登"新春走基层"的稿件。《苏州日报》体现出深厚的调查功夫，相关报道既有生动的故事，也有准确、翔实的数据。如《娄葑征地农民晒"幸福账单"》（1月20日）通过水生蔬菜合作社总经理张林元，"晒"了一笔账：合作社一亩地一年可收一熟鸡头米、一熟水芹，每亩净产值约1万，按一户10亩计算，一年收成10万元。《无锡日报》既展现了无锡的发展成果，也发现了发展中的缺憾，如《无锡本土灯彩技艺面临失传》（2月7日）。《淮安日报》开设《暖冬·新春走基层》专栏，较有创意地报道寒冬中的温暖故事，如《我市12名孤残儿童幸福"回家"》（1月2日）、《"欢迎回家，新春送温暖"——盱眙县几十名大学生志愿者在该县汽车客运站开展爱心活动》（1月19日）等。《镇江日报》把"科技创新"作为走基层的焦点，报道既有新意也有深度，如《感受农业科技的春天》（2月15日）通过采访草莓大户、西瓜大王和种稻能手，深刻再现了现代农民对科技创新的拥护和期待。

二、驻点采访：鲜活的素材让新闻更真实

胡适曾经主张：做学问"有一分证据说一分话，有九分证据不说十分话"。其实，新闻记者也应该腿脚勤快、作风踏实、体恤民情、客观报道。中国传统文化提倡"三不朽"（即立德、立功、立言），著名报人赵超构一生以牛为师，德行高尚。然而，现在社会上有"防火、防盗、防记者"之说，虽然有些耸人听闻，但也折射出社会对媒体的不满。多年来，有关部门一直为转变新闻工作作风而努力：1997年，全国媒体就开展过"禁止有偿新闻、加强新闻职业道德建设"活动；自2003年以来，媒体三项（中国特色社会主义理论、马克思主义新闻观、新闻职业精神和职业道德）学习教育活动一直持续；2010年下半年开展了"杜绝虚假报道、增强社会责任、加强新闻职业道德建设"的专项教育活动。"走转改"活动是历次新闻教育活动的延续，也是对媒体记者进行新闻传统教育、职业精神教育和人文素养教育的重要途径。

"走转改"的前提是记者要沉下去、找线索、抓"活鱼"。江苏党报开展的走基层活动，让很多记者有机会深入基层社区，进行亲历式、体验式的采访。走基层转变了记者的工作作风，丰富了党报的新闻来源，报道中情境再现和细节描写的内容多了，新闻变得更加真实、准确、鲜活。《新华日报》根据形势和工作的需要，开设多个栏目全方位报道记者在基层的所见、所闻和所思，如《走—转—改·年终特别报道》《走—转—改·新春走基层》《往事新闻·新春走基层》《走—转—改·落实省党代会精神在基层》《走—转—改·来自记者联系点的报道》。《南京日报》记者"走基层"关注到多个民生主题，如《时鲜果蔬严冬不断档》（2012年1月18日）。《扬州日报》开设《走转改·一线见闻》《走转改·我从基层来》栏目，报道记者在一线的见闻和感受，如《"机关"来了群大学生村官》（2011年11月16日）、《"拖欠工人钱，跑不掉"——邗江区在全省首创欠薪应急处置基金》（2011年11月21日）等。《徐州日报》通过生动的图片反映普通劳动者的工作和生活，如《好"的姐"郑玉茹》（2012年1月7日）、《"列车保姆"检修忙》（2012年1月27日）等。《常州日报》《宿迁日报》《南通日报》等都刊登了大量的记者走基层的稿件。这些稿件没有宏观的视角，但是却显得生动、活泼，真实地记录了江苏人民的工作和生活状态。

三、贴近群众：新闻文风更加朴实清新

目前，我国新闻界还存在一些问题：有的记者习惯于走上层路线，新闻文风空洞浅薄；有的记者孤傲地走精英路线，行文佶屈聱牙、脱离群众；有的记者缺乏职业精神，风花雪月，有闻必录。至于各地党报，往往给读者的印象是：冗长空洞、言之无物；文件语言、刻板生硬。自开展"走转改"活动以来，江苏党报记者俯下腰身、贴近群众，不仅感受到群众的甘苦冷暖，而且从群众中获得了很多语言智慧和思想智慧。基层是情感之根、报道之源，党报贴近基层使新闻文风变得更加清新朴实、生动活泼。

《新华日报》开设了《走—转—改·目击》《走—转—改·体验》《走—转—改·记录》《走—转—改·调查》等栏目，用不同的形式和风格刊登基层新闻。如《睢宁县——王集，28个村部的夜灯亮了》（2011年11月7日·目击）、《凌晨4点，和法官一起寻"老赖"》（2011年12月20日·体验）、《盱眙县马坝街——"讲坛下乡"，这样抓住农民耳根》（2011年11月9日·记录）、《淮安市菜农大白菜烂市引发菜农发问：谁能告诉我，明年种什么》（2011年11月23日·调查）等稿件，主题和风格虽然各不相同，但却都是脍炙人口的佳作。2012年1月10日，《南京日报》用"编者按"的方式对该报"走转改"活动进行了总结。编者按认为：走基层使报道内容发生了"可喜变化"，呈现出"崭新风貌"和"喜人景象"，文章"新"中显"重"，"重"中透"新"。《无锡日报》的基层报道有"短、新、实"

的特色，如钱桥的"爱心工程"，北塘青年的"微创业"，隐秀苑小区的幸福"秘诀"等新闻，让读者从生动的小故事中获得教育意义。其他各家党报基层报道普遍短小精悍、言简意赅，人中见事，事中有人，较好地满足了读者求新、求知、求趣的愿望，如《徐州日报》发表的《自掏20万帮家乡修路》（2012年1月30日）、《四世同堂的幸福一家》（2012年1月30日），《宿迁日报》发表的《基层放映员见证三十年电影兴衰》（2011年12月15日），《南通日报》发表的《李堡田头话白菜》（2011年11月29日）、《听船老大说海上作业"安全真经"》（2011年12月5日），等等。

四、突出地方特色：塑造不同的党报风格

党报因为政策性强，很容易形成"千报一面"的面孔。江苏各级党报在"走转改"活动中，结合各地的地方特色，追踪本地新闻，服务地方经济，塑造了不同的党报风格。

《新华日报》作为省级党报，站得高、看得远，能够从宏观上把握"走转改"的方向。该报在江苏省党代会期间，开设了《走—转—改·落实省党代会精神在基层》栏目，将"走转改"活动开展得扎实有效。《苏州日报》并不拘泥于形式化的"基层新闻"，而是在所有的报道中都贯彻"走转改"精神，整个报纸的面貌持续改观，报道质量稳中有升。《泰州日报》走基层以"农家"为主，朴素地记录了现代泰州的乡村生活。《盐阜大众报》以"服务进企业"为核心，春节期间记者不忘坚持生产的企业员工。《连云港日报》紧扣地方中心工作"走基层"，为"推进沿海开发，加快转型升级"营造良好的舆论环境。

五、加强制度建设：让"走转改"实现常态化

江苏党报鼓励新闻记者深入到社会最细小的细胞，俯身感受群众的冷暖，洞悉基层最真实的社情民意，为党报服务群众、解决问题、引导舆论找到了一条正确的道路。"走转改"是我国新闻界的一种自我检视，是对当前新闻工作中出现的问题的拨乱反正。"走转改"活动要避免新的形式主义，要能够经得起时间的长期考验，要能够在新闻实践中制作出更多的新闻精品。江苏党报要想在群众中树立永远的权威，还必须要加强制度建设，让深入基层、转变作风、改变文风真正成为媒体始终不能放弃的职业规范。

首先，各级党报不能把"走转改"简单等同于一次任务，而是要将"走转改"当作党报长期的政治要求。总体上来看，江苏党报开展"走转改"活动取得了很大的成就，但在某些方面还有一些缺憾：少数新闻稿件模式化痕迹重，主题过于陈旧、雷同，故事性不强；少数记者对走基层理解较为狭隘，将"走基层"等同于"走农村"，认为基层报道就是报道"农民的幸福生活"；有的报道只知道报道好人好事，过度宣传春节期间企业的农民工加班加点。在上级部门的要求下，各级党报都开设了相关的专栏。用"专栏"应付"任务"的做法，只是一时的应景之作，"走转改"工作的长期发展，需要各级媒体将其内化为新闻工作的固有规范。

其次，各级党报和记协，要采取相关的激励措施，鼓励新闻工作者拓宽报道视野，加深对新闻规律的认识，不断丰富社会主义新闻理论和实践。社会主义新闻事业需要提升新闻队伍的能力素养，需要把握正确的舆论导向。各级党报应该制定相应的考评和奖励制度，鼓励记者走基层，发现优秀新闻样稿，表扬新闻工作典型，为广大新闻工作者树立路标和方向，也让记者在"走转改"活动中获得职业尊严和社会认同。各级记协要将"走转改"稿件纳入新闻奖评选范畴，通过声誉激励，鼓励广大党报记者多出贴近生活的新闻精品。

最后，党委宣传部门、新闻出版管理部门要加强对党报的政策指导，通过直接或间接的管理方式引导党报把握好新闻报道的基调。"走转改"需要深入基层、体察民情，但更要把握好报道基调，给社会增添温暖、提振信心。党委、政府要关心党报的工作，加强对党报的工作指导和新闻阅评，力争让党报在"走转改"活动中更好地引导社会舆论。

第二节　积极的价值取向与温暖的新闻镜头
——江宛柳军事新闻作品评析

解放军报社高级记者江宛柳在文化宣传战线上奋斗 30 多年，她"去过戈壁、沙漠，去过海岛，去过深山沟，去过前线"（见《我在寻找那颗星》），为军内外广大读者采写了大量的优秀新闻作品。江宛柳的新闻作品具有两个鲜明的特点：从宏观上看，江宛柳的新闻作品站得高，看得远，弘扬了社会主义主旋律，倡导积极进取的价值取向；在微观上，江宛柳的作品贴近群众、贴近实际、贴近生活，用温暖、细腻的表现手法，刻画出一幅幅令读者难以忘怀的温暖的新闻镜头。

一、进入新闻事件的现场，见证历史、记录历史、阐释历史

目前，中国正处在社会转型期，一方面中国越来越深入地融入全球化，经济不断腾飞，正以新的形象屹立在世界之林；另一方面我国社会主义民主制度不断完善，人民的政治生活、社会生活、文化生活发生了根本性的变化。转型期中国社会发展的一系列重大事件，正像一个连续的光谱记录了中国社会转型的历史。新闻是明天的历史，见证历史、记录历史、阐释历史是记者最高的职业追求。重大政治、经济和社会事件，是浓缩历史的结晶体，它们的新闻价值远远超过普通新闻。作为一个身经百战的老记者，江宛柳一次次站到重大事件的现场。在世纪大阅兵、千年跨越、抗击非典、首次联合军演、建军80周年、汶川地震等重大事件中，江宛柳以一个职业记者的素质和敏感，采集事件现场的第一手资料，帮助更多的读者见证重大历史事件。

新闻是用"脚"跑出来的，新闻记者只有亲临事件现场，才能写出准确、客观、有深度的报道。然而，现在一些媒体的年轻记者，缺少老记者深入基层、深入事件现场的精神，

习惯于从网络、从其他媒体"荡"第二手材料。翻阅一些都市报，很多新闻没有署名，即使署名也是"综合""佚名"之类的笔名，新闻的权威性、可信度、公信力大打折扣。"新闻记者的责任是在人力所及的范围内准确而完整地记录事件，这是公众的期许。"[1]阅读江宛柳的重大新闻报道，总能"看"到她在事件现场的身影，新闻的现场感、画面感、镜头感很强。报道世纪阅兵的作品《今天，我们放飞白鸽》，报道开头部分就有环境描写，"一夜秋雨，把北京洗得格外清新，盛装的天安门广场更加美丽"；报道千年跨越的作品《领海线上：水兵最早看日出》的结尾是一个诗意般的画面："被战士们放飞的白鸽，迎着太阳飞向蔚蓝的海空，然后又追随着战舰。大海、战舰、白鸽，在新千年初升的太阳下，构成了一幅壮美的图画。"新闻报道有所谓的"最近点原理"，它有两层含义：一是新闻中所涉及的时间要素，应该是新闻事件发展过程中的"某个时间点"，而不是从事件发生、发展直到结束的"时间段"；二是新闻中所选择的"时间点"，应尽可能是距离报道时间最近的"点"。[2]在江宛柳新闻作品中，很多时间不是"概数"而是准确的"时间点"，正是"时间点"的采用，大大提高了新闻作品的现场感和可信度。如"12点04分，当6千名'红领巾'朝气蓬勃地踏着少先队的鼓点走上金水桥时，广场上升腾起壮观的鸽群"。（《今天，我们放飞白鸽》）

二、牢记党报记者的职业使命，积极宣传社会主义核心价值观

西方传媒界常常否定媒体是社会价值的生产机关，然而，在客观上任何一国媒体都会左右、引导社会舆论。西方媒体普遍自觉维护国家精英和知识精英共同认同的居于霸权位置的西方主流文化，"在对现有体制的挑战性程度而言，西方的主流媒体具有相当的保守性"，他们"对社会运动特别是与之意识形态相左的社会运动往往不予报道。当不得不报道这些社会运动时，西方媒体则倾向于琐碎化与妖魔化这些社会运动"。[3]新闻传播具有两个属性：技术属性和价值属性。随着传媒技术的日新月异，媒体的技术属性不断变化，富有弹性。然而，媒体的价值属性却是相对稳定的，它不会随着技术变更、业务变革而变化。我国媒体一直不否定自身的阶级性，总是自觉地承担起宣传主流意识形态的任务。即使以民营面貌出现的凤凰卫视，也把做"道德文明的推手"作为主要追求，并且将这句口号分解为四个内涵，即"精英文化推广者、现代知识的传播者、社会文明的布道者、时代思想的宣示者"。作为一名军事记者，江宛柳坚持把社会主义核心价值融入每一篇新闻作品中，坚持以"红色"为基调，弘扬爱国主义、集体主义精神和社会主旋律，热情歌颂军内外各项事业的伟大成就，鼓

---

[1] 门彻. 新闻报道与写作 [M]. 展江，主译. 北京：华夏出版社，2004：16.
[2] 方延明. 新闻写作教程 [M]. 北京：高等教育出版社，2005：148.
[3] 林芬，赵鼎新. 霸权文化缺失下的中国新闻和社会运动 [J]. 传播与社会学刊，2008（6）：93-119.

舞军民为建设国家而奋斗。

强烈的家国之爱,深厚的历史责任,是江宛柳新闻作品的主旋律。细心的读者只要从江宛柳作品的标题中,就能感受到"大爱""无私"和"豪放"的气势,如《今天,我们放飞白鸽》《挚爱铺就阅兵路》《春自心来情满怀》《再写神州万里春》《军心凝聚在党旗下》《追寻,崇高精神历程的跋涉》《强国之路始于足下》。"编辑、记者不能仅仅成为'记录的人',而应该成为善于观察、善于发现、善于提炼的有思想高度的新闻人。"[1] 认真阅读江宛柳的新闻作品,读者能够感受到江宛柳站得高、看得远。如报道1999年世纪大阅兵的《挚爱铺就阅兵路》,从父子、夫妻、母子、军民四个角度入手,全方位展示了军民的鱼水情深、人民的爱国情感。

新闻事业不仅要报道新闻事件,而且要承担起必要的社会责任。西方公共新闻理念认为"当国家经历了一系列的危机之后,新闻事业的首要使命应该是鼓励公民寻求前进的道路"。[2] 中华民族自古就有刚健有为、自强不息的民族精神,越是碰到国家危难之时,国人常以天下为己任,以牺牲自我的境界来维护国家的利益。2003年在全国人民抗击非典期间,江宛柳采写了系列新闻稿件,报道、歌颂了人民解放军在危难之时的奉献精神。《特殊战场见英雄》通过记录姜素椿教授的事迹,鼓舞人们充满信心地与非典恶魔战斗。2003年4月24日,中央军委批准紧急援建小汤山非典定点医院,《特殊战场五昼夜》记录了总后卫生部筹备定点医院的经过,指出筹备医院"就是上前线的速度,上战场的精神状态!"

三、赞颂军人的无私奉献精神,记录军队现代化建设成就

军队是个注重讲奉献的地方,军营要求所有的官兵服从命令,随时听从军委的号召;要求官兵必须加强业务技能的训练,随时听从国家和人民的召唤,投入保家卫国的战场;要求官兵将人民的利益放在第一位,随时为了人民的利益牺牲自己的利益甚至生命。江宛柳的很多新闻作品,生动、形象、细致地刻画了军营中不同人物的精神品质,热情赞颂了新时代最可爱的人的奉献精神。《飞行员舰长》报道了新型导弹护卫舰——542舰舰长柏耀平的先进事迹,刻画了一个潜心钻研业务、带兵以身作则的新时代两栖舰长的形象。文中将柏耀平比喻成一个强磁场,这个磁场包含三个元素:一是反应快、思维活;二是具有良好的心理素质;三是办法多、点子多。在《试航》中,贾晓光曾经"穿着海军服却无入海之路,毕业后无奈地在岸上转来转去,竟做了10年客!"但是他凭着奉献海军的决心,最终成为新型护卫舰舰长。西沙群岛是祖国美丽的宝岛,但是驻守西沙的官兵却要忍受寂寞、孤独,甚至会出现退伍后不适应社会的现象。《一个博士政委的创新实践》叙述的是

---

[1] 冷梅,范雯. 小省大报——海南日报现象解读 [J]. 新闻战线,2010(5):27-30.
[2] 格拉瑟. 公共新闻事业的理念 [M]. 北京:华夏出版社,2009:3.

海军西沙某部政委陈俨改进思想政治工作的事迹。这篇通讯不仅报道了陈俨的事迹，而且让读者看到了驻守西沙士兵的艰苦和奉献精神。

改革开放以来，我国军队建设不断走向现代化和国际化，江宛柳的人物专访比较深入地挖掘出军队建设的现代化、国际化成就。"相对而言，专访要比一般通讯体裁更讲究针对性，选择的人和事及问题，应具有明确的背景和强烈的现实性。"[1] 江宛柳的人物专访的对象，都是在军队各方面建设中，做出突出成就的典型人物，他们不仅拥有过硬的政治素质，而且拥有很强的专业知识。这些具有深厚专业知识、业务知识的军人，一方面给读者带来了丰富的、新颖的军队建设信息，另一方面也加深了读者对军队现代化、国际化的理解，深化了人物访谈的厚度和深度。在《未来战场——我们靠什么克敌制胜》中，通过采访国防大学军事专家，对军队现代化的很多问题，作出了现代意义的解释。

四、用女性的眼睛发现人间真情，用细致的采访挖掘人格魅力

报告文学是新闻与文学杂交的品种。在 20 世纪 80 年代，报告文学因为能够真实、快捷地反映现实生活，曾经赢得了文坛和社会的极大关注，一些文学杂志因报告文学而深受欢迎，一大批作家发表了大量的报告文学作品。因为当时的报告文学作者，很多都是党报的记者，所以，报告文学在中国新闻发展史上也具有非常重要的地位。"报告文学与文学创作类似，故事展开于一个相对完整和复杂的脚本框架中，需要作者有能力驾驭丰富的材料；在语言技巧和写作方式上，报告文学也要比新闻写作复杂得多。"[2] 报告文学一般有赞扬和批判两种风格，但无论哪种风格，都要求作者有很强的生活阅历和政治经验，它要求作者能够从日常的生活事件中提炼出特定的价值符号，能够使作品的意义得到升华。江宛柳是 1970 年入伍的老兵，一直战斗在军队宣传的第一线，拥有很高的政治素质和专业素养，写出了不少具有很高新闻价值、宣传价值的报告文学作品。

和其他的新闻作品相比，报告文学允许记者带有个人感情。如果单从作品个性来看，报告文学更能体现记者的性格特征。新闻是客观的，但记者是有立场的，新闻工作需要一些有坚定立场的从业者。程益中说过："我对人生的艰难困苦极其敏感，对加诸所有人身上的不平与不公感同身受，疾恶如仇，我的锋芒因而被砥砺而成。"[3] 作为一个女性军旅作家、记者，江宛柳对现实有善意的、温暖的理解，江宛柳的报告文学只有歌颂型的，没有批判型的，她的报告文学作品始终围绕时代主旋律，歌颂军队的典型人物和先进事迹。社会心理学研究发现，女性感情更加细腻，更善于发现他人的情绪线索，"能够感受他人

---

[1] 刘海贵. 中国新闻采访写作教程 [M]. 上海：复旦大学出版社，2009：287.
[2] 郭中实，陆晔. 报告文学的"事实演绎"：从不同历史时期的文本管窥中国知识分子与国家关系之变迁 [J]. 传播与社会学刊，2008（6）：167-191.
[3] 陈婉莹，钱钢. 中国传媒风云录 [M]. 香港：天地图书有限公司，2008：127.

的感觉——为他人的喜悦而高兴,为他人的悲伤而哭泣"。[1] 读江宛柳的报告文学,常被她笔下主人公的无私奉献、艰苦朴素、忍辱负重的精神所打动,甚至能够流下感动、同情、自责、心酸的泪水。也许因为是女性记者的原因,江宛柳的笔下始终不忘"军功章"的另一半,家庭是她绝大部分作品的重要组成部分。在《我在寻找那颗星》(1986)中,作者将"写丈夫的文字"和"写妻子的文字"交错排列,制造了一种对话与倾诉的表达方式,既歌颂了高明诚夫妇忘我奉公的感人事迹,又赞扬了他们的高尚情操。《高原之子》中张鼎全的妻子李淑琴很不幸,结婚后在陕西农村当民办教师、拉扯孩子,1984年随军来到青海,几年后丈夫就患癌症,感觉下半辈子不知道怎样过。在《没有掌声的征途》中,当邬援军下基层带兵后,妻子同样忍受着一边工作一边照看孩子的艰辛。而在《穿过白云 穿过巨浪》中的柏耀平,不仅是个双料舰长,而且是个出色的好父亲、好丈夫。"官兵们说,柏舰长是全支队给家打电话最及时的舰长。出海执行任务,不论军舰停靠哪里,他都会立即打电话报平安。"妻子吴洪认为:"结婚这么多年,丈夫常常'远走高飞',但从来没有让她有过找不到人的感觉,她甚至觉得天天都能听到他的呼吸。""她嫁给他将近10年了,他从一名飞行员成为一名舰长,干得越来越出色,见到过国家和军委领导人,走过那么多大山和大海,出过国,和许多外国将领打过交道,可他还是他,对妻子——这个默默无闻的幼儿园老师还是那么火热,那么用心,那么在意。"

新闻作品有"大叙述"和"小叙述"之分。过去的新闻作品过于从宏观角度来阐述道理。现代新闻作品更加注重从小处着眼,用生动的故事、感人的细节来赢得读者的认同。江宛柳的作品将"大叙述"和"小叙述"结合得非常好,既体现了主流意识形态的重要性,又能用生动的细节、浓浓的人情味感染人。《高原之子》更是通过很多催人泪下的故事,展示了青藏线上汽车兵的为国献身精神。张鼎全的小学同学王胜利、小通讯员杨余福、战友韩廷富、连副指导员王为民等,都在一次次事故中献出了宝贵的生命。"格尔木陵园沉睡着的几百个青藏线军人中,他身边的同乡战友就有这么多。他们永远和这高原的土地融为一体,再也不能回到曾经日夜思念的家乡去了。"作为青藏线老汽车兵,张鼎全的精神支柱除了爱国主义以外,还有一个就是他的文学创作热情。在这里他在文学道路上一路坚持,10年发表了600多篇稿子。正如他的朋友张奎景评价的那样:"你不光是用笔在写青藏线,你是用你的生命在写呢。青藏线就是一个大故事,你用自己的血和汗在写这个故事。"在他的生命的最后一刻,解放军文艺出版社出版了他的首部长篇小说《雪祭唐古拉》,赵南起上将亲笔为书题词,周克玉上将为书作序。军旅生涯中的一件件往事、文学创作上的一点点收获,使读者看到了张鼎全肉体上的痛苦和心灵上的快乐都得到了升华。

---

[1] 迈尔斯.社会心理学与心理咨询[M].侯玉波,乐国安,张智勇,等译.北京:人民邮电出版社,2006:135.

第三节 "公推公选"报道给党报地方新闻增色
——评《盐阜大众报》的纪实报道《赛场上识马 阳光下选人》

各地读者最关注的是本地新闻,因此,地市党报应该回应读者的需要,加强和改进地方新闻的报道。然而,有些地市党报形成习惯性误区,地方新闻主要报道地方领导的常规活动,领导的开会、讲话几乎占据了整个要闻版。因为缺乏记者现场采集的鲜活新闻,地市党报的地方新闻报道严重缺乏"新闻性",版面上"只有话没有事",或"只有事没有事件",报纸不但远离读者也远离基层干部。2011年8月21日《盐阜大众报》在第1版发表了纪实报道《赛场上识马 阳光下选人》,报道了建湖县公推公选镇党委书记的经过。该报道较为细致、深入地追踪了基层公推公选的过程,较好地将政策性、宣传性与可读性结合起来,是《盐阜大众报》事件性报道的一篇典范,为该报地方新闻报道增色不少。

一、找准典型事件,宣传用人制度改革

公推公选是我国干部任用体制改革的一项重要成果,它结合了举荐制和科举制的历史经验,是中国传统选官制度在当代的新发展。所谓公推公选就是公开推荐、公开选拔,即采取个人自荐、群众举荐和组织推荐相结合,通过考核、考察、面试(演讲、答辩)等程序,公开选拔领导干部候选人的"预备人选",再依法举行选举或组织任命。江苏是全国较早推行公推公选制度的省份之一,也是公推公选工作做得比较好的省份之一。基层干部是基层社会的神经中枢,他们的政治素质、知识素养和个人能力,直接影响基层广大人民群众的切身利益,因此,基层干部选拔理应被群众所关注。《盐阜大众报》报道建湖县公推公选镇党委书记,恰好体现了党的中心工作和群众关心的问题的结合,通过对事件的细致描述和精彩评点,较好地宣传了党的用人制度改革的成果。

宣传的目的在于说服受众,说服有两种方式,即灌输和交流。灌输不大尊重传播对象,传播者按照自己的意图,强迫受众接受某些观点或事实。交流则注重传播者与接受者的沟通,注重用生动、形象的手段吸引受众参与,最后在相互交流中潜移默化地影响受众。就新闻宣传来说,诉诸感情比诉诸理智传播效果更佳。从读者的接受心理来说,他们不大爱看"大道理",而是愿意阅读新闻故事。新闻是事件的报道,事件总是存在于特定的时空中,有一个发生、发展的过程,其中有悬念、有细节。现在很多地市党报报道的大多是"事",是政府部门或领导对客观事实的简单提及或描述,绝大部分不是"有过程、有细节"的事件。建湖县公推公选基层干部,是一个具有代表性、典型性的新闻事件。新闻聚焦事件当然会有可读性,当然可以激起读者的阅读兴趣。

二、按照时间逻辑,从容描述事件进程

从报纸的发展趋势来看,报道新闻事件、将新闻故事化,已经成为主要的报道手段。

事件报道需要有叙事结构，最常用的一种叙事结构就是时间顺序结构，即按照事件发展的时间逻辑来安排新闻素材。纪实报道《赛场上识马 阳光下选人》是典型的时间顺序结构。报道的导语严格遵守时间逻辑，用简练、客观的语言概括了事件的大致过程："7月23日，民主推荐。8月1日，报名承诺、驻点调研。8月2日，问卷调查、竞职演讲、二次推荐、差额考察、差额票决。8月3日，周德良、吴金标两位同志分别履新颜单镇、宝塔镇党委书记。"报道的主体分三个部分，三部分的小标题分别为："民主推荐，从'少数人选人'到'多数人选人'""驻点调研，工作干得好才能考得好""全程差额，让'公选'更具'公信力'"。标题之间也是一种时间逻辑关系，记录的是公推公选的三个主要阶段，即民主推荐阶段、驻点调研阶段、选举当选阶段。正是严格遵守时间顺序，该报道能够比较全面、细致地报道事件的来龙去脉。

事件不仅可以分解成几个关键阶段，还可以用一些情节、细节来帮助读者理解新闻事件。《赛场上识马 阳光下选人》一文中有多处细节能够加深读者对选拔程序的认识。在推荐阶段为了避免人情干扰，"7月23日，建湖县委工作会议结束前，会议主持人临时通知，随后召开全县领导干部大会"，现场决定候选人"预备人选"。"临时通知"颇有现场感，也让读者产生场景转换的效果。8月1日，6名初步人选集中到颜单镇驻点调研，"他们的手机等通信工具全部由县纪委暂时统一收管"；他们调研后"连夜撰写调研报告，形成自己的任职设想，为第二天竞职演讲作准备"。为了让读者对新闻事件有更深入的理解，作者还不时在关键情节后穿插精彩的评点。对推荐阶段的评价是：现在建湖的干部职位出现空缺，提名谁，说了算的是基层组织和广大干部群众；该县坚持走群众路线，扩大民主，变"少数人选人"为"多数人选人"。对驻点调研的评价是：让实干型的优秀基层干部得到更多成功的机会，同时破除一部分人急功近利、不安心于本职工作滋生的"干得好不如考得好"的不良风气。对竞选阶段的评价是：全程差额提高了公选公信度，也提高了干部群众对干部选拔工作的满意度。

三、还需再接再厉 强化地方新闻报道

目前我国地市党报总体上还比较僵化、刻板，宣传报道缺乏生机和创新，其中充满了官话、套话，报道语言与人民群众有相当的隔膜。"有事没事件，有事件没故事，有故事没情节"是很多报纸的通病，《赛场上识马 阳光下选人》让读者看到了新闻事件，提高了地方新闻报道的可读性。从总体上来看，《赛场上识马 阳光下选人》是一篇不错的报道，为党报地方新闻报道的改进提供了一个样本。但是，这篇报道还有一些需要提高的地方。首先，报道中有一些文件语言的影子，有些地方疑似摘抄文件。如果采访更深入一些，情节、细节描写再多一些，宣传效果将会更好。其次，作品中来自现场的第一手资料不多，缺乏直接的消息来源、直接的场景对话、直接引语。如果作者下基层更深一些、采访更扎实一些，对提名会场、蹲点现场和选举赛场的描写更细致一些，作品的生命力将更强。最

后，报道中只有官方的视角，缺乏群众的视角。因为作者没有直接采访群众，所以有的判断感觉是自说自话，说服力不够，如说了算的是基层组织和广大干部群众、让实干型的优秀基层干部得到更多成功的机会、全程差额"提高了干部群众对干部选拔工作的满意度"都缺乏必要的材料证明。和省内先进的地市党报相比，《盐阜大众报》的地方新闻报道还有一些差距。

第八章
《苏州日报》报道与编辑的创新

各级党报是我国新闻宣传的主阵地，和中央党报、省级党报相比，市级党报具有更多的贴近性，它能够更好地贴近地方社会实际，为地方各项社会事业发展营造积极的舆论环境。在江苏省市级党报中间，《苏州日报》的新闻策划、栏目设置和版面编辑等都具有较高的水平，这让它处于江苏市级党报的领头羊地位。研究《苏州日报》新闻报道和版面编辑风格，对办好其他市级党报具有很好的借鉴和启发意义。

第一节　精彩苏州背后的故事、逻辑和数据
——评《苏州日报》《科学发展在苏州 成就辉煌看十年》专栏

在江苏地市党报中，《苏州日报》的新闻敏感、政策敏感、报道策划和版面制作均属上乘。《苏州日报》从2012年8月中下旬开始，开设了多个栏目"喜迎十八大"，如《科学发展在苏州 成就辉煌看十年》《稳增长 促转型 喜迎十八大》《强组织 增活力 创先争优喜迎十八大》等。《科学发展在苏州 成就辉煌看十年》是《苏州日报》迎接十八大召开的重点栏目，该栏目不仅占据着头版头条的位置，而且在新闻报道结构上有较大的创新。该专栏发表的每篇稿件结构都分三块，即"苏州故事＋纵深解析＋数据备忘／惠民档案"的结构。这三块恰恰对应了华尔街日报体、深度报道和精确新闻三种报道模式。借助这三种报道模式，《苏州日报》用精彩故事、逻辑推理和数据证明再现了苏州十年的精彩。

一、苏州故事：生动的华尔街日报体

道·琼斯公司1889年创办的《华尔街日报》，是一份世界著名的财经类报纸。有人将《华尔街日报》比喻为"世界政治的风向标、世界经济的多棱镜、世界金融的指南针和世界股市的晴雨表"。因为财经新闻是专业性很强的新闻，如果仅从财经专业角度入手，新闻报道必然数据堆砌、枯燥无味。1941年巴纳尔·基尔戈担任道·琼斯公司董事长后，发动和领导了《华尔街日报》历史上一次里程碑式的改革，创造了闻名世界的"华尔街日报体"。所谓华尔街日报体就是在报道非事件新闻时，首先以一个具体事例（如小故事、小人物、小场景、小细节）入手，然后像剥笋一样自然过渡、层层推进，逐步交代新闻的

主要背景和核心主题。华尔街日报体的出现，使艰涩难懂的财经报道有了趣味性、人情味，从而使财经新闻进入普通人的视野，扩大了财经新闻的社会影响力。华尔街日报体出现后，迅速被美联社、《财富》杂志、CBS等著名媒体接纳，并逐步成为影响世界新闻写作的重要报道模式。

  节庆报道、工作报道、会议报道是我国媒体的重要体裁。然而，在很多类似报道中，因为工作语言、文件语言、空话套话太多，相关报道难以被普通读者阅读、认同。《科学发展在苏州 成就辉煌看十年》专栏发表的文章，第一部分"苏州故事"就借鉴了华尔街日报体的模式，选择具有代表性的个案，从人物、事件、细节落笔，激发读者的阅读兴趣。8月24日专栏刊登了《花钱少了，教育质量高了》一文，其"苏州故事"部分讲述的是一个学生的故事：施淑媛小学遇上免费教育，五年省了不少钱；初中赶上了教学改革，学习变得"很来劲"；暑假过后，施淑媛凭699分的成绩要去苏州中学国际班上学。报道从"小人物"施淑媛的故事落笔，通过感性、生动的细节描写，引导读者思维从具体向抽象升华，展现苏州教育在内涵和质量上的转变。9月1日专栏刊登了《法治惠民道路越走越宽》一文，该文"苏州故事"部分是这样开头的："2008年11月11日上午，苏州市成立了法律援助基金会。张家港市南丰镇永联村党委副书记、江苏永钢集团常务副总经理吴惠芳匆匆赶到苏州，送上了一张50万元支票。"报道开头就有现场感和故事性，通过吴惠芳送"50万元支票"这个悬念，激发了读者的阅读兴趣。清华大学李希光认为：传递新闻信息仅仅完成了新闻报道一半的任务，新闻报道另一半任务是讲一个能渗入读者灵魂的好故事。这篇报道通过企业主主动寻求法律援助，让读者体验到苏州"法治惠民"的民生意义，也让读者更加理解了新闻报道的主题。

图8-1 《苏州日报》开设的《科学发展在苏州 成就辉煌看十年》专栏

二、纵深解析：逻辑推演成就的报道深度

  深度报道是一种系统反映重大事件或社会问题，深入挖掘和阐明事件的因果关系，揭示事物发生、发展的本质，追踪和探索其发展趋势的一种报道方式。深度报道的前身是解释性报道。20世纪二三十年代席卷美国的经济危机,被认为是解释性报道产生的直接原因。20世纪40年代,报纸为了应对广播电视的挑战,逐渐形成了深度报道的概念。一般认为解释性报道、调查性报道,电视中的焦点新闻、新闻透视等都属于深度报道范畴。20世纪70年代,深度报道成为西方新闻业的主流价值取向。深度报道注重挖掘新闻背后的历史渊源、因果关系、矛盾演变、影响作用和发展趋势等内容,通过系统的科学材料和客观的解释、分析,从深度和广度两个方面全面深入地展示新闻事件的内涵。20世纪50年代,深度报道理论传到我国,对我国新闻报道产生了巨大的影响。20世纪80年代以来,随着中国改革的全面展开、社会生活的全面进步,我国受众不仅需要知道"是什么",而且更需要媒体报道"为什么"。受众的需要和媒体的竞争,使深度报道成为我国新闻报道中发展最迅速的一种报道形式。

《科学发展在苏州 成就辉煌看十年》专栏中的文章,其第二部分是建立在"苏州故事"基础上的"纵深解析"。因为该专栏所发文章均是成就类报道,目的是展示苏州十年来社会各方面的成就,说明"党和政府"在社会发展中的重要作用。因此,"纵深解析"部分主要从政策措施、体制保障、理论探讨等方面进行逻辑论证,通过纵横开掘反映新闻背后的社会动因。9月9日的报道多方位、多角度揭示了《苏州残疾人社会保障全覆盖》的原因:"我市大力推进残疾人社会保障体系建设,逐步发展形成了就业保护法规化、社会救助特惠化、社会保险专项化、社会福利多样化的具有'苏州特色'的发展格局,不断提升残疾人生活水平、生活品质、幸福指数和社会地位,帮助他们彻底摆脱弱势群体的身份。"《鱼米之乡"四生"并举》(8月27日)揭示了苏州农业"适度规模经营比重十年增四成"的奥秘:"苏州提出,没有农业、农村的现代化,就没有全市的现代化";农业发展"坚持江南鱼米之乡的特色与底蕴";"确定了优质粮油、特色水产、高效园艺、生态林业'四个百万亩'的空间布局"。现代媒体环境已经不是"高音喇叭喊话"的年代,"苏州故事"的生动叙述、"纵深解析"的理性求证,使《苏州日报》的成就报道增加了可读性、可信性,一定程度上提高了"迎党代会"报道的传播效果。

三、数据备忘:发挥精确新闻的数据魅力

人类在近代以来的加速发展,得益于在自然科学领域取得的巨大突破。自然科学强调用合理假设、科学实验和数据求证等研究方法,准确地、客观地把握事物发展的规律和特征。现代社会科学研究同样强调定量研究,强调用自然科学的理性方式寻找社会规律。新闻学属于社会科学,定量研究和新闻报道的结合产生的就是精确新闻。20世纪30年代美国记者菲力普·迈耶提出精确新闻的概念。70年代美国报刊风行精确新闻报道。今天精确新闻是西方新闻界流行的一种报道体裁。所谓精确新闻就是运用调查、实验和内容分析等社会学研究方法,收集资料、整理数据、分析原因、查证事实,从而客观准确地

把握新闻事实的一种报道方式。精确新闻要求记者用科学的社会观察采集和报道新闻。与传统的报道方式不同的是，精确新闻报道强调用数据说话，通过严格的抽样调查，全面、客观地反映群众的意见和呼声。自20世纪90年代中期以来，精确新闻报道逐渐在我国得到重视和运用，并迅速成为一种发展潜力较大的报道体裁。

《苏州日报》一直以来重视精确新闻报道，除了在专门的调查版刊登调查文章外，还注重在标题中大量使用数据，通过数据的美学价值提高新闻报道的真实性和审美性。此次成就报道的第三模块"数据备忘／惠民档案"，虽然算不上完整意义上的精确新闻，但是却吸收了精确新闻的"数据论证"特征，让整个成就报道落到"实处"。《向"世界办公室"战略转身》（8月23日）报道的是苏州正在由"世界工厂"向"世界办公室"转变。苏州曾经是全国数一数二的"工业城市"，但今天苏州更乐意让人们记住诸如旅游、商务会展、科技研发、金融服务等"感性温柔"的一面。在报道的"数据备忘"中，记者给出了几个关键性的数字：70家服务业集聚区2011年实现营业收入5300亿元，2011年全市服务业实际利用外资比重达32.9%。本报道对数字的巧妙运用，显然能够帮助读者更好地欣赏苏州"转身"的舞姿。在《非公党建：企业腾飞之翅》（8月30日）的"数据备忘"中，有这样一组数据：非公经济党组织和党员人数十年双双增了近五倍；1.9万余名"指导员"助力非公企业党建；党员服务平台体系城乡全覆盖；每年引导性投入党建资金4000余万。依靠这些数据，报道较为有力地证明了苏州非公党建的成就。

第二节 《苏州日报》标题中的数学语言

数学语言是数学思维的最佳载体和科学表达的通用语言。数学语言不是自然科学的专利，在社会科学和日常生活领域，人们都要不同程度地使用数学语言。《苏州日报》在标题中大量使用数学语言，不仅准确、客观、简洁地浓缩了新闻内容，而且也美化、丰富了报纸版面，彰显出《苏州日报》的鲜明个性和特色。

一、《苏州日报》标题中数学语言的灵活运用

数字能够给人以审美和艺术的情趣。"生活是绚丽多彩的，作为反映美好生活的数字也应该是婀娜多姿的。只要我们善于总结，善于开拓，善于挖掘，善于创新，数字也可以完全流淌出美妙动人的艺术魅力。"报纸版面既是信息传播的载体，也是视觉审美的艺术。《苏州日报》标题中的数字看似信手拈来，实则匠心独运。《苏州日报》标题中的数字不是简单堆积，而是综合运用字体、字号、色彩等各种手段，使数字显得活泼、生动。下面以2011年12月22日的报纸为例，看《苏州日报》标题中丰富多彩的数字运用。

（一）在主标题中运用数字，使新闻的核心内容更加突出

主标题是新闻标题中最主要的部分，它的作用是概括新闻中最主要的内容，解释新闻中蕴含的主要思想和观点，向读者提示、强调新闻中最有价值的东西。主标题在整个标题中所用字号最大，居于最显著的位置。《苏州日报》的版面属于"浓眉大眼"型，在黑体的大标题中加入阿拉伯数字，能够立即吸引读者的目光，达到传递信息、引导阅读的功能。如：

冬酿酒，苏城一夜喝掉 400 吨

卤菜冬酿酒纷纷涨价　半成品"冬至夜饭"网上热销

——2011 年 12 月 22 日 A3 版

300 元买张假房产证

抵押给好友骗财四万八

——2011 年 12 月 22 日 A5 版

（二）在引题和副题中运用数字，补充主标题，使标题内容更加丰满

新闻标题是用最简短的文字将新闻中最有价值、最生动的内容和意义提示给读者。好的新闻标题不仅贴切、生动、朗朗上口，而且能够浓缩新闻报道的核心内容，使读者在没有阅读报道正文时，就已经对新闻事件的核心内容有了大致的、接近本质的了解。为了让标题能够更好地浓缩新闻事实，《苏州日报》灵活运用引题和副题，通过在引题和副题中增添关键数据，更加客观、准确、细致地概括新闻事件。如：

今年 11 月份，苏州汽车类投诉环比上升 450%，其中营销合同纠纷、汽车维修和新车质量问题纠纷占此类投诉的七成以上——

汽车消费投诉为何陡增

——2011 年 12 月 22 日 A13 版

我航母投用尚需相当时间

目前已出海进行为期 9 天的第三次海试

——2011 年 12 月 22 日 A1 版

今年年终奖咋扣税

老算法＋新税率

苏州地税详解个税计算法

留意六"盲区"

多发 1 元可能多缴上千元税

——2011 年 12 月 22 日 A13 版

（三）在提要题中运用数字，帮助读者掌握新闻的主要精神

对于重点稿件、篇幅较长的稿件，很多媒体都流行为其拟"提要题"。提要题突出放

在稿件正文的开头处或主（副）标题的下方，主要概括新闻的主要事实、做法、经验和问题，便于读者掌握新闻的主要精神。《苏州日报》不时为重点稿件配置提要题，并在提要题中大胆运用数字，概括重要的新闻事实，推广典型的事迹，引起读者的思考。如2011年12月22日A4版，刊登的是一篇关于汽车社会的调查报告，是一篇典型的精确新闻报道。报道的标题制作如下：

汽车社会，我们准备好了吗？

根据世界公认标准，每百户家庭拥有20辆车就达到了"汽车社会"的最低限度。

12月3日，中国社科院社会学研究所和奔驰公司联合发布《中国汽车社会发展报告》首份年度报告，称明年中国每百户家庭汽车拥有量将达20辆，也就是说，中国明年将正式跨入汽车社会。

事实上，去年苏州市百户居民私人汽车拥有量已达25.8辆，目前大市范围内日均上牌量已超千辆。

汽车社会的到来势不可挡，然而随着汽车如此快速地走进寻常百姓家，我们真的准备好了吗？

坦率地说，透过汽车社会初期暴露出来的种种乱象，无论是法制规范的水平还是社会管理的能力，在迈入汽车社会的过程中都显得准备不足。

这不能不引起我们的警觉！

本报道是一篇调查性、反思性的报道，稿件内容占据一个整版。现代生活是快节奏的生活，普通读者难以细读每篇报道。《苏州日报》给这篇报道做提要题，一方面为读者提炼出报道的中心内容，能够指引读者阅读正文，帮助读者把握报道的精髓；另一方面也满足了很多读者快速阅读的需要，当读者没有时间通读正文时，浏览提要题就能够了解该报道的大致内容。提要题中有三个关键数字：汽车社会的国际标准、中国百户家庭汽车拥有量、苏州百户居民私车拥有量，三个数字让读者能够对苏州"汽车社会"的来临有清醒的认识。

正是为了满足读者的快速阅读需要，《苏州日报》经常将消息引题也做得类似于"提要题"，如该期报纸的A1版有如下一个标题，该标题的引题已经类似于"新闻提要"，标题同样利用数字精确反映了金螳螂装饰公司的不俗的经营业绩。

一家苏州本土装饰企业，在短短几年里承接了鸟巢、国家博物馆、国家大剧院等一个又一个国家文化标志性建筑的装饰装修工程，连续9年获得中国建筑装饰百强企业第一名，获得鲁班奖37项——

金螳螂掀起创意冲击波

（四）引题、主题、副题中混合使用数字，标题内容更加精确、细致

《苏州日报》一直保持着传统党报重视标题的传统，将报纸标题当作"艺术品"来精

心打磨。《苏州日报》的编辑经常给新闻拟三行标题。三行题结构完整，层次丰富，拓宽了标题的艺术表现空间，能够创造出多彩多姿、风格多样的标题。编辑再在标题中加入数字，不仅能够扩大标题信息量，而且能够在版面上创造更好的视觉效果。在下面所列的三个标题中，2012年、公交333路、3号快线等并非直接表示量的数字，但是编辑仍然将它们编排进标题，其目的就是利用阿拉伯数字的美学效果。总体上来说，下列三个标题通过混合使用数字，使标题更能精确、细致地概括新闻的主体内容。

关注2012铁路春运

苏州站设323个取售票窗口

47家火车票代售点7:30—22:00营业 三香路体育场有取票中心

——2011年12月22日 A9版

13亿元铺就城西舒心路

太湖大道绿化改造提升环境

竹园路等10条主干道"白改黑"

公交333路、3号快线相继开通

——2011年12月22日 A8版

中国足球反赌扫黑开庭第三天

"金哨"过堂 受贿81万

陆俊被控7项罪名，当庭认罪

——2011年12月22日 A16版

二、数字标题的运用对《苏州日报》新闻传播效果的影响

苏南河道纵横、土地肥沃，历来是鱼米之乡、富庶之地。改革开放以来，苏南成为中国经济最发达的地区之一。苏州是苏南经济带上最耀眼的明珠，是江苏省经济总量最大、现代化程度最高的城市。《苏州日报》扎根在苏州经济、文化的沃土，经济实力和社会影响力不断壮大，目前已成为江苏省地市级党报的龙头。雄厚的经济实力使《苏州日报》能够坚持全彩印刷，彩色印刷无疑又丰富了新闻标题的表现手法。借助各种不同的色彩、字体、底纹，标题中的数字有了更多的呈现形式。这些数字有的表现出量的精确，有的显示出质的形象。正是数字、辞采、字体、色彩等手段的综合运用，《苏州日报》的新闻传播效果得到了较大程度的提高。

（一）数字帮助读者更加精确地把握新闻事实

量是事物存在和发展的速度、程度、规模，以及它的构成成分在空间上的排列组合等。人们只有通过认识数量才能精确地认识事物。现代媒体越来越自觉地利用数字，精、准地再现或表现事物。标题是新闻的浓缩和结晶，数字在标题中的使用，能够更加准确地浓缩

新闻事件、再现新闻事实，能够让现代读者在最短的时间内获得最有价值的新闻信息。如：

冬至到 寒潮来

48小时最低气温将降8℃—9℃

明后天最低气温降到0℃以下

——2011年12月22日 A3版

非就业居民医保下月申报

时间：1月10日至3月20日 缴费标准：老人200元，失业人员420元

——2011年12月22日 A7版

第一则关于天气的新闻标题，读者只要抓住几个关键数字，就可以知道新闻的大致内容。第二则关于医保申报的新闻标题，通过数字的运用将时间、缴费标准呈现得非常清楚，帮助读者更加准确地把握新闻内容。如果是需要申报医保的市民，他们完全可以将这期报纸标题作为办事的提示牌。

（二）编辑通过数字的运用客观评价新闻事件

事实胜于雄辩。对于一些复杂的社会问题，自然语言、生活语言难以表达全部意思，此时，如果巧用数学语言，则能够对事物作出比较客观的评价。新闻标题是"点睛"的艺术，编辑可以通过精选角度、凝练词汇，对新闻事实作出恰当的评价。数字和文字相比更具客观性，编辑在标题中运用数字，往往能够更加隐蔽、巧妙地对事实作出评价。在公民社会不断成熟的时代，这种更加理性、巧妙的评价方式，将是新闻表达倾向性的重要手段和发展方向。如：

857吨重桁梁水上"漂移"

苏南运河桥梁重建首次引入浮拖施工法

——2011年12月22日 A5版

杨一民当庭失声痛哭

庭审长达9个半小时

被控22项罪 受贿125万

——2011年12月22日 A16版

上面两个标题表面上看起来只是数字，但是细细品味就会感觉到数字背后蕴藏着颇多的新闻评价。质和量是统一的，量的变化达到一定的度，就能够引起事物质的变化。857吨重的桁梁在水上"漂移"，首先让读者感觉到工程的巨大难度，其次也让读者感受到浮托施工法的先进。标题中没有对先进施工方法进行直接的赞扬，但是数字背后却自然地生长出评价。第二则标题中，杨一民的痛哭与9个小时庭审、22项罪名、125万的赃款既是一种因果关系，也是一种对比关系，读者从标题中能够感觉到很多社会评价和人生警示。

（三）数字标题使报纸版面更加清秀、生动

"标题是版面的'眼睛'。'眼睛'若是水灵灵、炯炯有神，就会给版面增添几分美感。'眼睛'若是直勾勾、呆巴巴，或是翻白眼、白内障，版面就会黯然失色。"标题是报道意图的集中体现，是读者最关心的内容，因此标题做得好就会给读者带来良好的"第一感觉"。《苏州日报》大量运用数学语言，使标题文字排列疏密相间，使版面显得更加眉清目秀。下面两则标题，因为使用了数字、=号，从而降低了成块文字的压抑感，使标题和版面更加清秀、生动。

"国税 47 号文件"骗了全中国
2011 年十大假新闻多出自网站微博
——2011 年 12 月 22 日 A11 版

一汽大众年终奖 =27 个月工资？
公司回应：以基本工资为基数，普通员工 8 万元
——2011 年 12 月 22 日 A11 版

（四）大量采用数字标题提高了报纸的采编质量

网络、手机等新媒体的崛起，使新闻传播有了更多的渠道。但新媒体传递的新闻主要以感性为主，并且经常会出现以讹传讹的现象。新闻传播事业的发展，越来越需要传统的职业新闻工作者发挥更好的舆论引导作用。《苏州日报》重视数学语言，在某种程度上是对感性的纠偏，是对混乱的公共传播的一种调和、平衡。同时，新闻标题重视数字，新闻内容中必须有可提炼的数字；新闻中的数字又来源于记者的调查研究。因此，《苏州日报》标题中重视数学语言，必然会提升采编人员的职业素养和社会责任感，培养采编队伍的科学研究精神和严谨的采访态度。采编队伍这些基本的业务素质，恰恰是报纸质量提高的重要保证，也是党报新闻事业进步的基础。

"标题做得好，犹如画龙点睛，可以使新闻大为生色。有时候，读者对新闻的具体内容早已记不清了，但是那些脍炙人口的标题却留在记忆中，甚至成为生活里的座右铭。"以上体现《苏州日报》数字标题特色的标题案例全部摘自 2011 年 12 月 22 日的《苏州日报》。其实就该期报纸来说，这里选择的只是一部分数字标题，可见该报数字标题使用的频率之大。下面从其他几期报纸中再摘录几则标题，以作为《苏州日报》标题个性的进一步佐证。

4 年培育 3 家企业成功上市 上市梯队企业达 20 多家
唯亭聚资集智蓄水资本市场
——2012 年 1 月 21 日 A1 版

"一亩地一年可收一熟鸡头米、一熟水芹，每亩净产值约 1 万，按一户 10 亩计算，一年

收成 10 万元"

娄葑征地农民晒"幸福账单"

——2012 年 1 月 20 日 A1 版

2026 个走访慰问组进城乡

全市发放慰问金 3.83 亿元，比兔年春节增 55.1%

107 个经济薄弱村、30.2 万余户困难家庭享关爱

——2012 年 1 月 20 日 A2 版

第三节　《苏州日报》理性报道"用工荒"

2010 年的春天，"用工荒"成了各大媒体报道的"关键词"，持续了 20 多年的"民工潮"报道正在悄悄向"民工荒"转变。苏州经济发展走的是典型的"外向型"之路，制造业比较发达，生产一线需要大量的农民工。然而，近年不断严重的"用工荒"，给苏州的经济发展出了一道不小的难题。面对地方经济碰到的新问题，作为地方党报的《苏州日报》积极在舆论上给予支持，通过选择党和政府重视、广大群众关心、具有普遍意义的报道内容，深入分析"用工荒"出现的时代背景，积极引导社会舆论，集中全社会的智慧破解"用工荒"难题。

党报的一个重要任务就是深入实际、深入生活，认真调查研究，广泛收集资料，帮助党和政府、各级群众更加全面地了解社会环境。春节以来，《苏州日报》持续关注"用工荒"，采用记者采访、统计数据、新闻评论等多种方式，向读者准确、及时地报道节后苏州用工市场的最新情况。2010 年 2 月 24 日 A3 版刊登的《苏企用工缺口达两成》，用较大篇幅报道了苏州劳动力市场的开春之战。该报道用了几个数据来说明问题。人力资源和社会保障局估计："目前，企业平均缺工量在 20% 左右；近期全市企业用工的缺口可能达 50 万人。"记者在采访中发现："以昨天（2 月 23 日）枫桥一条街为例，来找工作的人不超过 500 人，往年这时候至少有 2000 人。"记者综合多方面的情况预计"苏州全年缺口（民工）将在 10 万人左右。整体成本也上升了 2—3 倍"。几个客观数据能够吸引广大读者的注意力，足以提醒苏州各级政府、企业充分重视"用工荒"，以便集中全社会的智慧解决"用工荒"。2 月 25 日 A10 版《中国报道》版的主题报道，是一篇新华社采写的"用工荒"稿件：《透视新一轮"用工荒"》。该报道开篇就给读者一个警示："长三角缺工人！珠三角缺工人！春节刚过，一些沿海经济发达地区似乎在拉响新一轮'用工警报'。"该报道能够让苏州读者将本地的"用工荒"放到全国的范围内去考察，鞭策苏州本地企业更加重视应对"用工荒"。

《南方日报》曾经提出过一个口号："高度决定影响力。"现在全国很多党报都将这句口号作为自己努力的一个方向。党报不仅要报道新闻，而且要揭示新闻背后的

故事，探讨现实问题的社会本质，帮助读者寻找解决问题的答案。《苏州日报》没有停留在对"用工荒"的简单报道，而是站在决策者应有的高度，帮助政府和企业破解"用工荒"背后的原因。2月24日，编辑在A3版给《苏企用工缺口达两成》一文配了一个"城市链接"，将深圳用工荒归纳为五大原因：经济回暖，企业订单多；我国中西部地区就业空间增大；薪酬待遇（月薪900—1500元）缺乏竞争力；新生代农民工不愿做普工；"结构性"缺工不能忽视。2月25日，编辑给《透视新一轮'用工荒'》一文编配了两个背景资料。一则是"用工荒3大原因"：经济回暖与此前的"用工荒"形成反差，供需高峰期错位；求职人数同比下降，求职群体出现结构性变化；中央及各地惠农政策效应不断显现，地区差异缩小使外出打工者减少。一则是"释放出3大信号"：进一步完善我国的用工体制；健全城乡一体化的就业登记制度；"用工荒"倒逼企业转型升级。

相对于新闻报道来说，2月22日《苏州日报》A7版《观点·声音》专版观点则更加鲜明。该版的总主题是"民工潮退倒逼转型升级"，在总主题下编辑安排了3篇新闻评论和1幅新闻漫画，图文并茂地解剖了"民工荒"的复杂社会原因。《外来务工的"诱惑"越来越小》一文认为：农民工的迁徙完全是用脚投票，当外出务工的诱惑越来越小，不少人转而就近就业或返乡创业，这样他们不但省了租房、就餐、交通等额外支出，而且"少了聚少离多的思念与一个人漂泊在外的孤寂"。《新生代农民工追求越来越高》一文指出："随着受教育程度的普遍提高，新生代农民工怀揣更高的职业追求，更擅长'用脚投票'，对用工企业更挑剔。"

党报报道社会热点问题，不是站在党和政府的对立面揭社会的伤疤，而是站在"解决问题"的立场，帮助党和政府抓住社会问题的本质，促进问题的解决。从舆论引导的高度来看，党报应该理性地看待社会问题，积极报道党和政府解决社会问题的具体措施，鼓舞人民群众的信心和勇气，促进社会问题更好、更快地解决。《苏州日报》一方面积极报道市、区政府应对"用工荒"的各项措施，另一方面积极给苏州企业出谋划策，推动苏州企业转型升级。2月23日，A4版头条刊登了一则新闻《让民工返苏不过夜》。该报道称，自2月22日开始，苏州春运办在苏州火车站广场设立了临时春运疏导站，安排免费接送车。7条公交车延时至凌晨两三点，汽车北站通宵开放并开夜班车。2月24日《苏企用工缺口达两成》的报道中也有类似的信息：在火车站，英格玛人力资源集团工作人员正在发放"蓝领求职地图"，里面囊括了劳动系统、维权系统、人才市场、住宿指南、交通指南等务工人员最为关注的信息。在"用工荒"越来越严重的情况下，哪个地区社会服务好，哪个地方更尊重农民工，民工潮才会向哪个地方流。《苏州日报》报道政府和企业举办的相关活动，一方面让农民工读者感受到苏州的温暖与情怀，另一方面也鼓励政府和企业给农民工更多的"温馨的关怀和便利的帮助"。2月22日评论专版中的《"退潮"是一种新的警示》则是从长远发展的视角，给苏州企业指明了一条转型之路。该文指出,出现"用工荒"的企业,"基本上都是低层次的、传统型的劳动密集型企业",民工潮退潮给这些享受"人口红利"的企业一种警示、一种提醒:"切实改造、提升传统产业,不仅是应对'用工荒'的需要,更是关系到苏州经济持续发展的大事。"

第九章
伊拉克战争的媒体报道策略

2003年发生的伊拉克战争，已经距离我们越来越远了，但它对我国新闻与传播事业的影响，却仍然留在中国新闻传播史中。当年，正是伊拉克战争和非典型肺炎让刚刚开播的中央电视台新闻频道获得了较高的关注度。在伊拉克战争期间，我国媒体的报道在坚持了传统的国际新闻报道原则的同时，不断根据国内受众的需要，对伊拉克战争的相关报道进行了改革和创新。2003年还是我国报业经营最风光的年代，很多报纸关于伊拉克战争的报道都有鲜明的个性。研究这些报道，对今天的新闻与传播事业仍然具有重要的意义。

第一节 媒体立体报道使战争变得半透明

从2003年3月20日开始，伊拉克的上空就一直炮火连天。然而，人们可能没有在意，战争的情况被外界所知晓，完全是媒体的功劳，是一群勇敢的记者在生死的边缘，为世界人民送来了大量的文字和图像。大量的信息将战争变得半透明。

一、直播让战争半透明

图像是直观的，没有理解的难度，电视对战争的直播，给了大众审视战争的机会。当战争打响后，世界各地的许多记者，以高度敬业的精神来到了伊拉克。在战时情况下，他们的安全是缺乏保障的，但危险并没有让记者们退却。正是记者们的责任感，使世界各地的人们，看到了活生生的战争场面。从中央电视台的信息来源看，能够在战争中拍到震撼人心镜头的电视台，大多是世界知名媒体，如美国有线新闻网（CNN）、美国三大广播公司（CBS、ABC和NBC）、英国独立电视台、路透社以及新闻集团在美国的福克斯（FOX）电视网和在英国的空中电视台（Sky TV）等。西方媒体对战争的全程跟踪，实际上垄断了战争的大部分信息。

采访、拍摄战争场面，记者所要付出的艰辛和所要承担的风险是巨大的。当地时间3月27日下午5点，中央电视台赴伊拉克报道组，在伊拉克新闻中心进行了一次报道。当观众的视线在水均益的指点下，跟着摄像机镜头来到新闻中心二楼的平台上时，被记者的敬业精神所感动。从画面上看，所谓二楼平台实际上就是新闻中心主楼裙楼的房顶，这里地势略高，也比较开阔，因此各家电视台就在屋顶上搭起了帐篷。由于战事紧张，有的电视台已经撤走，屋顶上狼藉一片。坚持在这里的电视机构在拼命地工作。欧洲广播联盟干脆在屋顶的一角，安置了一个固定的摄像机，来拍巴格达全景。当水均益走到西班牙一家电视台旁边时，一位年轻的女记者正疲惫地躺在屋顶上，脸部没有任何害怕的表情。另外几位记者正在忙着拍远处的浓烟和火光。从水均益的采访中，我们了解到，为了避开危险，各家媒体都充分利用白天的时间拼命工作。英国的路透社从中午2点工作到下午5点，而西班牙的电视台则要从早上9点工作到晚上6点。首都的新闻中心尚且如此，在其他地区采访就更要付出代价了。在伊拉克北部采访的CNN记者，遭遇的境况更差，他们每天只能睡在水泥地上，吃饭也成了严重的问题。

从参加采访的记者人数和媒体数量来说，本次全程报道伊拉克战争的规模是空前的。许多国家参加报道，拓宽了战争信息的来源渠道。由于无须单一依靠西方电视台的信息，再加上有自己的远征军，因此中央电视台的战争直播节目做得比较从容。很多第三世界国家的电视报道也被纳入我们的报道中。在"穷兄弟"的队伍中，卡塔尔半岛电视台可谓一枝独秀，这个在阿富汗反恐战争中脱颖而出的电视台，这次又有了不俗的表现。

战争的危险是现实的，他需要记者有献身的精神。留在伊拉克新闻中心的记者们，心里都清楚，这里随时都可能成为轰炸的目标，死神随时都有可能降临到他们中间某个人身上。西班牙电视台的记者在接受水均益的采访时说，他们所住的宾馆，里面的人几乎都逃光了，只有记者为了直播战争还留在这些危险地带。3月23日晚，电视中传来了不幸的消息，英国独立电视台(ITA)的战地记者劳埃德不幸被联军炮火击中，为新闻事业献出了自己的生命。据报道，劳埃德是美英对伊拉克开战以来第三位殉职的新闻记者。

二、主战与反战的信息冲突

庞大的记者群、精良的装备和24小时的直播，让电视为观众模拟了战争环境，使人们得到了不在现场的"战争体验"。当滚滚的浓烟从伊拉克土地升起的时候，当幼小的孩子在呼喊"妈妈"的时候，人类的良知觉醒了，反战的呼声在世界各地响起。于是在媒体上，"主战"与"反战"的信息成了两大中心，它们就像一架天平一样，时刻检验着人类的灵魂。

真实客观是新闻的生命，但是记者要想真正做到客观，几乎是不可能，尤其是在战争环境下，很多媒体之外的力量干预了媒体的传播。电视虽说不间断地在进行直播，但是关于战争的信息还是明显地偏向了美国人。在关于战争的直播节目中，我们很难近距离地看到激战的情景，看到的只是些联军先进的武器、密不透风的宣传攻势和炮火中艰难的伊拉克人。而在反战的浪潮中，我们看到了世界各地的人们为和平所作的一切努力。正是媒体信息的狂轰滥炸，防止了主战派对舆论的封锁，提高了舆论的透明度。可以说，世界人民反战的浪潮，已经让英美背上了沉重的道义包袱。反战的报道，也进一步推动了反战声势的高涨，使越来越多的人加入了反战的行列。如美国一位士兵的母亲，无法从美国的媒体上得到儿子的消息，可是菲律宾电视台却播出了她儿子在伊拉克被俘的画面。在图像的客观性面前，母亲伤心了，残酷的现实使她义无反顾地开始了反战的努力，因为她不想让自己的儿子牺牲在遥远的中东。

反战的主流是世界各地的老百姓，他们没有政治企图，没有不可告人的野心，他们是凭着自己的良心，从事着正义的事业。战争每推进一步，他们脆弱的心理就会遭受一次重创。当我们从电视镜头中看到，激动的美国人冲击白宫，我们发现媒体已经把他们和世界连在了一起，他们的行动会感染很多正义的人们。

在反战的呼声中，法国和俄罗斯成了媒体中反复提到的"和平英雄"，两国领导人穿梭在世界各地，为阻止战争作了最大的努力。电视是创造明星的工具，也是政治人物影响力的晴雨表。法、俄两国领导人不断出现在世界人民面前，无疑提高了他们自己和他们国家的声威。

三、媒体是萨达姆的一杆枪

对萨达姆来说，媒体是他手中的一杆枪。本次伊拉克战争和10多年前的海湾战争所不同的是，美国并没有立即摧毁伊拉克的通信设施，联军可以在战争初期的时候，通过电视画面来判断萨达姆的战略意图，判断他所在的位置和生存状况。然而，美国从电视上得到的信息不多，而萨达姆却充分利用了电视，鼓舞了全国人民的士气。

从战争一开始，联军就实施了"斩首行动"，一通打击之后，美国媒体就称萨达姆已经死了。为了稳住民心，稳住军队的士气，萨达姆立即在电视上发表电视讲话，并将在电视上露面形成制度化，每天一次。在伊拉克战争开始前，国际社会估计会有大批的难民涌入伊拉克的邻国，因此国际社会准备了一定的人道主义援助。但令人奇怪的是，这次难民数量远远小于海湾战争，并且在战争打得最激烈的时候，很多难民反而逆着炮火回到了家园。难民回国体现了伊拉克的凝聚力，这种凝聚力的形成背景很复杂，但媒体的宣传也是一个重要的因素。

在战争进行中，伊拉克电视台还和美英媒体进行了宣传战。为了瓦解伊拉克的战斗力，美国人利用媒体不断动摇伊拉克的军心，一下说萨达姆死了，一下又说第51师自动缴械。对敌人强大的攻心战，萨达姆以牙还牙，他不断在电视上发表讲话，让51师统帅出镜辟谣，在电视上展示联军俘虏，并不断播放联军炮火伤害贫民的画面。伊拉克利用媒体搞宣传反击战，起到了积极的效果，这让美国人始料未及，美国人发誓要让伊拉克电视台闭上嘴巴。3月27日，美国人用两枚具有穿透力的炸弹，轰炸了巴格达的通信设施，伊拉克国家电视台的信号也被切断了。

摧毁了巴格达电视台，不等于摧毁了整个伊拉克的传播能力，因为在伊拉克南部，萨达姆还能够利用至少5个频道，来向外界传递自己的声音。即使伊拉克所有的媒体全部被摧毁，美英联军也难以绝对封锁舆论，因为半岛电视台和阿布扎比电视台还有可能播出萨达姆的讲话，来点燃阿拉伯世界的怒火。

四、美国管不住所有人的嘴

军事行动需要保密，但现代战争又需要媒体的帮忙，在保密制度和媒体的宣传价值中间，美国人显得左右为难。美国是一个传媒业非常发达的国家，激烈的市场竞争使记者们在找新闻的时候挖空了心思，因此美国军方不可能绝对阻止媒体对战争的报道。实际上从1948年美国对墨西哥战争开始，美国的记者就跟随着美军参加了所有的对外战争，并对战争作了现场报道。

美国军方对记者的放纵，是记者们打着"新闻自由"的旗号，和政府进行长期斗争的结果，然而这种"自由"在越南战争后得到了限制。越战期间，美国政府对新闻机构几乎没什么检查和约束，结果媒体的大量报道使美国人陷入了无休止的内乱中，国内的反战情绪拖垮了军队的意志，因此有些美国人认为，美国大兵是败在了本国媒体的手里。越战后，美国军方对新闻机构的不信任开始增加，他们责备媒体应对越南战争承担部分责任。1983年美军入侵格林纳达时，里根政府实施了18小时的新闻封锁，大约400名希望采访战争的记者遭到了军方的拒绝，为了阻止记者采访，军方甚至以开枪相威胁。

美军绕过媒体对格林纳达采取行动，遭到了美国记者的强烈反对。为了从不利的舆论氛围中走出来，1984年国防部成立了协调媒介和军队关系的专门小组，对一些记者进行资格认证，作为战争时备用的随军记者，如果这些记者违反了有关规定，他们的采访资格将被取消。备用记者组后来参加过1986年美军轰炸叙利亚和1990年海湾战争的报道。在海湾战争中，一些记者抱怨，他们在开战一周后才被召集，并且还常常被带到没有新闻价值的地方。

本次伊拉克战争是处在媒体非常发达的年代，美国要想阻止记者采访更加不可能，所以他们是以积极的态度和媒体合作，有效地控制媒体，并利用媒体大搞"攻心战"。这次战争是美国接受随军记者最多的一次，但是也是美国记者对舆论控制得比较好的一次。为了讨好记者，让他们作好战争报道，开战前美国甚至将卡塔尔的赛利耶美军基地的新闻中心装饰一新，并允许本国几家电视网在新闻中心的外面临时建了一个露天播音室。

美国政府控制舆论，主要是通过控制本国媒体来实现。在世界向多极化发展的时代，美国政府要想控制世界舆论根本不可能，甚至连盟国的舆论也左右不了。俘虏问题是关系到军心的重大问题，在美、伊两国的宣传战中，双方都拿战俘做文章，伊拉克不断播出美军战俘画面，美国则不断夸大伊拉克战俘数量。伊拉克电视台通过播放美军战俘画面获得凝聚力，而半岛电视台的转播帮伊拉克把信号送到了全世界。出于新闻敏感，美国的哥伦比亚广播公司(CBS)和美国广播公司也播出了战俘画面，结果遭到了美国国防部的严厉批评。美国政府控制住了本国媒体，但控制不住其他国家的媒体，而世界许多国家电视频道美国人都能看到，这让美国政府伤透了脑筋。前文提到母亲发现儿子成了俘虏，就是通过菲律宾电视频道获悉的。弗吉尼亚州18岁女兵杰西卡遇难，美国官方和媒体都刻意隐瞒，但伊拉克电视台播放的美军尸体让女兵的家人得到真相。澳大利亚国防部为了帮助美国，也禁止本国媒体报道联军战俘画面，如果确实需要播放必须进行处理。这项规定一发布就遭到了澳大利亚媒体的抗议。电视上不断公布的伤亡数字，对美国政府也是一个不小的压力。自越战送掉了5.8万美国人的性命后，美国政府开始特别注意在军事行动中控制伤亡人数。1999年的海湾战争，美国人损失了148条人命，这次美国政府显然不想突破这个数字。

当战争进行到最艰苦的时候，媒体铺天盖地的反战浪潮，使美国的道义包袱越来越重。迫于国际舆论的压力，美国的很多盟友也开始考虑自己的退路，就连最忠实的英国政府也开始感到无法对国人交代。韩国国会则推迟了对出兵伊拉克进行表决的时间。

第二节　美国媒体在战争中成了政府帮凶

伊拉克战争是布什强权对萨达姆独裁的挑战。面对萨达姆，布什手中多了两张王牌，立体化作战的现代军队和强大的媒体攻势。美国一直号称是最自由的国度，自诩它的传媒天生具有"独立"的精神，然而在伊拉克战争中，这种独立变成了对政府的顺从。在维护政府的作战政策的前提下，美国各大媒体间展开了一场小心但很激烈的业务竞争。

一、媒体成了政府的帮凶

媒体维护既有的社会制度，这本身并没有错，因为既有的社会制度是媒体存在的前提。任何媒体只能对现存制度局部地提出质疑，但不可能公开对抗整个社会制度。即使是美国媒体，它也不可能超脱这条定律。但问题是，美国人却以虚伪的姿态去粉饰自己，不断地向世界鼓吹自己的新闻最自由，傲慢地自诩美国媒体的报道在世界上最公正、最客观和最及时。[1]然而，当战争临头的时候，美国的新闻自由也被它自己的炮火炸飞了，人们发现美国媒体存在着根深蒂固的偏见，他们跟着美国政府的屁股，成了暴力征服的帮凶，不断宣传美国政府和军方的政策，兜售西方社会的价值观念。

客观真实的报道是新闻传播最基本的准则，然而伊拉克战争打响后，美国政府和军方加紧了对媒体的控制。在幕后强硬的管制下，美国媒体的客观真实让位给了政府和军方的战略意图。为了达到对随军记者的控制，国防部还搞了个"随军采访规则"，规定对飞行员和炮手的采访，必须在他们完成任务后才能实施；记者传送新闻的时间和地点要服从现场指挥，未经许可不得使用手电筒、摄影摄像灯光；对限制的报道内容，记者不得报道。规则中还列举了14项允许报道的内容和28项禁止报道的内容。允许的有：友军兵力概要、

---

[1] 刘卫东.美国媒体的傲慢与偏见[N].中国广播影视报，2003-04-08（5）.

受害情况,以及攻击结束后对攻击目标、位置、执行任务士兵(需得到本人许可)的报道等。禁止的内容有:未公开的军事设施名称、军队的具体位置、作战计划、敌方电子战效果以及伤病员的姓名、照片等。[1]在政策的操纵下,我们所熟悉的世界级的美国电视机构,如三大电视网(ABC、CBS、NBC)、CNN、FOX电视网等只按相关规定来选取和播出新闻,致使美国老百姓对战争了解得相当有限。美国人要想获得全面的情况,只能零星地到一些非主流的媒体去寻找。

在整个战争期间,美国媒体实际上成了政府控制的一个传话工具,总统布什和国防部长拉姆斯菲尔德不断利用电视,来瓦解萨达姆军队的战斗力。3月19日晚,在战争快要开始的时候,为了获得美国民众的支持,美国的一些电视台反复播出萨达姆罪行的纪录片,把萨达姆描绘成残酷迫害老百姓的恶魔,伊拉克人已对他恨之入骨,盼着美军去解放他们。[2]在五角大楼(Pentagon)的"指使"下,美国媒体在战争开始后经常编造谎言:一下说萨达姆死了,一下又说萨达姆还活着。战争第2天,美国媒体就报道伊拉克第51步兵师师长及属下共8000名官兵,已向美军投降,后来证明这是蓄意的杜撰。

战俘是美伊攻心战的一个焦点。战俘直接联系着军心,萨达姆政权显然知道其中的厉害,为了反击美国的宣传,他们将抓获的美军俘虏"晒"在电视上,公开示众。画面上的这些士兵显得相当紧张,似乎受到很大的惊吓,很老实地说出了自己的姓名,出生地和部队番号。[3]同时伊拉克还不断公布美英联军的伤亡数字,给美国政府造成了不小的压力。卡塔尔半岛电视台从伊拉克电视台得到录像带后,又对其进行了"转播",扩大了战俘的影响。与此同时,在美国的媒体上却播放了在伊拉克南部,萨达姆的军队向美军投降的画面,以及美军医为伊战俘做手术的场面。

在本次战争中,作为参战国的媒体,美英两国媒体占据了天时、地利与人和的优势,在随军记者的数量、接近战场的程度和军方所提供的条件上,其他国家的媒体是比不了的。在战争中也只有美国三大广播公司(CBS、ABC和NBC)、美国有线新闻网(CNN)、美国福克斯(FOX)电视网,英国的BBC、独立电视台、空中电视台(SkyTV),以及美联社、路透社等大媒体能够实现对战争的全程跟踪,它们对大部分战争信息的垄断,影响了世界舆论对战争真实情况的判断。

美英媒体戴着有色眼镜工作,实际上也制约了其他国家媒体对战争的报道。在这次战争中,虽说很多国家的媒体都进行了不间断的直播报道,但由于主要的画面信号来自美英媒体,因此战争报道明显有利于美国。在电视屏幕前,人们见到最多的还是联军先进的武器、密不透风的宣传攻势和美军乘胜追击,至于炮火中的伊拉克人和艰难的近距离激战画面,

---

[1] 任毓骏.美国新闻不自由[N].环球时报,2003-04-02(6).
[2] 丁刚.战况冲击美国人心理[N].环球时报,2003-03-26(2).
[3] 何红泽.美伊都拿战俘做文章[N].环球时报,200-03-26(3).

却几乎没有。在这次战争报道中，中央电视台第 4 套和第 9 套节目进行了直播报道，由于报道客观、观点鲜明，在国际上产生了积极的影响。战前中央电视台购买了美联电视新闻社和路透电视新闻社的随军报道信号[1]，因此在进行直播报道时，可以同步截获 CNN 等海外媒体的信号进行现场评点。可以肯定地说，如果美英媒体报道客观一些，我们的报道将更有深度。

美国人在利用媒体为自己捞取政治资本的同时，还不断限制别人说话。随着战事的推进，美国国防部对记者和媒体的管制越来越严，军方没收了随军记者的卫星电话，并采取措施封杀不合作的记者。3 月 31 日，美国军方宣布不欢迎 FOX 电视网著名记者热拉尔多·瑞弗拉继续跟随美军报道，原因据说是记者在报道战况时，曾将一张地图铺在沙地上，这被认为可能泄露了军队的位置。美国国防部对美英之外的记者更不手软，如凤凰卫视记者就被取消了随军资格，坚决不受美拉拢的卡塔尔半岛电视台网站也被"黑"了。

二、战争是媒体竞争舞台

不管美国政府和军方对本国媒体怎么控制，但无法消除它们之间的竞争。美国媒体是高度商业化的，对利润的执着追求，使它们在任何时候都忘不了激烈的竞争。战争警报拉响后，美国媒体没有从伊拉克撤出来，而是争抢着进入战场采访。ABC、CBS、NBC、CNN、FOX、MSNBC 这些世界知名的美国媒体，在伊拉克战争中充分显示了对业务的不懈追求。

其实从现实的利益来说，战争采访是要付出代价的。战争对媒体利益直接的影响就是广告费的锐减。在战争情况下，人们的注意力被战争本身所吸引，因而广告效果最差。同时战争报道容易让人将广告中的产品或企业联想为战争的帮凶。为了避免自己的利益受损，美国一些知名企业在和媒体签订广告合同时，都写明媒体不能将他们的广告和战时坏消息以及暴力图片混在一起。宝洁公司就曾宣布，在开战后的 48 小时内，宝洁暂停播出有关其产品的所有广告。可口可乐公司发言人也表示，自己的产品不在新闻频道中做广告，而选择远离战争的娱乐、体育和家庭等频道。汽车、航空等部门，因为害怕自己的产品被人联想为用于战争，更不愿在非常时期做广告。企业对广告的小心谨慎，使美国媒体现实的利益损失不少，如 CNN 就透露，自己已经准备了 3000 万美元的广告赔偿金；FOX、MSNBC 也在心理上做好了每天损失 500 万美元的准备。[2] 除了广告损失外，为了进行战争报道，各媒体还要支付巨额的费用去增添先进设备，去给战地记者提供适当的保护和待遇，这无疑也是一笔不菲的开支。

在现实的付出面前，美国媒体为什么还愿争先恐后地作战争报道呢？这一方面是新闻

---

[1] 战火催生中国"电视革命"[N].中国广播影视报，2003-04-01（3）.
[2] 朱国秋，周晓俊.战事报道冲了美电视广告[N].环球时报，2003-03-26（17）.

事业自身性质所决定的，另一方面则是对长远利益的追求。战争报道在短期内会让媒体付出一定的代价，但从长远来看，他可以吸引大量的受众，可以在老百姓心中建立良好的媒体形象。良好的形象就是媒体的无形资产，依靠这种无形资产媒体会长期获利。

谈到战争报道对媒体的影响，不能不提到美国有线新闻网(CNN)这家以全天候播出新闻为主的频道，就是依靠1991年的海湾战争而出名的。在海湾战争前，CNN在美国国内的影响力还有限，通常它的收视率不及CBS、ABC、NBC的1/10，被三大电视网取笑为不具规模的电视网。然而在"沙漠风暴"行动的第一天，CNN就大出风头，第一枚炸弹爆炸几分钟后，CNN就占尽了空中优势，它用自己的报道为新闻界写下了前所未有的历史——直播战争。在新闻竞争中，ABC虽然抢到了最先的独家报道，但那只是主持人有限的几句话，CNN随后作的权威而完整的报道，叫其他媒体望尘莫及。在"沙漠风暴"行动期间，CNN每天要安排十多次最新评论，是三大电视网任何一家的4倍。为了做到真实全面报道，CNN甚至邀请伊拉克政府加入了它的报道单元。CNN在三大电视网之前抢到新闻，使这些世界级的媒体也低下了高傲的头。一直瞧不起CNN的CBS，不但从CNN的报道中获取信息，甚至要求CNN给其提供帮助。轰炸当天，就有百余家电视台来签约，成为它的联盟台。CNN的成功报道，让1080万户美国观众在海湾战争爆发的当天选择了CNN。[1]如果再加上盗用CNN信号的电视台和用户，这个数字将会更大。随着战争的继续发展，一些不安的盗用信号的用户，甚至打电话到CNN来坦白自己的行为。最令CNN感到成功的是，在战争中不仅美国总统和政府官员成了它的观众，世界很多国家的首脑，包括萨达姆都成了它忠实的观众。战争的硝烟散去后，CNN迅速由一个美国本土频道成长为全球性的新闻频道。

此次伊拉克战争，世界各国媒体都云集海湾，很多电视台都对战争进行了直播报道，其中一个重要的因素，就是CNN为新闻界开创了直播战争的时代，让人们看到了直播战争的利益所在。这次战争，参加直播的美国媒体的名字就有一大串，他们放弃短期的利益，是为了寻找到长期的声誉。但是人们还是发现，战争报道的领袖还是CNN，战争期间世界很多国家媒体上的文字或图像都来自CNN。CNN依然是美国媒体竞争的最大获利者。当然，CNN的成功得益于自己在海湾的多年经营，得益于直播新闻的发展，也得益于自己最新的卫星传送设备。

美国的新闻竞争不仅发生在电视媒体之间，一些平面媒体也抓住这次机遇大做文章。如美国著名的杂志《花花公子》，打着与官方合作的旗号，推出了为战地美军送书的"犒劳活动"。[2]活动期间，美国大兵只要与杂志社取得联系，就可得到有美女模特本人签名的照片，还可以跟"花花女郎"进行"网上交流"。

---

[1] 毕博.CNN泰德·透纳传奇[M].呼和浩特：内蒙古文化出版社，1998：365.
[2] 黄学爵."花花公子"前线劳军[N].环球时报，2003-04-02（3）.

三、记者素质的一次检验

记者是新闻的主角,在战争的环境下,美国记者的个人素质得到了充分的检验。虽然美国媒体被政府和军方所控制,但记者在采访活动中所表现的敬业精神,还是值得我们去学习的。当我们看到残酷的战争场面时,我们不应该忘记,是一群勇敢的记者,在生死的边缘,为世界人民送来了大量的文字和图像。

战争环境是艰苦而又危险的。在战争开始后,五角大楼就告诫记者出入战场是非常危险的。记者们没有因为美国军方的警告而退缩,他们没有力量阻止战争,但他们的职业要求他们,要让更多的民众知道更多的战争信息。为了他们神圣的职业,一些记者付出了生命的代价。

对美国记者来说,激烈的新闻竞争无疑加大了他们的危险,尤其对那些非随军而独立采访的记者,生命安全更无法得到保障。CNN记者在伊拉克北部边境采访时,每天晚上只能睡在冰冷的水泥地上,吃饭的时候只能蘸着辣椒吃金枪鱼罐头。当地人称CNN记者是"爱好和平的冒险塞""正在进行着一段不太和平的冒险"[1]。我们从电视上见到的激烈的战争场面,伊拉克油井燃起的熊熊烈火,大都是美国记者深入到战争的腹地拍出的。为了这些具有震撼力的画面,一些美国记者付出了生命。4月4日,战地记者迈克尔·凯利阵亡,他是美国第一个被同意随军,也是第一名阵亡的美国战地记者。4月16日,美国NBC 39岁的战地记者戴维·布卢姆也阵亡。

尽管美国政府和军方要求媒体和记者配合他们,但一些正直的记者还是采取了与政府不合作的态度,在国际上赢得了人们的好感。彼得·阿内特(Peter Arnett)就是正直记者的代表。这位曾经获得过普利策新闻奖的记者,因越南战争和海湾战争而声名鹊起。在海湾战争期间,作为CNN记者的阿内特大胆地报道了联军战俘情况,揭露联军蓄意摧毁制造婴儿食品的工厂。阿内特的报道激起了美国政府的不满,美国政府指责CNN为敌宣传,认为阿内特是伊拉克的同路人。此次报道伊拉克战争,阿内特供职的媒体是NBC和微软MSNBC。3月31日,在美国政府的施压下,两家媒体宣布解除与阿内特的聘用合同,理由是阿内特接受了伊拉克电视台的采访。约请阿内特作为特约撰稿人的《国家地理》杂志也赶忙出来声明,阿内特的谈话与杂志无关。具有讽刺意味的是,阿内特被炒鱿鱼后,英国的《每日镜报》宣布聘用阿内特,该报还在一版宣称,阿内特"因讲真话被美国解雇,《每日镜报》聘用他续说真话"[2]。当然和美国政府"过不去"的不只阿内特一人,布什就常被媒体所气,拉姆斯菲尔德也不断在记者招待会上以各种方式表达对媒体的不满。还在战争前,《时代》周刊就曾用一幅压题照片来显示布什政策不得人心:开完记者招待会的布

---

[1] 姚利编译. 我们每天睡在水泥地上 [N]. 环球时报,2003-03-26(7).
[2] 张昕. 为什么关注战地记者?[N]. 中国经营报,2003-04-07(G4).

什，独自走在无人的白宫长廊里，长长的红地毯上只有他落寞的背影。[1]对不合作的记者、编辑，美国政府和军方采取各种方式让他们闭嘴，但收效并不明显。

第三节　伊拉克战争中我国媒体的经济报道

政治是经济利益的集中体现，战争是实现政治目标的极端形式。伊拉克战争是美伊军事上的较量，更是美国人对经济利益的直接追求。在全球一体化加深的背景下，伊拉克战争无疑给世界经济带来很大的影响。中国的发展离不开世界经济，因此，在伊拉克战争中，我国媒体在关注战事的同时，也用了相当精力来关注世界经济和我国经济的变化。特别是一些经济类专业报纸，利用战争为它们提供的舞台，集中力量搜集经济信息，分析经济形势，为我国企业提供了不少帮助和指导。

一、抓准两大主题：石油和重建

伊拉克战争，其直接原因很复杂，但归根到底却是石油问题。因此，从战争开始前，国际社会就对战争会怎样影响全球石油市场，作出了种种猜测。战争开始后，人们的视线也紧盯着股市上石油价格变动的曲线，认为美英联军遭受抵抗程度将会直接影响国际原油价格的涨跌。国际社会关注的焦点，也是我国媒体关注的焦点，因此，我国媒体经济报道的一个中心就是：战争对世界石油市场究竟有多大影响。在追踪战争发展的过程时，我们的媒体比较及时准确地描述了国际石油市场的变化。

战争刚一打响，《环球时报》就以《美伊开战打击世界经济》为题，报道了美国、欧洲和亚洲都担心战争会影响全球经济，"美国为巨额赤字头疼，欧盟为欧元升值发愁，亚洲担心出口受阻"。3月21日，《国际先驱导报》在第10版用整版篇幅，报道了世界三大经济中心对战争的反应。3月24日，《中国经营报》以《战火下的国际资本风云》为题，用图片加图表的形式，直观描述了国际上主要地区的股市情况。从图上可以直观地看出，在美军对巴格达首轮空袭后，国际投资者因判断战争很快结束，世界主要资本市场反而有小幅反弹。文章指出，日本人因对战争胜利充满信心，因此，日本股市涨幅最大。随着战争的继续发展，胜利的天平逐渐向美国倾斜，4月7日《中国经营报》A6版以《伊拉克战争不会从根本上改变世界经济长期增长的态势》为题，非常明确地指出以石油为主体的金融市场不会有过大的震动。由于伊拉克战争是一场实力悬殊的较量，因此当这场战争还未结束时，美国及世界舆论，就在关注着战后重建的问题，因此重建是我国经济报道的又一中心。我们的报道普遍认为，伊拉克战争对世界经济不但没有什么正面的影响，反而会带来负面的影响。伊拉克战争直接受益者就是美国。美国人认为，推翻了萨达姆就可以解开

---

[1] 操风琴.布什与萨达姆比比谁的"内功"强[N].国际先驱导报，2003-03-21（5）.

中东政治形势的死结，也可以使美国顺利控制中东这个"世界油库"。美国在打击伊拉克后，为了它的战略目标，还要对伊拉克进行重建。重建伊拉克，对美国经济来说，是一次很好的机遇。对世界许多国家来说，都希望在重建中找到商机。

由于美国人对战争胜利早已成竹在胸，因此，我们的报道的目标指向了美国的重建计划。3月24日《中国经营报》用《10万大军留守，控制67%石油资源》为题，报道美国如果取得了战争胜利，他们会重兵留守伊拉克，继续对海湾石油进行控制，并主宰伊拉克重建。文章指出，伊拉克战争是一场用"鲜血换石油"的战争。同期该报还以《批出9亿美元重建合约，谁来充当"麦克阿瑟"》为题，报道了美国白宫正准备"签出9亿美元伊拉克战后重建合约"。美国战后重建的主要目标是：发展伊拉克石油工业，恢复交通和相关设施，以石油出口带动伊拉克经济的复苏，同时保障美国的能源供应。

相关报道聚焦"石油"和"重建"两大主题，使读者对美国发动战争的意图有了更深的理解。宏观把握这两大主题，对我国制定经济政策和企业进入国际市场都有很好的指导作用。

二、透过世界背景看中国

在伊拉克战争中，我国媒体通过积极的报道对我国经济进行引导。在报道中，我们淡化了政治味道，对战争可能带来的影响进行了理性分析，探讨了中国经济发展应该采取哪些对策。

4月7日，《21世纪经济报道》在第6、第8版以《战争迷雾考验中国"阳光"》为总标题，安排了一组稿件，比较全面地报道了战争对我国经济可能产生的影响，并提出了一些积极的应对策略。这些文章认为，在中国快速融入全球化的时候，这场战争对我国的影响是客观存在的。随着经济的发展，我国已经成为世界第三大石油消费国和第二大石油进口国，因此在战争形势还没有明朗的情况下，"中国石油供应风险难以预料"。我们面临的风险不是买不到油，而是以什么样的价格买油。"极端地说，假如中国石油的1/3，即进口部分都没了，中国经济也不会危险到活不下去的地步，至多是牺牲部分产业。"面对可能出现的困难，这组稿件还对我国有关部门采取的积极措施进行了报道，有效地缓解了人们的恐慌心理。如《多项措施护盘国内油市》指出，早在战争开始前，我国的两大石油巨头就已采取了紧急应对措施，提前在"海湾炮火前面"购进了储备油。《深圳，燃油电厂危机调查》则具体地从单个企业克服困难中，看到了解决危机的办法。最值得称道的是，这组报道还用大量的篇幅探讨了国家石油储备问题，以强化"石油进口安全应急机制"。在《国家石油储备启动》一文中指出，我国目前石油对外依存已超过30%，2005年将上升到37%；石油将直接影响以石油为消费品的行业——航空、汽车甚至旅游业，进而作用于以石油为原料的化工行业；在这样的背景下，我们必须要加强石油的国家储备力度，石油储备必须走商业和国家相结合的道路。

4月2日《环球时报》第13版的《战争不会影响中国石油》也指出海湾不是我国石油的唯一来源，我们的石油进口来自世界各地，同时中国石化和中国石油已在海湾国家的一些风险勘探中果断参股，这为我国石油进口打通了渠道。

正面地报道战争对我国经济的负面影响，并探讨解决问题的办法，是尊重读者知情权的重要体现。同时，全面客观的报道，也为我们把握国际形势，应对可能出现的困难提供了积极的引导。我们的报道客观、及时，取得了较为理想的效果。

三、为我国企业参与竞争导航

在中东地区，经过我国政府和民间的共同努力，市场中有了我国企业的一席之地。战争开始后，我国企业纷纷从前线战略性撤退。由于距离中东有遥远的距离，很多企业不能亲身感受伊拉克局势的变化，因此对媒体的依赖性增强。战争环境下，经济界需要指导，经济报道不能只满足一些动态的信息发布，还要为企业提供实实在在的服务。

战争环境下，发生经济往来特别要注意安全，因为炮火是不长眼睛的。因此《中国经营报》刊登的《交通部下发紧急通告，战争避险山东样本》，提醒中国企业在特殊的环境下，不要草率签下来自中东地区的订单，避免战争风险，尤其是对航运业，交通部要求中国船只避开战争危险航向。

在变化很快的战争局势中，一些灵活的企业能够找到商机。报纸对战争进行了深刻洞察，冷静地帮助企业把握战争中可能的商机。《中国经营报》《21世纪经济报道》《国际先驱导报》等报纸认为，因为战争，联合国的"石油换食品"计划被打乱，给我国的一些企业带来了损失，如建筑业、温州的小商品等，同时也提醒企业，战争使伊拉克人对食品和药品的需求增加，我们可以抓住机会打进去。《"石油换食品"暂停，战后重建方案提前》报道客观地分析了我们在食品上的优势。

对战后重建，各家媒体也纷纷提醒中国企业要慎重。报道普遍认为，战后伊拉克可能成为开放市场，但因伊拉克不可能在短期内建立国际信用，因此企业不要草率进入。《中国企业当心业务障碍》提醒我国企业在重建中可能遇到的业务障碍：高昂的通信交通费用、西方国家的严格审查、战后残留危险（如遗留贫铀弹）、文化差异等。但我们在劳务输出等方面还是有独特的优势，只要找准商机还是可以有所作为。《中国经营报》在4月7日头版头条刊登了《温州商人秘密酝酿战后集体行动》，该文指出，我们要拿到重大项目比较困难，但温州的小商品却很有商业潜力；温州的纺织品、小家电、生活用品等已经在中东有了成功的市场经验，重建中温州商人正在积极酝酿具体行动方案，力争在重建中发挥作用。

经营策划篇

第十章
市场竞争中媒体的经营之道

传媒不仅是意识形态传播的阵地，更是资本角逐的产业舞台。20世纪90年代后，传媒经营与管理不断受到各级各类媒体的重视，20世纪90年代和21世纪最初10年，报纸、广播、电视等媒体得益于市场化机制，不断书写媒介经营的华丽篇章。然而，随着新媒体不断发展，新媒体对传统媒体构成了越来越大的挑战和威胁。如何在竞争中打造自身的亮点，如何在市场中赢得受众的青睐，如何走媒介融合之路，成为很多媒体思考和行动的方向。

第一节 媒体应将融合口号变为实际行动

传统媒体一直高喊"媒介融合、数字化转型"口号，然而，真正在媒介融合方面扎实推进、做出成绩的并不多。2014年马航MH370航班失联，国内媒体习惯性地走煽情路线。当国内媒体集体陶醉于眼泪背后的正能量时，以CNN为代表的西方媒体，却以大数据、人机互动、可视化传播等技术，占据了马航事件报道的中心舞台。面对国外媒体全方位、全息化的新闻报道，稍有自知的媒体人都深感羞愧：国内媒体又一次在国际新闻业务竞争中吃了败仗。马航事件之后"媒介融合"再次进入媒体视野，政府也高调推动传统媒体的数字化转型。鉴于政府和媒体推动媒介融合的决心，2014年7月18日的《人民日报》将2014年定义为"新媒体融合元年"。

媒介融合是历史发展的潮流，只有顺应潮流的媒体才能生存。西方媒体处在纯粹市场化的环境中，他们没有优厚的政策保护措施，只能通过自我革命适应新的环境。英国《卫报》从2006年开始走媒介融合之路，其后建立起了不断升级的四大技术平台，即开放评论平台（2006）、开放数据平台（2009）、开放技术平台（2010）、开放新闻平台（2011）。2012年《卫报》从全英媒体排名第九位跃升为第一位。2014年4月，《卫报》因报道"棱镜门"，与《华盛顿邮报》一起，获得了普利策新闻奖中的"公共服务奖"。CNN也在2006年推出互动新闻平台CNN iReport，并在2011年升级开发出移动设备上的客户端。2013年的波士顿爆炸案、2014年的马航失联更让CNN抢足了风头。CNN通过社交网络发动全球民众展开实时搜索，汇总、整理、公布相关事件的图片、视频等信息，并在电视和网络平台实时滚动播报。2013年《纽约时报》也曾因报道"华盛顿雪崩"而获普利策新闻奖，报道利用现场视频、3D图片、气象图表、文字报道和声音等多媒体形式，让公众有了全方位、全息化的体验。西方主流媒体通过数字化转型，逐渐夺回了被新媒体蚕食的新闻阵地，维护了职业传播机构的权威性；同时数字转型也带来了新闻业务的变革，新闻报道在形式上更加赏心悦目，具有了可视性、前瞻性、科研型等新特征。

国内传统媒体一直呼喊"媒介融合"，但融合的效果却千差万别。凤凰网的融合成效明显，算是全国做得较好的典型。中央电视台依据视频优势，不断推进一体化发展战略。按照时任央视台长胡占凡的说法，初步实现内容、渠道、平台、经营、管理等方面的深度融合，努力将央视建设成为以视频内容为核心，媒体形态丰富、手段先进，具有强大传播力、竞争力和完备产业链的国际一流新型主流媒体。新华社、人民日报社也在积蓄力量，期望通过媒介融合，巩固和壮大"宣传舆论阵地"。央视网、新华网、人民网是全国经营得较好的媒体网站，但与世界知名媒体相比还有很大距离。

近些年，国内产业结构的调整、商业网站的不断成熟，使各级各类媒体都感到前所未有的经营压力，很多地方媒体的领导都认识到数字化转型的急迫性。2013年下半年，南京师范大学新闻学院邀请江苏四位传媒领军人物到学院讲学，他们是新华日报社社长周跃敏、江苏广电总台台长卜宇、副台长陈辉，南京广电集团总编辑高顺青。四人讲课主题各不相同，但有一个内容是相同的，那就是强调媒介融合对媒体发展的重要性。四人的视野是开阔的、见解是睿智的，他们的忧患意识和工作决心感染了很多新闻学子。2014年暑期，新华报业传媒集团大力招聘网页制作、视频制作的实习生，其中能够看出集团媒介融合的决心。

2014年8月18日，中央全面深化改革领导小组召开第四次会议，会议通过了《关于推动传统媒体和新兴媒体融合发展的指导意见》。在本次会议上，习近平要求媒体融合要"遵循新闻传播规律和新媒体发展规律"。中央全面深化改革领导小组具体布置"媒介融合"工作，可见媒介融合在政治生活和社会生活中的重大意义。自此，各级传统媒体有了媒介融合的尚方宝剑，有了媒介融合的体制化动力。期望传统媒体在媒介融合方面能够快速赶上国际水平。

对传统媒体来说，媒介融合首先要有人有阵地，这就需要各级媒体真正把媒介融合当"事"来做，给人、给政策、给钱。其次，媒介融合必须摒弃传统媒体思维，用网络思维改造传统媒体，真正为媒介融合打造良好的技术平台。政府需要媒介融合，民间需要媒介融合，传统媒体的数字化转型，可谓是官民的共同期待。传统媒体应该不辜负人民的期望，将喊了多年的"融合口号"变成实实在在的"融合行动"。

第二节 盘活广电资源 拓宽采编空间
——《无锡广播电视专刊》的转型之路

在中国报业发展史上，广播电视报曾经创造过"边缘上的辉煌"。20世纪70年代末到90年代初，全国各地的广电报凭借节目预告资源，书写了中国报刊发行和广告经营的奇迹。自90年代末以来，随着晚报的复兴、都市报的崛起、时尚报刊的繁荣，各地广电报相继回归边缘身份。作为一份地市级的广播电视报，《无锡广播电视专刊》不甘在边缘中沉沦，而是顺应时代潮流，盘活用活广电资源，强化新闻采编和经营，通过为读者提供文化生活服务、社会生活服务和家庭生活服务，努力续写广电报当年的辉煌。下面以2012年5、6月份的《无锡广播电视专刊》为例，分析其转型之路。

一、发挥传统优势，细化服务理念

20世纪80年代，国内报纸普遍缺乏生活性、服务性。广电报是报业冰河上的一支春流，它在主流报纸还在沉睡的时候，第一个凭借"节目预告"进入了千万家庭，开辟了报纸家庭性、服务性的先河。然而，随着传媒市场竞争程度的加深，广播电视报的生存环境彻底被改变了：电视上星改变了观众"本土收看"的模式，只报"东家"节目信息的报纸已经过时；电视行业的营销观念普遍加强，电视台纷纷开设节目广告"自卖自夸"；各类媒体纷纷将热门节目、热门影视剧作为新闻事件，电视节目信息成了媒体共享的"公共资源"；电视节目的品牌化营销、定时性播出，使很多观众主要靠收视习惯选择观看……

面对中国报业市场整体性觉醒的现实，《无锡广播电视专刊》不断调整办报方针和经营路径，一方面坚守广播电视报的传统优势，细化报纸的服务理念；另一方面开辟广电报新的生长点，不断开辟新的生长空间。目前《无锡广播电视专刊》主要有三个内容版块：《无锡广播电视》担负着"守土"的职责，主要刊登传统的节目信息；《无锡新周刊》担负着"开疆"的重任，通过新闻采编服务本地读者；《生活》《房车》等专刊主要完成经营任务，通过细致的信息服务获得广告投放。

家庭性、服务性是广电报的成功之道，《无锡广播电视》在继续用好节目资源的基础上，不断增加生活服务性的内容，刊登一些比较实用的生活信息。在节目预告版面，《无锡广播电视》在每天日期标题的下面增设了"今日天气""生活提醒""历史上的今天"等生活信息。2012年5月15日的生活提醒是："无锡程及美术馆正在举办《吴语欢歌》名家作品展，展览结束日期至5月20日，感兴趣的朋友赶快去看。""历史上的今天"内容是："1972年的今天，美国将冲绳归还日本。"这些生活信息，简洁、温馨、实用，让读者在阅读每天的节目单时，有了额外的"信息收入"。在网络时代，新增的阅读人口主要倾向于电子阅读，传统报纸的读者主要是中老年人，中老年读者无疑比年轻读者更重视健康。《无锡广播电视》抓住目标读者的阅读心理，专门开设了《养生》《健康》专版。专版中的《立夏养生 养"心"是重点》（5月11日）、《医生教你如何对症挂号》（5月11日）、《老人"小腿痛"：可能是"血管堵"》（6月15日）、《老年人用药避免4个坏习惯》（6月22日）等文章，对中老年读者来说实用、珍贵。当然，《无锡广播电视》在坚持行业特色的基础上，还可以对服务性、家庭型进行进一步挖掘，巩固核心读者，争取边缘读者，开发潜在读者。

二、盘活广电资源，提供延伸阅读

影视文化是大众文化的载体，是引领社会时尚的先锋。影视文化传播的主要功能是娱乐，娱乐能够安慰在快速的工作节奏下疲惫的心灵，所以各个媒体都将娱乐作为重要的内容，以特有的热情和力度经营娱乐版面、娱乐节目。广播电视报最早依托于广电资源获得发展，要实现转型升级，还要盘活、用好影视资源。《无锡广播电视专刊》通过自己的办报实践，呈现了他们对"影视资源"的特殊理解，利用了影视资源的媒体带动效应，发挥了广播电视报"延伸阅读"的功能。

影视资源最主要的市场卖点就是"娱乐"，《无锡广播电视专刊》利用"近水楼台"的优势，精心编辑娱乐内容，延伸观众的阅读视野。从总体上来说，注重娱乐和时尚是《无锡广播电视专刊》的特色，也是《无锡广播电视专刊》转型的重要方向。其中《无锡广播电视》更是主打"娱乐"牌，《搜索》《专题》《电影》和《节目汇》四个版面，通过再次精编娱乐热点唤起读者的阅读兴趣。《搜索》专版通过《星声》《星相》和《星事》三个栏目，荟萃近期娱乐界的主要动态信息：《星声》通过让明星自吐心声，反映明星们的人生态度、生活态度；《星相》通过图文结合的方式，展示明星、准明星的多面人生，如陈冠希的喜与悲（5月4日），吴宗宪爱女救收视（6月8日）；《星事》则追踪明星们的风流韵事、冷暖人生，如关菊英9月嫁亿万富婆（5月4日），刘文正经纪人怒斥费翔不厚道（5月25日）等。《专题》则体现出编辑、记者的策划能力，每期围绕特定主题思考娱乐圈的一个现象，充分体现了《无锡广播电视》对影视娱乐圈的理解和把握，如《央视新闻女主播该是什么样儿》（5月25日）、韩国穿越剧《赐你一个"神一般的男子"》（6月8日）、《娱乐圈的姐弟恋》（6月22日）等。这些娱乐内容不求深度，但求有趣，较好地满足了读者的阅读需求，丰富了本地居民的业余文化生活。

影视资源具有很强的媒体带动效应，现在很多畅销书都借影视促进营销。《无锡广电专刊》通过深入挖掘电视节目、影视剧的台前幕后故事，延伸了读者的阅读视野。《节目汇》专版专门对电视节目、电视剧作介绍，如《〈真爱谎言〉：真爱不能与谎言兼容》（6月8日）、《〈情感战争〉：讲述再婚家庭那些事》（6月15日）都是介绍相关电视剧戏里戏外的故事；《游魅力无锡 学快乐汉语》（6月22日），则是对中央电视台中文国际《快乐汉语》推出的14集系列节目作预报介绍。《电影》专版则是电影上映预报和电影阅读延伸版块，如《王小帅的中国式记忆》（5月18日）呈现了《我11》在大片包抄下票房的成功；《"星际城管"穿越归来》吊足了观众对《黑衣人3》的胃口。

广电报最早定位是宣传、延伸广播电视内容，广电报的转型需要更加深入地发掘影视资源的效应，如节目信息、行业动态、新闻背景、娱乐资讯等。《无锡广播电视专刊》对广电资源的开发是成功的，但是仍然有进一步挖掘的空间，将"延伸阅读"做大、做深、做细：可以开发热门电视节目的幕后故事，如披露《焦点访谈》《快乐大本营》《非诚勿扰》等节目的幕后故事；可以对电视节目内容进行追踪报道，如《中国电视报》追踪《焦点访谈》的内容；也可以刊登热点电视新闻的文稿，如很多都市报刊载《每周质量报告》的电视文稿。同时，《无锡广播电视专刊》的标题制作需要进一步专业化，内容报道可以探索"故事化"的叙事风格，如《苏茂洋：我就是"小地包"》是放在头版头条的记者独家专访，但内容却较为平淡，对故事性挖掘严重不足。

三、强化新闻采编，打造地方特色

传统广播电视报专业性、服务性比较强，但新闻性、经营性相对不足。一些广电报缺乏职业新闻意识，策划能力和采编意识不强，报纸内容表达方式传统，版面视觉效果平淡。《无锡广播电视专刊》打破"排排节目表，抄抄旧新闻"的老路，通过广电报记者的独立采访和集团"全媒体记者"的采访，在新闻采编和版面策划上获得了重大突破。作为专刊重要组成部分的《无锡新周刊》，借鉴和移植了都市报的办报、经营手段，在新闻焦点化、本土化方面形成了自己的特色。

媒体的内容五花八门、千奇百怪，但"新闻"则是公众接近媒体的最主要理由。人的"亲身感知"的能力是有限的，在全球一体化的环境下，人们只有借助媒体中介，才能认识变动不居的客观环境，才能准确地找到自己的生存位置。人类认知的欲望使受众格外关注"新闻"，媒体则可以抓住受众的"新闻欲"，围绕新闻事件组织内容，实现"新闻营销"。《无锡新周刊》积极参与本土都市报市场的竞争，通过精心采编热点新闻、地方新闻，试图走出一条"新闻营销"之路。各类媒体上报道的热点新闻、焦点事件，《无锡新周刊》都会以自己的方式进行呈现，使读者通过《无锡新周刊》就能触摸到世界的脉搏，如《好汉吴斌 慢镜头回放：最美司机的最后路程》（6月8日）、《女王"钻石庆典" 英国全民的狂欢盛宴》（6月8日）、《"神女"飞天背后的那些事》（6月15日）、《福建大巴坠崖17死3重伤 无锡广电全媒体记者亲赴现场》（6月22日）等报道，都是当时各类媒体非常关注的热点新闻事件。

自20世纪70年代开始，世界传媒领域就出现了新闻地方化倾向，即原来处于媒体边缘位置的地方新闻部，逐渐转变成媒体的重点部门。我国媒体自20世纪90年代末始，地方新闻越来越走向繁荣，具有地方化特色的民生新闻、公共新闻一路走红。《无锡新周刊》顺应了新闻地方化的潮流，深入研究无锡本地读者的心理，通过本地新闻强化报纸服务地方受众的功能。《无锡新周刊》除了报道本地的一些动态新闻外，还策划了很多重头稿件，帮助读者思考、解决无锡发展中的困惑或难题，如《锡城公共自行车的忧与爱》（6月15日）探讨了如何解决无锡公共自行车"最后一公里"的问题；《脚尖、舌尖、鼻尖、心尖 旅游的四重滋味》（6月25日）为在无锡开幕的第二个"中国旅游日"营造了氛围；《高考：填的不是志愿，是态度》（6月22日）帮助刚刚经历过高考的学生填报志愿；等等。除了做好本土新闻之外,《无锡新周刊》还专门开设了《无锡发现》专版,通过挖掘无锡的"旧闻",让读者感受无锡历史的厚度和深度,在历史接力中延续无锡的文脉,如《惠山帮石匠》(5月25日)让读者认识到惠山石匠群体的出现,是惠山独特的自然历史条件造就的;《中山路88号的家族记忆》(6月8日)讲述民国初年"无锡第一隐富"华绎之的故事,读者可以从他"养蜂致富"的历程中看到无锡商人的从商智慧;《无锡人与国球的往事》(6月15日)告诉读者,无锡从民国8年就将乒乓球纳入体育运动,无锡能够诞生蔡振华、惠钧这样的乒坛名将,是一代代无锡人民努力奋斗的结果;《"五讲四美"探源》(6月22日)为读者揭开了一个历史谜底:20世纪80年代一句响亮的口号"五讲四美",最早诞生在无锡青山中学;等等。这些历史故事、历史事件重新登上报纸版面,大大开阔了读者的阅读视野,积极推动了当地历史文化传统的继承和传播。

总体上看,《无锡新周刊》能够借鉴杂志化办报模式,侧重事件营销、规模营销和深度报道,使报纸的新闻报道有声有色,但就未来的发展来看,《无锡新周刊》还有提高的空间,如增强新闻敏感性,加强新闻策划,注重新闻评论,增强新闻报道的深度和思想的力量;改进版面设计,转变表达方式,刊登优秀美文,增强报纸的时代气息,提高报纸的社会声望;等等。

四、注重活动营销,塑造报纸品牌

报纸品牌的创造,要实现社会效益和经济效益的结合。在现代市场经济环境下,没有经济效益的媒体,社会效益也没有办法保证。《无锡广播电视专刊》具有较强的市场领悟力和判断力,通过开办《生活》《房车》等经营性周刊,瞄准时尚前沿、汽车房产、旅游健康等重点领域,在做好服务的基础上改进报纸的广告经营。6月22日的《生活/房车》周刊结合端午节的氛围,策划了"古法今用过端午"系列报道。该报寓广告于服务之中,无疑大大提高了报纸广告的传播效果。需要提醒的是,为了提高报纸的品位和形象,医药、保健品广告应该慎用在头版。5月4日、11日《无锡广播电视》头版下半版的两则广告是:《奇人奇招 专治失眠》和《大肚子瘪了》;6月1日、8日《无锡广播电视》头版下半版广告是:《一记妙招,让老公按时回家》《便秘、色斑、痤疮排毒就OK》。报纸头版是报纸的脸面,设计不够精美的医药广告上头版,无疑会让报纸的形象和品格大打折扣。

媒体经营模式有做内容、做广告、做活动、做资本等多种,单纯依靠一种经营模式的媒体,在市场竞争中会有很多潜在的风险。成功的媒体往往运用"组合拳"搞经营,通过分散经营风险提高自身的生存能力。《无锡广播电视专刊》除了做内容(即发行)、做广告之外,还积极运用活动营销的方式扩大报纸的影响。活动营销不仅能够带来现实的利益,而且可以塑造媒体的品牌。美国《财富》杂志每年全球500强企业评选,不仅给该杂志创造了滚滚的利润,而且也让该杂志成为世界知名品牌。上海《一周广播电视》也将与频道、频率、院团联手互动作为营销的重要手段。《无锡广播电视专刊》以敏锐的市场意识，探索媒体活动营销的思路。6月份策划、举办的"2012幸福无锡——汽车团购展"活动，为《汽车》周刊带来了充足的广告源，相信在活动中间报纸还会有其他收获。团购活动的附属项目"瑞丽之香车美女"大赛更是在当地引起了不小的反响。

《无锡广播电视专刊》通过采编和经营的创新，较为成功地实现了广播电视报的转型，不断形成和擦亮自己的品牌。作为一份地市广电报，转型不易，守土更难。期望《无锡广播电视专刊》在转型之路上，再多探索，再创辉煌。

第三节 记录当代大学生"知青生活"的历史档案
——评《大学生村官报》的办报策略

新闻是人类的记忆，新闻是明天的历史。媒体对当代社会生活的记录，将是人类未来珍贵的历史资料。大学生是当代知识青年，让大学生做"村官"，是中国式的基层管理模式的创新。《新华日报》报业集团创办的《大学生村官报》，以政治敏感、新闻敏感和服务意识，记录了当代大学生的"知青生活"，为基层管理创新营造了积极的舆论环境，为后人了解"村官"留下了珍贵的历史档案。

一、坚持政治导向，推动基层社会管理创新

大学生村官的出现，主要是为了解决两大社会问题：大学生就业和"三农"发展。20世纪80年代，联产承包责任制激活了乡村的生产力，农村改革因此成为中国改革的先声。20世纪90年代，民工潮的出现，极大地推动了中国社会工业化、城市化、信息化的进程。随着大批农民进城转身为"新一代的产业工人"，中国农民、农村、农业的发展面临着新的挑战。与此同时，中国的高等教育也在改革中发展。高等教育打破了精英化的路线，大学的入学率不断提高。当国民素质出现巨大提升的时候，大学生就业问题也随之浮出水面。农村发展需要优秀的基层管理人才，大学生毕业难以找到合适的就业岗位。在解决这两个社会问题的时候，各级党委和政府探索出大学生村官制度。大学生村官制度的出现，让两个都很突出的社会问题，分别有了解决方案。大学生村官制度因此也成为中国基层社会管理的重要创新。

大学生村官制度最早是江苏人民的创造，但是能够形成规模和气候，却是中共中央组织部积极推动的结果。为了解决"三农"问题，1995年江苏省率先招聘大学生担任农村基层干部，1999年海南省推出大学生村官计划。2005年，中共中央办公厅、国务院办公厅下发了《关于引导和鼓励高校毕业生面向基层就业的意见》。2006年2月，中央组织部、教育部等八部委联合下发通知，鼓励高校毕业生到农村基层从事支教、支农、支医和扶贫

工作。此后大学生村官制度进入大范围的推行阶段。2008年3月，中共中央组织部会同教育部、财政部等，召开选聘高校毕业生到农村任职工作座谈会。此后，大学生村官制度全面推行。大学生村官制度的推行，给广大大学毕业生提供了广阔的创业舞台，缓解了大学生就业的难题。大学生给农村带来科技、文化、管理知识，是农村突破发展瓶颈的重要依托力量。一大批风华正茂、充满活力的年轻人，从事基层社会管理工作，给党的事业储备了大量的优秀人才。

2011年4月15日，《新华日报》报业集团受中组部委托，创办了《大学生村官报》。时任中组部部长李源潮专门为报纸写来发刊词，要求《大学生村官报》坚持"思想性、实用性、可读性"的办报方针，"成为推动大学生村官工作的有效载体、展示大学生村官精神风貌的重要窗口、帮助大学生村官锻炼成长的良师益友"。创办以来，《大学生村官报》坚持宣传党和政府关于大学生村官的制度，不断报道基层管理制度的创新，努力为大学生村官的制度建设和成长成才营造积极的舆论环境。2012年4月13日，该报头版头条以《善于学习 甘于奉献 艰苦奋斗 清正廉洁》为题，报道了李源潮与全国大学生村官代表座谈时的讲话。李源潮在讲话中指出："对大学生村官来说，我认为最重要的是要做到善于学习、甘于奉献、艰苦奋斗、清正廉洁，形成正确的世界观、人生观、价值观、道德观，坚定正确的前进方向。"大学生村官工作能够全面铺开，主要是因为中组部所做的大量工作，《大学生村官报》及时报道李源潮的讲话，无疑对推动大学生村官工作具有指导意义。2012年4月13日，在《大学生村官报》创刊一周年之际，该报发表了编辑部评论《这一年，我们见证了你的成长》，文中有这样一段话："这一年，我们共同领悟了中央对大学生村官工作的良苦用心；这一年，我们共同体味了各地组织部门对大学生村官工作的不懈探索；这一年，我们共同感受了社会各界对大学生村官工作的倾心支持；这一年，我们共同见证了全国大学生村官的健康成长……"《大学生村官报》不断加深对大学生村官制度的理解，不断调整自己的功能和内容定位，为大学生村官制度的健康发展提供良好的舆论支持。

二、站在全国高度，展示江苏党报的政策水平

我国报业发展具有明显的地域特色，报纸跨地区发展非常困难。我国报业的主力军是党报，"党报"概念有两个内涵：一是作为报纸的党报，一是作为媒体的党报。《新华日报》作为一份党报，它的发行范围和影响力局限在江苏省内，并且在可见的未来也只能局限在江苏省内；作为媒体的《新华日报》报业集团，虽然拥有多份都市类报纸，但影响力顶多扩张到南京周边的城市。《大学生村官报》是受中组部的委托创办，面向全国大学生村官的报纸。对《新华日报》报业集团来说，办一份面向全国的"准党报"，既是对中组部的信任的回报，也是集团探索全国性办报的重要试验，是党报跨地区发展的一次重要机遇和突破。《大学生村官报》服务的读者对象虽身居基层，但他们的文化层次高、前途大、责任重。《大学生村官报》要为大学生村官选聘、培养和管理，创造良好的舆论环境，开设有用的业务课堂，提供开放的精神家园。因为得到中央的支持和关怀，《大学生村官报》能够站在全国的高度办报，并且通过积极有效的办报实践，向全国展示了江苏党报的政策水平。

表 10-1 "大学生村官生涯回顾主题讨论"报道策划

发表日期	主题讨论特别报道	配发评论员文章
7月13日	农村基层历练，我们明白了什么	熟悉国情民情才能当好领路人
7月20日	农村基层历练，我们学会了什么	担大任必先具备正确的群众观
7月27日	农村基层历练，我们收获了什么	收获真情比收获什么都重要

评论是报纸的旗帜、报纸的灵魂，一家报纸的评论质量，能够直接体现这家报纸的办报水平。作为一份"准党报"，《大学生村官报》非常重视评论的作用，通过评论员文章、编辑部文章等多种形式，充分阐释了党和政府对大学生村官的期待，系统总结了大学生村官制度的成功经验。2012年4月20日本报评论员文章《练好廉政基本功》，通过事实论据和逻辑论证指出："无论后备人才的培养，还是大学生村官个人的进步，廉政，都应该成为各地大学生村官培养的重要内容。"从2012年7月13日开始，报纸连续三期策划了"大学生村官生涯回顾主题讨论"，以"特别报道＋评论员文章"的形式，对大学生村官工作进行了全面的总结。（见表10-1）这组报道鼓励和引导大学生村官加强基层历练，通过贴近群众提高他们在基层的影响力。正如《熟悉国情民情才能当好领路人》一文所说："浮在社会的表面，可能听到的就是歌舞升平，然而接触到社会底层，才会发现不少人活得竟那么不易。""各级干部对国情民情是否熟悉，对社会底层人的艰难困苦是否有深切的体验，说话办事和使用权力的指向必然大不一样。"除了重磅评论之外，《大学生村官报》还通过本报短评、热点评论、一周热评、基层来信、微博留言等多种形式，刊登报社记者评论和社会来稿，多角度、多层面地思考大学生村官工作的成败得失，在多元观点碰撞中呈现主流价值观的影响力。正是这些鲜活、深刻的评论，展示了江苏党报的理论水平，提高了《大学生村官报》的舆论影响力。

作为一份全国性的报纸，只有报道各省的村官工作，传播各省的村官管理经验，才能得到各省的支持和回应，才能真正让《大学生村官报》走上可持续发展的道路。《大学生村官报》开设的《省委书记谈村官》专栏，立意高、视野新、形式活。该专栏及时记录、报道各省省委书记对村官工作的讲话，同时通过数据、事实的链接，佐证省委书记的讲话内容。各地省委书记的声音在报纸头版出现，提高了《大学生村官报》的层次，也不同程度地推动各省村官工作的规范化、制度化发展。

三、围绕热点问题，帮助基层村官释疑解惑

《大学生村官报》的主体内容是宣传理论知识、开展政策解读、报道典型事迹、交流

各地经验，帮助基层年轻村官解决农村发展中的热点、难点问题，有效地维护基层社会的稳定和广大农村的发展。

大学生村官的优势和弱势都很明显。他们的优势是具有系统的专业知识，拥有无穷的工作热情；他们的弱点是不大了解我国"三农"发展的特殊规律，对国家相关的政策、措施把握不够。为此，《大学生村官报》通过报纸平台开设村官课堂，向年轻村官传播相关理论知识、解读国家"三农"政策。报纸第2版开设了《"三农"论坛》栏目，长期邀请涉农部门的领导和学者开设专题讲座。2012年4—7月份开设的讲座内容如下：《创新机制，盘活农村资金资产资源》（4月6日）指导村官如何做好农村"三资"管理工作；《"农旅一体"：农产品流通的新模式》（4月20日）提出农业与旅游业结合发展的现代农业模式；《现代农业发展的个性化探索》（7月13日）帮助村官破译吉林省榆树市、浙江省湖州市、重庆市、北京市郊区现代农业发展的四种模式；《如何创新农村社区建设管理模式》（7月20日）提出建设新型农业社区，让农民既不远离土地又能享受城市化的生活环境。领导、专家的理论辅导，大大开阔了基层村官的视野。《政策解读》《管理法门》等专栏2012年发表了大量解读农业政策、农业法律的文章，如《农产品初加工项目财政有补助》（6月1日）、《防止改变农地用途中的政策误读》（6月15日）、《两村民互换责任田，错在哪里》（7月13日）、《套取农机补贴是否构成犯罪》（7月20日）等。

大学生村官要处理好与农民的关系，真正在乡村有所作为，光靠书本上的知识是不够的。2012年，《大学生村官报》凭借全国办报的优势，不断总结宣传全国的先进典型、先进经验，指导各地政府和基层村官在学习中进步、在进步中学习。《选优配强，江苏选聘的鲜明导向》（4月6日）、《三明市大学生村官享受职务村龄补贴》（4月6日）、《山西村官任职村可有序调整》（6月8日）、《上海出现首例合作社非货币出资入股公司》（7月5日）等报道的是各地村官选聘、管理经验。《农民身份永远是我的人生底色》（4月20日）、《藏区农牧民给他打了高分》（6月1日）、《村民不再叫她"张大小姐"》（7月6日）、《"人小主意多，有村官的样子"》（7月13日）等记录了村官在农村成长的历程。这些典型事迹的宣传，让广大村官有了学习的榜样、奋斗的目标，也让大学生村官群体的形象鲜活了起来。为了开阔大学生村官的视野，《村官看天下》专栏2012年还刊登了一些介绍国外农村发展的稿件，如《波恩有个理想村，各家各户架走廊》（4月6日）、《巴西靠什么创造了农业奇迹》（7月6日）等。

四、树立历史意识，记录基层村官的精神生活

从20世纪50年代到70年代末，"知识青年"是中国社会生活中的重要词汇。当年知青下乡缓解了城市就业的困难，也让城镇年轻人接受劳动锻炼。改革开放后，知青政策逐渐淡出了人们的视线，下乡知青陆续回城。但是，随后关于知青的文学作品、影视作品却繁荣起来。艺术家们用各种眼光开始审视知青生活，其中有审美的、浪漫的、喜剧的眼光,也有反思的、批判的、现实的眼光,知青生活成为新中国成立后几代人的历史记忆。作为当代乡村社会变革的推动者、参与者和领导者,大学生村官一定会成为未来艺术创作和历史研究的重要题材,《大学生村官报》所做的工作,为后人关注、评价这段历史提供了很多第一手资料。

当大学生进入基层社会的时候,他们的心理必然有个调适的过程。《大学生村官报》注意到大学生村官的现实困惑,专门开设了《心理导航》专栏,为年轻村官们进行心理教育和心理辅导。2012年刊登的《开心地生活是一种智慧》(4月20日)、《拒绝诱惑,成就人生价值》(4月27日)、《愤怒来袭时依然微笑》(7月6日)、《自在人生路,就该这样走》(7月13日)、《你真正需要做的是战胜压力》(7月20日)从各个方面帮助大学生村官克服心理障碍,适应基层社会,做好基层管理和服务工作。《成长直通车》专栏,则从一个个典型事迹入手,记录大学生村官的成长过程。《村民知道了这个小丫头的"厉害"》(2012年5月18日)记录了内蒙古村官王琳的经历,王琳初到农村自尊心受到很大伤害,但是经过踏实工作最终赢得群众的信任和尊重。《特别乐意干不起眼的小事》(2012年6月29日)讲述了新疆村官沙依兰别克·哈布勒汗的故事,沙依兰别克·哈布勒汗在村里干的都是些琐事:给村民盖章、签字、办医保、帮村民做规划……然而正是这些"渺小"的事情感动了村民,使他在2012年初全票当选为所在村的村支书和村主任。将一个个大学生村官成长的故事连接起来,就可能为中国基层管理书写一段辉煌的历史。

《大学生村官报》的第4版是副刊版《生活·精神家园》。在这个百花齐放的精神园地中,很多村官用真情的美文,细心地装点着自己的生活,让读者从他们的生活中读到真情、读到幸福、读到人生。村官张智维在《生活中的点滴》(2012年4月20日)一文中感叹道:"从点滴做起,生活会更美好"。面对农村不富裕的现实,张智维婉谢村里提供的300元生活补助,从垃圾桶中捡回打印纸再用。村官茅竟天在《走访是一门艺术》(2012年4月20日)一文中讲述了自己入户走访的诀窍:总是称呼农民叔叔阿姨爷爷奶奶。在《电话那头是颗心》(2012年4月27日)一文中刘林萍在工作之余想起了亲情:"当我们习惯了闯荡,渐渐把异乡当故乡的时候,我们的父母依然守在盛满情感记忆的家乡,将与儿女通话当成精神寄托。"聂礼保在《如果孤单,那就仰望星空》(2012年6月1日)一文中谈到了朋友之间的理解:朋友到村里做客,朋友问"晚上一个人住在村部里,孤单吗? 我放下碗筷,笑着反问道,你说呢? 朋友不语,目光中有安慰,更多的是理解"。张俊芝则在《寻觅已久的答案》(2012年7月6日)一文中真情地说:"我没有带领村民致富的能力,更没有什么惊天动地的事迹,我是一个普普通通的大学生村官,村民的信任是我的动力,而我对这份信任的报答就是从点滴做起,做好力所能及的每件事!"这种工作之余的真情表达,是大学生村官心灵中最洁净、最真实的情感,记录这些情感就是记录一段历史,就是为在基层奉献的大学生们营造美好的精神家园。

第十一章
期刊的报道风格与文化定位

期刊是新闻出版阵营中一支实力强劲的队伍。相对于报纸，期刊的种类和数量更多、形式更丰富。一般报纸每天都和读者见面，因此报道时事新闻是报纸的重要任务；期刊的刊期较长，因此期刊更适合进行深度报道。除了面向市场的新闻类、工作类、宣传类期刊外，还有更多的学术型期刊。下面主要以新闻宣传类期刊为对象，通过案例分析的方法，探讨期刊如何通过自身的风格和文化定位，在竞争日益激烈的市场中站稳脚跟。

第一节 引领年轻人过健康、时尚的生活
——评《东方文化周刊》的栏目策划和内容特色

2011年第44期的《东方文化周刊》的卷首语中，有这样一句话："每一个做杂志十年的编辑，上辈子肯定都是折翼的天使。"随着电子传播技术的不断升级，传媒领域的市场竞争日趋激烈，平面媒体遭遇更大的生存危机。《东方文化周刊》凭借精心的策划、独到的创意，逐步从报刊市场的"边缘"，一步步向"中心"逼近。新锐的气质、诗意的语言、精致的版面、时尚的内容，吸引年轻人成为它的忠实读者。在"文化、艺术、时尚、娱乐"四个关键词下，《东方文化周刊》努力为当代年轻人设计一种健康、时尚、活泼的生活方式。

一、关注娱乐：尊重年轻人的快乐权利

每个人都曾年轻过，每个人在自己年轻的时候，都有过自己的梦想和偶像。年轻人总是无忧无虑，他们的眼光总爱投向未来，追求快乐一直是年轻人的权利。当代年轻人的学习、生活和工作压力超过了任何时代，他们的精神和肉体都需要适时的放松。同时，当代年轻人所拥有的娱乐方式也超过了任何时代。年轻人巨大的精神需求造就了中国的娱乐产业。从《快乐大本营》《超级女声》《非诚勿扰》等电视节目的火爆，人们看到了中国娱乐产业的巨大潜力。《东方文化周刊》以影视文化为背景，号准了中国年轻人的脉搏，为年轻人创造了一个平面版的"梦工厂"。

每个人都会做梦，但是人们难以共享虚幻的梦境。电影出现后，人们把电影当成集体的梦境，好莱坞被人们称为"梦工厂"。自20世纪60年代以来，影视文化成为文化领域

发展最快的门类，影视引领了整个娱乐产业。《东方文化周刊》依托广电背景，始终将影视文化作为一块核心资源，通过精彩的图片、精致的版面，创造出一种与影视媲美的视觉文化。《东方文化周刊》每期都选择当红影星作封面，给杂志增添了时尚、朝气和活力。

任何一个作品、一种艺术，只有在特定情境中才具有活力。影视剧是一种视觉艺术，观众只有掌握了更多的戏里戏外的故事，才能更好地理解作品。《东方文化周刊》充分利用影视娱乐资源，衍生、策划出很多生动有趣的专题，在娱乐中提高读者的欣赏口味。《东方文化周刊》的各种栏目、专题和文章，给读者提供了明星轶闻、拍摄背景、场景介绍、幕后故事、影视预告等各类信息，满足了年轻读者求知、求趣的需要。2011年第39期专访《画皮》导演陈嘉上，探访他执导的新片《画壁》，追寻陈嘉上如何真正实现"东方新魔幻"；2011年第44期曝光电影《东成西就2011》的剧情，通过钟镇涛的发型、谭维维的表演、黄奕的造型等元素激起读者的观看欲望；2011年第38期重点推介国庆期间推出的神话巨片《白蛇传说》，尤其对耗资几百万美元的特效进行了细致描写。进口影视片是我国影视行业的重要营销内容。然而，由于文化类型和文化表达上的差异，很多进口影视剧如果没有相关的背景介绍，观众难以通过一次性观看理解影片的内涵。为了让观众摆脱"看热闹"的状态，《东方文化周刊》投入了相当多的版面介绍进口影片。2011年第43期从《猩球崛起》中捕捉到猩猩的"那个吓坏了我们的眼神"，从《海洋》《难以忽视的真相》等影片中揭示环保电影的价值；2011年第39期盘点2011年艾美奖的"遗珠之憾"，介绍提名中最令人扼腕的21个落选演员和落选剧目；2011年第40期的《好莱坞秋冬非看不可公告牌》，为了防止读者陷入烂片泥潭，精心给读者选择可看的电影品种。正是这些细致的工作，使广大读者在面对纷乱的电影市场时，有了一份冷静和理性。

二、关注社会：提炼热点背后的关键词

人的思维是从概念出发的，只有正确地运用概念，才能达到正确的思维。现代社会变动不断加快，社会热点问题层出不穷。人们要想更好地把握时代潮流，需要不断从热点现象背后提炼出核心概念，并在此基础上形成系统的、逻辑性的看法或理论。对于一本流行杂志来说，它的最高追求之一就是要为公众制造流行语，让杂志语言能够进入群众生活语言体系，从而提高杂志对社会生活的影响力。《东方文化周刊》的《调查》栏目，是杂志社最用心、投入精力最多的一个栏目。该栏目围绕社会热点提炼核心关键词，然后策划系列文章对关键词进行深度解剖，内容中有全面的思考、犀利的批判和冷静的反思，是年轻人认识社会的一扇难得的窗口。

《调查》栏目每期一个主题，每个主题几乎都可以成为社会流行语，如"文二代""苹果禅""中国式少爷""路人中国"等。如果将每期"调查"串联起来，这一系列关键词就成为当代中国的缩微景观。借助这些关键词，读者能够更深、更透地读懂中国社会。2011年第34期"故宫几重门"深刻反思了我国文物收藏、保护和管理方面的问题；2011

年第 42 期"中国式少爷"用 14 篇文章，系统梳理了中国历史上的公子、少爷的样本，对目前饱受争议的"富二代"具有很大的启发意义；2011 年第 44 期"路人中国"以小悦悦事件为由头，努力帮助读者寻找中国社会道德建设的路径。其他如"微博改变生活""中国老太的演变史""中国式冷幽默""出国宅""苹果禅""文二代"等，均在批判中反思，在反思中建设，既帮助读者深刻认识当代社会，也培养了读者正确的世界观、价值观，为读者的社会化生存指明了道路和方向。

三、关注新闻：用读者的视角解读新闻

媒体对新闻事件的报道能够帮助公众绘制社会地图，增强公众在现实生活中的安全感和自信心。《东方文化周刊》虽然不是以新闻为主打的杂志，但有非常强的新闻意识和新闻营销意识，即使是娱乐内容也注重以新近的"娱乐新闻"为由头。《扯谈》版块更是以读者的视角来解读新闻，帮助读者盘点一周内主要的新闻事件。

网络、手机成为新闻传播载体，拓宽了新闻传播的信息来源，并让公众能够直接参与新闻生产。近年来，传统媒体更加自觉地利用网络资源，借助"公民记者"的劳动成果丰富媒体的内容。《东方文化周刊》虽然没有时事新闻采集队伍，但是却注重利用网络、微博的资源，用群众的智慧、群众的语言、群众的视角来评点、深化新闻事件。饶毅院士落选、朱镕基出新书、骆家辉坐经济舱、北川地震遗址售票、深圳不参加农运会、绿领巾风波、郭美美事件、卢美美事件等重大、重要的新闻事件，在《扯谈》中都有精彩的观点和评点。2011 年第 29 期《扯谈》引用了吴仁宝评华西第一高楼的话："因为北京最高楼 328 米，华西村要和中央保持一致！"2011 年第 38 期引用了《朱镕基讲话实录》中的一句话："说老实话，我就是不赞成每个人都去买小汽车，这不符合中国的国情。"2011 年第 42 期摘录杨光亮在法庭上的一句话："钱是杀人不见血的刀，是魔鬼。"至于《环球万象》《时事速递》《特别报道》等版块，则发挥图片的优势，利用视觉语言报道新闻。2011 年第 31 期刊登的毛泽东红木雕像亮相容，2011 年第 30 期刊登的大旱席卷非洲东北部和印度列车出轨，2011 年第 39 期刊登的利比亚反对派武装人员骑着毛驴上前线，2011 年第 43 期刊登的卡扎菲的第五个儿子身亡等新闻，都是通过精选优质的照片，让读者用最直接的方式，获取尽可能多的新闻。至于贵州男子晒钱，佛罗里达的水下音乐节，德国青年独轮车过啤酒瓶等照片，则更是充满了娱乐、搞笑和生活情趣，让读者在紧张的生活之余有了更多放松的机会。

四、关注文化：提升当代年轻人的文化品位

中华民族拥有五千年光辉灿烂的历史，中国文化源远流长、博大精深，中国也被世人认为是"礼仪之邦"。然而，近现代以来，中国文化在国际舞台上一直处于弱势地位。近年，随着中国经济的不断发展，中国已经崛起为世界经济大国，但是，中国要想真正成为

一个世界性的强国,还必须要加强以文化为主导的国家软实力建设。自改革开放以来,各地政府在忙于经济建设的时候,一定程度上忽视了文化和道德建设。经济和文化建设的不平衡,导致很多年轻人缺乏对历史和文化的了解,年青一代在浮躁和逐利的大潮下,生活态度变得更加世俗和功利。《东方文化周刊》贴近国家软实力建设的需要,借助传统文化、艺术作品、经典文化、历史故事等,加强对年青一代的文化教育,提升他们的精神气质和文化品位。

中国文化是一种伦理型、家族型的文化,乡绅自治是中国古代基层社会主要的治理模式,因此,古老的村镇是中国文化的一个容器,它反映、收集和容纳了中华民族诸多的社会心理、风俗习惯和意识形态。家族是中国历史的一根重要脉络,《东方文化周刊》策划的"江南望族系列",通过对江南各地望族的深层解剖,帮助读者寻找中国文化的历史记忆。常州西门刘氏的百年沉浮;扬州北湖阮家的廉洁从政;无锡王家的商界奇才……一个又一个家族的故事,让现代读者感受到了祖先的活法,触摸到了前辈的灵魂。记者在采写稿件的过程中,拍摄了很多老宅、古玩、字画、族谱的照片,同时还搜集了大量能够勾起人们无限情感的老照片。这些图片的有机编排,使杂志版面更加精致美观,具有了浓厚的文化气息和赏心悦目的视觉效果。

除江南望族系列之外,《东方文化周刊》还策划了很多历史、文化专题,如"百年辛亥系列"借辛亥革命一百周年的机遇,对民国时期的历史、文化、生活和艺术进行了集中宣传,尤其是对辛亥人物的报道,更是让读者感受到历史的风云变幻和人生的沧桑冷暖。

五、关注生活:创造时尚、健康、浪漫的生活情调

历史是一个不断发展的过程,每一个时代都有一个时代的生活方式。当今世界物质生活极其丰富,人类的精神世界不断变革,由此带来的生活方式更加多元化。《东方文化周刊》始终跟上时代发展的脚步,捕捉时代变迁中的时尚潮流,为年轻人设计健康、时尚和浪漫的现代生活。

科技进步带来的物质繁荣,交通、通信的发展带来的全球一体化,使当代人的生活更加丰富多彩。《东方文化周刊》发表了大量的文章,帮助读者设计现代的生活方式。有的是帮助现代年轻人树立正确的生活态度和处事原则,如《独自美丽的刘芊羽》(2011年第39期)、《活得漂亮的冯婷婷》(2011年第44期)、《夏馨雨用照片记录人生》(2011年第37期);有的介绍现代先进的生活理念,如《双层巴士成住宅》(2011年第42期)、《环保园林户外办公室》(2011年第42期)等;有的帮助读者学会投资和养生,如《身体不畅通,送你一根葱》(2011年第44期)、《玉石投资需谨慎》(2011年第44期)、《国庆,理财消费两不误》(2011年第39期)、《乔布斯的八年疾病抗争史》(2011年第39期)等;有的则是在更深层次上探讨人生哲理,如《苹果菩提树》(2011年第42期)借乔布斯之死谈"禅"。

现代通信、交通和传媒手段，将地球缩小为"地球村"，人们跨地区旅游、出境旅游变得更加容易。现代旅游既是一种产业，也是一种文化活动，更是一种生活方式。《东方文化周刊》策划了多个系列专题，大量介绍国内外的旅游景点和旅游知识，丰富了读者的文化、历史和地理知识。杂志按照我国的区位和文化特色，设计了少年江南游系列、名山系列、纵贯海景大道系列、西部高原系列、丝绸秋道系列、天地之中系列、东南岸地系列等多个专题。西部高原系列揭示了西部景点的神秘和粗犷，如《羌塘，天堂的地毯》（2011年第34期）等。丝绸秋道系列介绍了古代丝绸之路的风土人情，如鸣沙山、额济纳、阳关等。天地之中系列介绍中国中部地区的名山大川，如《五台山：朝圣者的清凉圣界》等。东南岸地系列帮助读者认识祖国漫长的海岸线，如2011年第39期介绍中国海洋最东端的边境礁屿东太平岛。杂志还设计了改变你人生观的N个地方系列、私享世界系列、世界奇趣公园系列、世界奇趣酒店系列等专题，系统介绍异国风情、各国文化和现代生活。世界奇趣公园系列，介绍了文莱国家森林公园、科罗拉多大峡谷上的空中玻璃走廊、让时光变慢的巴黎中心公园等；私享世界系列以游客的视角，捕捉最令人难忘的各国景点，如《西西里岛的美丽传说》、新加坡《屋顶上的风景》、养在深闺的德国童话小镇丁克斯比尔、混迹在雨林中的泰国第一大岛象岛等。对年轻朋友来说，《东方文化周刊》是一本旅游指南，更是一张旅游地图。

第二节　金陵文化与《莫愁》品牌的相得益彰

在南京的期刊方阵中，《莫愁》最具金陵文化的痕迹。相传南齐时洛阳女莫愁，貌美善良，聪明勤劳，因家境贫寒，卖身葬父，来到建康。后丈夫远征边塞，杳无音信，家业破败。然而莫愁不愁，却以扶贫济难、采药治病为乐。她死后，乡邻将水西门外的石城湖更名"莫愁湖"，颂扬莫愁女笑对人生、助人为乐的善良美德。莫愁这个不留青史的贫贱之女，1500多年来一直令文人骚客牵挂，"莫愁"已经成为南京城的一个文化符号。1985年创刊的《莫愁》杂志巧用"莫愁"名片，依托丰厚的金陵文化资源，使杂志品牌和城市品牌在互动中相得益彰。

一、"一刊三册"延伸放大了"莫愁"品牌

市场经济凸显了无形资产的价值，品牌是无形资产的最核心内容。媒体品牌是媒体知名度、美誉度、忠诚度的结合，媒体品牌的延伸是媒体资产放大的重要方式。当年美国的赫夫纳在创办《花花公子》成功后，成立"花花公子俱乐部"，授权企业经营"花花公子"系列产品。我国的南方报业传媒集团，曾经推出过"龙生龙，凤生凤"的孵化器思想，鼓励属下报刊利用各自的人力资源、新闻资源、技术设备和资金优势，再自行创办子报子刊。国内情感类期刊的代表《知音》，除了拥有《知音》品牌之外，还拥有6种子刊、1家子报、

5个子公司、1个网站和1所学院。

由江苏省妇联主管的《莫愁》杂志,扎根肥沃的金陵文化土壤,经过多年的艰苦创业,规模不断扩大,品牌价值得到增值。无形资产只有在被使用过程中才能增值,才能转变为有形资产。《莫愁》杂志在长期的经营过程中,逐渐形成了较为敏锐的市场意识,采取"一刊三册"的方式延伸了品牌、放大了资产。《莫愁·智慧女性》《莫愁·天下男人》和《莫愁·家教与成才》三本杂志,按照受众细分、功能细分的标准,全面渗透到大众情感类期刊市场。

《莫愁》杂志是在用足政策资源的前提下自然扩张的,或者说它是一种"自然延伸式"的扩张方式。这种扩张方式也许不需要特别的智慧,但是却需要很强的市场意识和扩张勇气。《莫愁》最早定位是做基层"妇女干部",后来主要为女性读者提供精神食粮。当《莫愁》成功后,沿着读者自然延伸的路径,再造了"育儿"和"男人"两个阅读市场。《莫愁·智慧女性》《莫愁·天下男人》《莫愁·家教与成才》在读者对象、刊物功能上有着明确的分工,但三本杂志的总体风格却有很多相似或相同之处。这种办刊方式减少了进入市场的风险,当然也一定程度上制约了刊物向更高层次发展。

二、温情美文净化了读者的精神空间

各地妇联创办的杂志,都有一个共同的规律:关注人们的情感生活,重视美文的励志功能。《知音》是妇联杂志的代表,它高举"人情美、人性美"的旗帜,坚持"篇篇可读、期期精彩"的办刊意识,在全国传媒业内创造了知音现象和知音模式。办刊需要有奋斗的方向和追赶的目标,《莫愁》在一定程度上参照了《知音》的模式,内容有相当部分也是情感和励志故事。这些故事歌颂了真善美,鞭挞了假恶丑,弘扬了正义和进取的精神。

跌宕起伏、引人入胜的故事,最容易引起读者的阅读兴趣。20世纪40年代美国出现的"华尔街日报体",就是一种讲故事的体裁,它帮助《华尔街日报》赢得了广泛的读者。在现代传媒竞争异常激烈的情况下,"讲故事"已经成为媒体竞争的重要手段。《莫愁》杂志采取"优稿优酬"的方式组织了不少精彩的故事,杂志的可读性和亲和力大大增强。《莫愁·智慧女性》的卷首栏目《慧心慧语》每期都有一个名人励志故事。莎多拉·邓肯的故事教育读者:"只有那些能听从自己心灵呼唤的人,才会活得快乐,并具有追求成功的最大动力"(2012年第4期);施剑翘刺杀孙传芳,为父报仇,皈依佛门的故事,让读者看到一个女英雄的高大形象(2012年第7期);海明威第三任妻子玛莎·盖尔霍恩,用她的一生证明:"我的人生不是任何人的注脚"(2012年第10期)……《莫愁·智慧女性》的《魅力人物》《才情主义》《成功第一步》《职场SPA》《人生起落架》《幸福方程》等栏目,主打内容都是人生、情感故事。这些故事运用了传奇文学的手法,或关注名人的感情生活、成功秘诀、精彩人生,或探究普通人的情感经历、生存状态、底

层命运。2012年第7期《魅力人物》的三篇文章就是三个"励志故事"：《中国女翻译追寻索马里海盗》是翻译陈丽去索马里参与纪实电影拍摄的故事；《白百合，在成功路上慢慢溜达》讲述演员白百合的成功道路；《财经女侠叶檀》为财经评论员叶檀设计出"侠女"形象。

《莫愁》的三个版本在读者对象上有着明确的分工。《莫愁·智慧女性》陶冶女性朋友的情操，《莫愁·天下男人》关注男性读者的爱好，《莫愁·家教与成长》瞄准的是教辅市场。但是三本杂志的基本特色和功能却有很多相同或相似之处，内容多是人生故事、情感体验、时尚生活、励志教育等。翻开《莫愁·天下男人》同样可以看到很多励志、教育的故事，如75岁的褚时健由烟王华丽转身成橙王，健力宝曾经的副总张明达风雨中经营水果摊，陈宝国的父亲像阳光一样照耀儿子，"证券教父"张国庆甘当收银员，叶志伦创造性地开办美食侦探公司，等等。这些故事的人物描写、细节刻画、事件安排都较用心，结构模式给人感觉有"雷锋故事"的影子，是进行正确的世界观教育的很好读本。但《莫愁·天下男人》毕竟是以"男性读者"为对象的杂志，因此要防止将《莫愁·智慧女性》的办刊思路平移过来，用温情、励志的故事冲淡男性杂志的"刚性"。凤凰卫视曾提出"影响有影响力的人"的口号，《莫愁·天下男人》应该要瞄准白领男性，纵论商海风云，揭示深刻道理，设计高档生活，争取吸引更多的高端读者。这就需要《莫愁·天下男人》加强采编队伍的专业建设，将触角伸到政治、经济、财经、社会等各个领域，用专业眼光、专业思维来办刊，突破"大众化"办刊思路的局限。

《知音》在上海谋求上市的时候，引发了公众对它的职业操守的质疑。公众认为《知音》故事虚构过多、内容低俗，缺乏新闻意识和人文关怀。《莫愁》应该以《知音》为戒，始终尊重新闻规律、坚持新闻规范，防止杂志过度文学化、传奇化。另外，这是一个视觉文化发达的时代，人们的阅读方式发生了重大变化。居伊·德波在《景观社会》一书中提出了"景观社会"的概念，他指出现代社会正在"以影像为中介"形成社会关系，资本主义社会已经进入到以"影像物品生产与物品影像消费"为主的景观社会。在"世界已经被拍摄"的时代，《莫愁》应该顺应时代的需要，加强封面设计，增加图片用量，提高印刷质量，全方位地提高杂志的视觉效果和阅读层次。

三、精心策划塑造了杂志的个性特色

和都市报、电视媒体相比，杂志的新闻性、时效性较弱，因此，杂志更加强调慢阅读、深度阅读和个性化阅读。在资讯特别发达的年代，被动应付工作的办刊方式，迟早会被市场淘汰。只有那些能够敏锐地嗅到市场动向，能够主动进行内容策划的杂志，才能在商海中成就自己的品牌。《莫愁》杂志在办刊实践中，能够较好地整合办刊资源和读者需要，策划出较多的热点话题和优质内容，让杂志内容较好地贴近了市场的需要。

社会心理学有"近因效应"理论，即人们总是对最近发生的新闻事件最感兴趣，因此

新闻媒体普遍重视"新闻营销""事件营销"。同时，当公众与媒体共同关注新闻事件时，就会在景观社会形成"围观"现象。从这个意义上看，现代新闻事件是受众与媒体共同生产和再生产的产品。《莫愁》杂志具有较强的新闻敏感性，能够把握时代跳动的脉搏、洞悉当代社会问题，主动策划重点稿件参与社会问题的讨论。《莫愁·智慧女性》2012年第2期刊登的《援交门：90后女孩的懂与痛》直面了当代青少年出现的不良社会行为；2012年第10期刊登的《老吾老，衰老国度的集体焦虑》，探讨的是中国人口老龄化的问题。《莫愁·天下男人》2012年第6期《独家关注》专栏关注的是公众的个人信息被非法利用问题；2012年第11期刊登的《"拯救"男教师？》《车来车往 下一站不该是天堂》，探讨的是中小学男教师缺乏、汽车社会的车德问题。

杂志不能和日报、电视比新闻时效，所以杂志更需要重新组合新闻资源，通过"规模营销"多角度、多层面挖掘报道的深度，如《南都周刊》策划的《起底王立军》就用了5万多字描述王立军的人生轨迹。《莫愁·智慧女性》的"本刊关注"、《莫愁·天下男人》的"独家关注"都是《莫愁》杂志的精彩策划，内容有一定的规模，也有一定的深度。将报道资源进行概念化提升，是杂志又一种获取社会影响的方式，如《新周刊》曾经做过的"飘一代""第四层""她世纪""中国不踢球"等，在观察、分析大量的新闻现象后，用简洁的语言直接描述事物的本质、直接表达新闻的核心要素。《莫愁》杂志对语言的把握和感悟是好的，有些报道显然包含了编辑的独到眼光，如《创业是种成年礼》《中国小镇的幸福格局》《中国进城式爱情》都有可能影响读者对事物的界定；"幸福产权"等概念，则有可能融入时代语言的洪流，成为社会能够接受的流行词汇。

一本杂志要有个性，必须要有自己的立场、自己的思路和自己的表达方式。《莫愁》是非新闻单位创办的杂志，因此，对世界变动的反应总体偏缓，杂志总体面貌留有文学的痕迹。没有自己的采访、策划和组稿，就没有办刊的主动权。《莫愁》要想有更长远的发展，需要加强自身采编队伍的建设，需要提升整个杂志社的新闻意识，需要更加主动地、成规模地策划一些重点栏目和重点报道。也许可供利用的行政资源不多，同城兄弟刊物《东方文化周刊》的办刊水准、经营技巧提升很快。《莫愁》应该放下"行政"的包袱，更加积极地探索做大做强的路径。

2012年，"纸媒死亡论"一直缠绕着世界传媒：美国《新闻周刊》宣布停刊转向数字出版，德国《法兰克福评论报》因财政困难申请破产，《德国金融时报》于2012年12月7日彻底停刊……我国特殊的媒体管理体制，世界第二的经济规模，使我国平面媒体对纸媒命运的感受相对滞后。但是面对世界传媒业界的巨大变化，我国平面媒体应该采取有效的策略进军数字传媒。《莫愁》要想获得更好的发展，需要走好转型升级之路。"莫愁"是金陵文化的重要标志，相信《莫愁》杂志不会亏欠"莫愁"品牌。

第三节　全面深入社会生活　精心提炼时代主题
——读《雨花》（2009年第1期—2010年第6期）文学作品有感

深入社会生活，贴近时代脉搏，弘扬中华民族的伟大精神，是我国文学作品的重要功能。作为主流文学阵地的《雨花》杂志，坚守文学创作的独立性、严肃性，抵制时尚杂志的"庸俗、低俗、媚俗"之风，推出了大量具有较高精神品质、思想内涵和审美意蕴的作品。这些作品以多元视角审视社会生活，充满激情地思考人的生存价值，努力贴近时代主旋律，弘扬中华民族传统的价值观。

一、坚持正确舆论导向，弘扬主流意识形态

面对社会生活的巨大变革，《雨花》始终坚持群众性、公正性和导向性，以文学的方式实现和社会生活的互动，宣传主流意识形态，弘扬社会主义核心价值观。

革命历史题材是中国文学的正统题材。《雨花》杂志有多篇作品以民主革命为时代背景，通过扣人心弦的敌我斗争故事，歌颂了民众的民族气节和精神面貌，揭示了正义战争的伟大力量。乔八爷是澡堂的修脚匠，修脚技艺无人可比。日本护矿队队长重九，获悉乔八爷的手艺，强制他给日本狼狗修脚。受此侮辱的乔八爷，借在澡堂给重九修脚的机会，点燃了澡堂，与重九同归于尽。（《修脚匠乔八爷》·2009年第12期）山宝本是个身份复杂的人，在战争年代他曾参加过伪军、地方武装和村自卫队，最后投奔了新四军。在革命队伍中，他成为一个"勇敢的战士"，获得了连长"欣赏的目光"。小说《归队》（2010年第5期）在山宝与连长之间设置了一个误会，通过误会的进展诠释山宝的农民性格。这些作品通过曲折的情节，传奇的故事，富有层次的描写，丰富了主人公的正面形象，歌颂了革命英雄主义。

市场经济改善了人们的生活，但也影响着人们的思想观念。《雨花》关注社会转型期的社会现实，积极弘扬人间正气，尖锐抨击歪风邪气。首先，一些作品批判了社会丑恶现象。在《飞凤街的爱情》（2009年第9期）中，"我"为了阻止老婆和"X总"私通，一直拒绝离婚。后来，一份意外的爱情让"我"答应了离婚要求，可是，当离婚后"我"才发现意外的爱情其实是"X总"策划的。其次，一些作品对官场的人际生态进行了辛辣的讽刺。在《娟娟、青青和如娟、赛青》（2010年第6期）中，争强好胜的徐在前，虽然仕途顺利，最终却还是栽到了美女手里；而同一处室的庄一铁，虽然十年职务没变、一生平淡，但却自信、开心、幸福。《烦恼的篮球》（2010年第3期）和《人生色彩》（2010年第5期），分别以篮球和文学为切入点，抨击了官场糟糕的人际生态，提倡在随心、平淡、无争的环境中，获得"生命中的另一种生命"。最后，一些作品揭露了腐败和渎职现象。任何工作都应该为人民服务，然而，有些人往往在工作岗位上失职、渎职，甚至利用手中权力，贪污腐败，谋取私利，败坏了社会风气。在小说《夜》（2009年第9期）中，黑心校长竟

然贪污了可怜校工给学校的3万元捐款，老校工死后校长灵魂倍受煎熬，最终以校工的名义再次把钱捐给了学校。在《脑子有问题》（2010年第1期）中，人五到医院去看病，经过一系列设备检查后，医生没发现什么病，却断定人五脑子有问题。在《夏天的发现》（2010年第4期）中，受骗后的"秦"期望警察帮他抓骗子，因缺乏证据多次受到警察的冷遇，最后只好自己去跟踪寻找"证据"。

文学作品要能够深刻反映现实生活，体现思想性和艺术性，倡导爱国主义、集体主义、社会主义。《谢幕》（2010年第1期）通过淮东戏女演员羿蓝的眼睛，比较同父异母兄弟安承源、安承根的人生态度。安承源热衷戏剧事业，一生过着清贫的生活，而安承根热衷商场，在金钱的漩涡中游戏人生。作品鞭挞了拜金主义，歌颂了辛勤工作的劳动者。

二、追忆传统乡村生活，传播健康民风民情

和易变嘈杂的城市相比，人们更愿将乡村看作灵魂的栖息地，因为那里有稳定的社会结构、美丽的自然景观和浓厚的风土人情。在传统的乡土文学作品中，乡村和小城镇一直是重要的题材。当城市化不断挤压乡村，传统意义上的乡村正在消失时，很多中老年读者更加怀念乡村生活，怀念传统社会的亲情、乡情和伦理。为此，《雨花》发表了多篇追忆传统乡村生活的小说，作品对炊烟、牛粪、鸡鸭、蒿草的描写，勾起了读者对传统生活的记忆，激发了读者丰富的想象力。

乡村社会是中国社会的真正根基，那里有民族精神最原始的根。在这些具有浓烈的乡土气息和地方色彩的作品中，现代人往往能够找到漂泊人生中尚存的根。牧羊人冈伯为救小羊灰儿跳进春天的冰河，而羊群为救冈伯也集体跳进了冰河。初春冰河上发生的故事，展示了人与羊之间最真挚的感情。（《春天多好》·2010年第3期）在《红嘴鸟》（2010年第2期）中，82岁的王奶奶和小男孩郭雪强是邻居，他们为了捉红嘴鸟冒险爬上峭壁，深夜与狼群斗智。当郭雪强落崖时，王奶奶牺牲了自己拯救了雪强。还有《病人笔记》（2010年第3期）中伸张正义的"拉风箱"，乐于助人的"小疯子"。读者从这些小人物的故事中，寻找到乡村社会最原始、最质朴的精神品质，而这些品质恰恰是现代社会弥足珍贵的财富。

乡村爱情是乡村题材文学作品的一个永恒主题，它让田园诗画有了更多的灵动，也让读者有了更多的遐想。《红樱桃》（2010年第2期）刻画了少女樱桃对"下乡干部"的绵绵情思，以及她对"干部"送给姐姐的纱巾的向往。《买命》（2010年第3期）中，侏儒六大脑袋从族长手中买下了犯了族规的王菊珥，成就了一段英雄救美的故事。在《糖》（2009年第12期）中，香草奶奶的丈夫在成亲当天被国民党抓去当兵了，香草奶奶守候20年等待丈夫归来，得知丈夫已经死在战场后，香草奶奶在火焰中结束了自己的生命。《二舅舅》（2010年第4期）描写的是单身汉二舅舅与瞎奶奶之间的朦胧感情，村里人的捕风捉影的议论，让特别看重名声的瞎奶奶选择了自尽。《小恩》（2010年第2期）中，做木匠的小恩在邻村村长家做工，爱上了村长女儿二丽，最后却被村长夫妻拆散了。这些

乡村爱情故事有悲有喜，为读者酿造了精神的甘露。

《雨花》作品不仅歌颂了两性之间的纯洁感情，而且也控诉了社会和陋习对感情的玷污。在《爱与恨》（2010年第5期）中，公社卫生院造反派头头居会计爱上了钱医生，在得不到钱医生的反馈后，将钱医生打成"反革命分子"，最后钱医生被逼无奈选择了自杀。《姨的爱情》（2009年第7期）肯定了三姨追求"精神"的爱情观，批判了小姨追求"物质"的爱情观。王兰芳爱上了流动文工团青衣李一苇，结果被大队抓住游街成了疯子。小说《王兰芳》（2009年第10期）控诉了时代的罪恶，对主人公的遭遇给予了深深的同情。《喜事》（2009年第11期）则批判农民李景山为死去的女儿配阴亲。《茂密的盐蒿子》（2009年第10期）中，嫂子和宁大鼻子之间没有任何感情，只有赤裸裸的交易。

三、描述农民身份危机，揭示基层社会矛盾

在传统乡土作品中，乡村社会经常是封闭破败的，乡村人物是愚昧麻木的。然而，在现代化过程中，传统意义的乡村正在消失。乡村社会转型伴随着大量的社会问题。《雨花》发表的很多作品，以中国农村转型为背景，描述农民的生存困惑、身份危机和农村的社会矛盾，呼唤基层社会的公平和法治。

改革开放解放了农村劳动力，市场经济给农民工流动提供了广阔的空间。在工业和城市文明的巨大诱惑面前，一个又一个躁动的身影，告别"日出而作，日落而息"的生活模式，义无反顾地闯进陌生的城镇。在城市这个陌生的世界，农民的生活方式、消费观念和价值观都面临巨大的挑战。进城给响晴姨做保姆的玉荽，对主人神秘的梳妆盒产生了浓厚的兴趣，她渴望像城里女人一样，拥有很多漂亮的口红，得到心爱男人的真挚爱情。（《口红》·2009年第7期）瓷砖厂招聘销售员的条件是"能跑"，做保姆的菊花没能理解"跑市场"的本意，竟然围着厂里花坛拼命狂奔。菊花的"黑色幽默"感动了办公室老王，因为菊花像他的因车祸丧生的女儿，所以老王收留了菊花，让她在老王家再操旧业。（《奔跑的菊花》·2010年第4期）在《马戈壁的困惑》（2010年第3期）中，进城打工的马戈壁，在房产公司办公室主任支丽的"诱""骗"下，怀疑起留守在家的老婆阿玉的清白。在城市化的过程中，很多老龄农民难以适应城市生活，他们往往在煎熬中耗着自己的日子。在《叫我咋个舍得你》（2010年第5期）里，村庄已经融进城市，但老仙伯仍然要养着耕牛，在他的心目中，耕牛是他的命根子。在《摇椅》（2010年第5期）里，马路的爹进城后无法和妻儿融洽相处，在他的心中只有从乡下带来的"摇椅"，和记忆里残存的乡村生活。

农村青壮劳力一年又一年进城，情感上逐渐远离了农村，故乡只留下老人、妇女和孩子，他们在企盼亲人归来，守护着已经"空心"的家庭。大量存在的留守老人、妇女和孩子，给乡村社会带来了很多社会问题，也给《雨花》作品提供了广阔的叙事空间。在《到省城去》（2010年第6期）中，农民福根因为一直没有儿子文桂打工的消息，自己沿着高速公路一路走到省城。《九个月零九天》（2010年第6期）讲述的是患眼疾的留守儿童小提,与爷爷相依为命,每年都从365天开始数,等待父母早日回来。当父母还剩九个月零九天回家时,爷爷却被人谋害了。《小秋子》(2010年第6期)讲述的是农村青年小秋子,在留守妇女云珠受欺负时,勇敢地保护、帮助她,可云珠却在派出所所长面前"背叛"了小秋子。在《村上人和老鼠》(2009年第7期)中,村里人越来越少,但老鼠越来越多。老农丁家喜和孙子留守家中,丁家喜屁功很好,能够用放屁赶跑老鼠。这篇小说虽然有些粗俗,但却反映了留守老人的空虚生活和悲剧命运。

农村社会治理方式的落后,少数基层政府的行政作风的粗放,使农村存在着一些长期得不到解决的问题。《雨花》有多篇小说揭露了农村社会的矛盾,探索建设和谐农村的道路。在《秃尾巴行动》(2010年第5期)中,乡村干部为了能够吸引日商投资,不惜牺牲漂亮的村姑麦苗。在《青龙》(2010年第4期)中,汪三老汉与爱犬青龙已经相依为命10多年,但镇政府在打狗行动中要拔掉这个"钉子户"。作品以童话的方式,讲述了青龙对汪三老汉最后的忠心。《深夜》(2009年第10期)中,农民千丁家的两头牛被偷,千丁多次请派出所破案,均受到派出所的推脱,最后自己武装起来去抓盗贼,在寻贼的途中他突然萌生偷牛念头,结果牛没偷成却用镰刀砍了牛的主人。《要账》(2010年第4期)中,农民黎木光借给周传清15万元,结果不但没能要回一分本金,而且在周传清的陷害下变成了植物人。在《民间行为》(2010年第5期)中,李木因公受伤本应享受抚恤金,但村长却以此要挟,长期霸占李木妻子。李木多次上访无果后,以"民间方式"与村长同归于尽。这些作品发掘的基层问题,能够唤起整个社会对农村基层问题的思考。

四、尊重多元价值观念,呈现都市多彩生活

社会发展促进了社会结构的变化,传统的两个阶级、一个阶层(即工人阶级、农民阶级和知识分子阶层)的格局正在被打破,一些新的社会阶层逐渐形成。社会地位、经济状况、生活方式和利益认同的不同,促使不同阶层的价值观念和思想信仰出现差异,整个社会进入到一个多元价值共存的时期。面对社会环境的显著变化,《雨花》作品摒弃了居高临下的道德说教,在都市生活、市民生活中寻找创作题材,真诚关注底层群众的生活,在悲剧式的表述中客观再现不同群体的生存方式。

人类生活的时空环境变了,个体的生存差异更加清晰,不同个体对生活的体验和感悟也千差万别。作家曲尤之曾因20世纪70年代的一段恋情而心生嫉恨,但是在一次住院期间偶然与恩怨对象的巧遇,使几个老者以更加善意的态度看待余生。(《虫虫飞》·2009年第11期)齐筠在老伴去世后经历过一段难忘的"黄昏恋",然而,儿女之间的利益纠葛结束了她的美好生活,她依然要孤独地面对"朝朝暮暮、青灯古佛"的晚年生活。(《回到原点》·2009年第11期)在生活的压力面前,那些生活在社会底层的弱者,没有因为生活遭遇而怨天尤人,他们在悲剧人生中始终保持普通人的善良和纯真。范小叶是个被拐卖的妇女,婚后一直想逃回老家。丈夫因车祸成为植物人后,没人看守的范小叶反而不跑了。

电视台将她作为典型报道后,引来社会各界的捐款。范小叶最后将 30 多万捐款留给丈夫,自己带着孩子回到了贵州老家。(《采访范小叶》·2009 第 12 期)在《干部再见》(2009 年第 11 期)中,改制企业一直想让"精神病人"颜大办"病退",因没被劳动部门批准,企业只好将她"辞退"。被辞退后的颜大没有找企业麻烦,而是在临走时向办事员说了声"干部,再见!"瑶瑶的爸爸是下岗职工,妈妈是钟点工,父母因为失意常拿瑶瑶作出气筒。在学校瑶瑶学习不好倍受歧视,地震捐款时被老师批评"严重缺乏爱心"。瑶瑶没有憎恨任何人,而是平淡地去到天堂,向奶奶去寻找"爱"。(《天堂里有爱》·2010 年第 1 期)相对于普通人的淳朴、豁达,一些所谓的"文明人"却对生活失去了信心。《走廊》(2010 年第 4 期)中描写的某报编辑部人人心怀诡计,整个工作环境笼罩着灰暗阴森的空气。在《忽然一天》(2010 年第 6 期)中,"我"对二十年后高中同学的聚会心灰意冷,甚至记不起任何一个同学的名字,唯想念曾经热恋过的周小影。

社会宽容度是衡量一个社会文明程度的重要指标,《雨花》刊登的很多作品不仅反映了基层社会生活,而且对当代都市生活观念的变化,在历史意义和哲学意义上进行了探讨。首先,一些作品客观反映了小人物生存的困境和无奈。城管临时工老黄无奈接受儿子放弃高考(《风很大》·2009 年第 9 期),曹大勇用妈妈的车祸赔偿金择到市里最好的学校(《蜡嘴雀之死》·2009 年第 9 期),仲明和秋实之间已经失去了夫妻感情(《家庭事件》·2010 年第 4 期),热恋情人郝之与小蕾因房子和礼金问题未能走入婚姻的殿堂(《连衣裙》·2009 年第 7 期),等等,都是通过新写实手法还原生活原生态。其次,有些作品反映了现代社会人的多重生活体验。罗迪辞职后想在家好好休息一段时间,但家里的"门"成了自己与母亲的障碍,关也不是,不关也不是。(《门》·2010 年第 1 期)发型师马莉在旅行途中结识一家三口,《相逢是首歌》(2010 年第 1 期)记录了马莉对男主人的复杂心情。革子是丽芳的"蓝颜知己",革子和丽芳虽然没有夫妻的名分,却能相互成为对方的感情依靠。(《避难》·2009 年第 9 期)《我的小白蛇》(2009 年第 12 期)描写的是一个网友和三陪女的感情生活。最后,有的作品的主人公对人生和生命进行了富于哲理的思考。残疾人陆小军原谅了出轨的妻子,带着忠诚的猴子皈依基督教。(《山间的月儿为谁明》·2010 年第 6 期)心莲在遭受凌辱后献身佛门,试图用自己的善良"超度众生"。(《心经》·2009 年第 11 期)在小说《博尔赫斯的眼睛》(2010 年第 3 期)中,作者记录下自己体验的"陌生人之间的默契"。

第四节 《广告大观》:江苏期刊的一个典型亮点
——评《广告大观》的经营理念和营销特色

21 世纪初,《广告大观》异军突起,它在经营理念、版式设计、内容策划、品牌塑造等方面,为江苏期刊的振兴提供了一个良好的参照系。《广告大观》因其清晰的办刊思路、精致的传播内容和丰富的营销手段,成为江苏期刊方阵中的一个突出亮点,并逐渐成为全国知名的一线期刊品牌。

一、杂志定位:准确的市场判断,清晰的功能定位

从数量上看,我国期刊的品种和数量大大超过报纸,但是从经营思路来看,期刊的市场意识没有报纸强。很多期刊要么成为机构赞助的宣传品,要么借助行政手段维持生存,要么在生存危机中苟延残喘,它们的经营理念陈旧,普遍缺乏专业素养,没有足够的生命力、竞争力和战斗力去参与激烈的报刊竞争。很多期刊编辑不懂市场营销,不懂内容策划。那些有理想、有追求、有作为的名牌期刊,都具有清晰的经营思路、敏锐的市场嗅觉、独到的内容策划,通过努力探索成就了各自的品牌。

《广告大观》以"新锐观、洞察力、责任感"为办刊理念,主动地走向市场、适应市场、占领市场,并在市场化的运作中,逐渐学会了判断市场和理解市场。创办一家杂志最基础的工作就是进行功能定位和读者定位。如果杂志定位不准,编辑的经营思路、选稿标准、把关标准就很容易发生漂移,从而使杂志无法形成统一的风格和固定的形象。人们往往认为广告杂志所面对的就是"与广告业有关的所有人群",其实不然,广告杂志所面对的读者市场是复杂的、多元的,目标人群又可以分成很多亚群体,而这些亚群体的社会心理、阅读兴趣、价值判断又是千差万别的。面对复杂的读者市场,《广告大观》找到了自己可以精耕细作的核心市场:在业界拼搏的"主流广告人群"。有了读者定位,杂志就解决了"向谁服务,为谁服务"的问题,并在此基础上形成了杂志的功能定位:关注广告业内的重大事件和热点新闻,并给予深度评论和合理批判,通过实效传播"影响主流广告人群""干预广告生活"。有了清晰的读者定位和功能定位后,杂志变得更加高端、清新、活泼、生动,逐渐显示出自己的个性和特色。

一本杂志的定位是单一的,而市场格局却是多元的,为了充分整合自身资源,实现品牌价值的有效延伸,《广告大观》采取一刊三册(《广告大观》《广告研究》《媒介》)的方式,对市场进行多元渗透和立体覆盖。《广告研究》由《广告大观》杂志社与北京大学广告学系合办,以学术为唯一依归,采取匿名审稿制度,确保杂志中文章的学术水准。广告学是一个年轻的学科,目前全国还没有一家得到公认的核心杂志,更没有公认的权威杂志。《广告大观》理论版如果能够将"名校"和"名刊"的品牌优势和学术品位很好地整合起来,一旦填补了广告学核心期刊、权威期刊的空白,其产生的市场效益和社会效益都将是可观的。同时,《广告大观》杂志社还和中国传媒大学广告学院共同主办《媒介》,力争将《媒介》打造成为传媒领域最具学术价值的专业刊物。

二、视觉效果:图文互动的艺术,厚重豪华的版面

影视媒体的崛起,带来了视觉文化的繁荣,但是也给平面媒体带来了巨大的冲击和挑

战。面对人类文化载体的转型，平面媒体开始迎接挑战，发挥图片的艺术和形象的表现力，挖掘平面媒体的视觉效果。

《广告大观》是一本针对广告业内主流人群的专业杂志。《广告大观》经营收入的主要来源是广告，尤其是广告公司的形象广告和媒体的形象广告。广告是一门语言和影像综合的艺术，研究广告必然要涉及广告作品的艺术再现；同时广告公司和各类媒体是专门为他人传播形象的载体，因此它们的形象广告更加注重艺术性。内容和广告的双重要求，使《广告大观》必须提高自己的图片质量和印刷品质，这样才能满足核心读者和广告商的要求。事实上《广告大观》的杂志形象，不仅满足而且超越了读者和广告商的要求，体现出编辑们精益求精和追求卓越的精神。雍容大气的开本、洁净厚实的纸张、精细完美的印刷、逼真漂亮的图片，彰显出《广告大观》的"贵族身份"。

杂志的封面是杂志的"脸"，杂志必须要精心设计自己的封面，才能在第一时间抓住读者的"视线"。《广告大观》的封面很好地将市场元素和设计元素结合在一起，它既是杂志中最珍贵的广告版面，也是杂志中最艺术的内容版面。从2008年1—8期的封面看，只有第6期因为汶川大地震的原因，没有用美女形象，其他7期杂志封面都是用美女来做卖点。但是，《广告大观》封面没有简单地用美女来讨好市场，封面上的人物高贵、洁净、典雅，没有一般期刊封面的张扬和俗气，每个封面的视觉中心都是审美的，而不是庸俗的。尤其是2008年第1期、第4期、第5期的封面，更是经典中的绝版，给人以美轮美奂的感觉。

《广告大观》的内页版面同样精致、新锐。在版面中，图片、图表、栏标、栏宽、标题、字号、分栏格式、图片说明、观点提炼等不是分裂的，而是在共同的审美标准下服务于整个版面。视觉语言的充分运用，艺术手法的灵活转变，顺应了感性化的编辑潮流，使版面既显得生动活泼，又透露出浓浓的艺术气息，形成了现代、活泼、干净、朴实的视觉风格和效果。版面中文字与图片、文章与广告的合理混排，页面上有效的留白和补白，为读者设计了阅读节奏，能够帮助读者调节阅读情绪，给读者带来愉悦的阅读感受。尤其是一些艺术性的创意广告，可以把读者从文字的阅读中解放出来。

文章的标题同样是版面的重要元素。《广告大观》文章的标题制作很讲究，它融汇了报纸和广播标题的特点：既浓缩了文章内容的精华，用简洁的语言把事情讲清楚；又具有独特的角度，耐人寻味的个性化文字，能够在版面上产生视觉冲击力，如《广告，不是"顽皮"的孩子》《概念创新筑起品牌"长城"》《追求13亿人的旅行节奏》《2008，和谐盛世中国年》《斯沃琪，手腕上的钟表帝国》等。这些标题对文章的内容进行了概念化提升，体现出编辑对内容价值和市场价值的准确把握，通过语言的创造性使用为杂志增添了不少卖点。

三、内容呈现：匠心独运的策划，权威生动的表达

由于经营思路清晰、功能定位准确，《广告大观》的内容呈现有条不紊。本着"责任

感决定影响力"的办刊信念，编辑们用心对内容进行精心策划和包装，使杂志内容不落俗套，满足了"主流广告人群"的需要。

首先，《广告大观》提供了丰富的、时新的行业资讯。《广告大观》主要是面向广告业界，指导广告业发展的杂志。为了帮助"主流广告人群"监测广告环境，《广告大观》及时搜集行业发展的最新信息，努力绘制一个准确的"广告行业地图"。同报纸相比，期刊的文章大多篇幅较长，这必然影响到期刊的信息容量。为了解决这一矛盾，一些面向市场的期刊大多采用信息集纳的方式，提高期刊的时效性和信息容量。《广告大观》当然也不例外，它每期都拿出8个版面，做《月度聚焦》栏目。《广告大观》在做信息集纳时，投入了更多的智力因素，细心地将每月最新信息按照"资讯、政策、协会、活动、传媒、网络、广告主、广告公司、数字、人事、代言"等几个主题进行归类，帮助读者梳理行业信息，提高了读者对信息的理解和把握能力。

其次，杂志内容具有很高的权威性。一本杂志要想成功，必须要团结一批作者。《广告大观》的作者队伍是来自中国广告教育界和广告业界的专家和行家。《广告大观》的顾问团覆盖了目前国内最优秀的教学单位，来自业界的顾问同样是行业的领军人物。有了这些专家、学者的指导，甚至是亲自撰稿，杂志内容的权威性有了很大的保障。同时那些来自业界的作者，发掘了业界的"原生态资源"，使杂志内容避免了说"外行话"，从而为中国广告史积累了最有价值的"研究文本"。

再次，内容策划注重规模效应。在信息化的环境下，公众的感觉阈限不断提高，零零散散的内容难以让公众留下印象。现代传媒在内容上强调批量生产，强调规模效应，强调让受众"一次看个够"。因此，每期《广告大观》都会在《专题》栏目中，围绕当前的行业热点进行重点策划，整合多篇稿件对相关主题进行系统归纳和深度评析，帮助读者把握行业发展的主流趋势，解决行业发展中的问题，解剖行业发展中的经典案例。（见表11—1）在杂志的其他专栏，编辑也注重发挥内容的规模效应，对具有一定主题的内容进行策划，进行事件营销、热点营销、新闻营销和记忆点营销。

表11-1《广告大观》2008年1—8期"专题策划"

期号	策划主题	稿件规模
第1期	2007中国广告业的春秋图	12篇
第2期	中国广告业赶搭数字电视班车	9篇
第3期	无路可走，广告公司须借资源翻身	10篇
第4期	创意贬值，广告业渐失灵魂	10篇
第5期	萌动的主流——寻访第四类广告公司	12篇
第6期	警惕新媒体法规风险	4篇

| 第 7 期 | 我的公益心——汶川大地震，广告界在行动 | 14 篇 |
| 第 8 期 | 麦肯世界集团自生型发展路径探究与启示 | 11 篇 |

最后，文字活泼、可读性强。专业杂志最怕的是专业、晦涩而不通俗、不生动。为了改变专业杂志"面目可憎"的形象，《广告大观》努力在活泼性、可读性上下功夫。《广告大观》对硬内容进行软处理，用活泼的文字诠释专业化的内容，如《腾讯QQ，你不是一个人在战斗》（2008年第8期）的开头是这样的：年轻的互联网有句最古老的笑话——在网上，你不知道跟你聊天的是一个人还是一只狗；对具体内容进行概念化提升，用简洁的语言直指问题的实质，如《"民生女人花"：对女性做一场感性营销》（2008年第5期）中的"感性营销"、2008年第5期提出的"第四类广告公司"；选择独到新颖的切入角度，引导读者选择新的观察点和接受新的观念；对经典案例进行深入剖析，为业界人士提供创业参照，如对长城干红、三菱戈蓝、诺基亚音乐、百事可乐、民生药业等品牌营销的剖析；采写人物故事，用成功者的事迹感染读者，如对新浪销售与市场副总裁杜红、电视淮军领军人物张苏洲的专题报道；等等。这些采编手段的巧妙、有机运用，使《广告大观》的内容和忙碌的读者有了近距离接触。

四、营销模式：敏锐的市场眼光，丰富的营销手段

只有滞销的期刊，没有萎缩的市场，一个真正意义上的传媒最终必须走上经营之路。传统营销强调"以产品为中心"，市场营销的组合因素包括产品、价格、分销地点和促销（即4P：Product、Price、Place、Promotion）；而现代营销强调"以消费者为中心"，市场营销注重消费者的需求、消费者获得产品的成本、消费者购买产品的方便性、消费者与生产者的沟通（即4C：Consumer、Cost、Convenience、Communication）。《广告大观》正是以现代营销观念为指导，围绕"为读者和广告商提供服务"，展开了一系列市场营销活动，不断提升杂志的经营业绩。

媒体形象和内容广告、广告公司形象和业务广告是《广告大观》广告收入的主要来源，因此，加强对媒体和广告公司的服务成了《广告大观》的重要工作。为此，《广告大观》设立了理事会，将重要媒体和广告公司吸纳为理事单位，这样既能扩大杂志的发行，又能稳定一些广告源。对一些重点广告客户，还在杂志内容上给予适度的倾斜。2008年第2期的《广告大观》专门编辑了《炎黄健康传媒》专刊，系统介绍一个企业品牌的成长过程和品牌价值。同时，《广告大观》关注活动营销，通过"广告趋势论坛"等活动，延伸自己的价值链。

第五节 《现代苏州》：再造一个城市的精神气质

《现代苏州》是2008年新创刊的一本都市新闻综合类杂志，这本杂志全面反映和引导着苏州人的文化生活，它在传统与时尚的对话中，参与了一坐城市精神气质的再造。下面以2008年的几期杂志为例，探讨《现代苏州》的办刊风格和理念。

一、地方个性与城市门户

《现代苏州》分城市版和生活版。城市版"以人文的视角来揭示重大事件背后的价值和意义，以深刻的思想和精辟的观点关注城市、解读城市"，生活版则关注现代苏州人的生活，从传统生活、现代休闲、理财持家等各个方面全面展现苏州人的衣食住行、逸致雅趣。城市版的"硬"和生活版的"软"相互配合，将新闻故事、城市思想、文学意象、生活琐事融为一体，浓缩了苏州城的文化精华，为现代苏州人营造了一个精神家园。在《现代苏州》（城市版）创刊号上，自由撰稿人秋末认为："一个城市的文化，就是它生存状态的总和。而勃发的生气和聪慧的灵性，就是这个城市文化的精华。"《现代苏州》杂志正是依托地方沃土打造苏州城的文化门户，从"解读城市软实力""城变""苏州宝贝""轻轨来了"等大型策划中，读者感受到了一个城市精神气质的现代转型和再造。

二、豪华版面与精制内容

当代社会视觉文化特别发达，为了对抗汹涌而来的影视产品，传统的平面媒体越来越注重视觉上的加工。《现代苏州》刚一出生，就显示出自己的"贵族身份"：纸质厚重、铜版印刷、版面豪华、图片逼真、内容精致、文字优美。

《现代苏州》在内容上注重栏目的优化组合，每期都有重点策划，挖掘千年姑苏的"城市记忆"和现代苏州的"精神标志"，将杂志的品牌和城市的品牌融为一体。第7期策划的"苏州宝贝"用了28个版面，让读者从漆雕、木刻、苏琢、苏扇、金砖、泥盆等方面，摸到了苏州传统文化的脉搏，感受到苏州精神的"温度"。第3期的"城变"也用了28个版面，这组报道穿越了时空隧道，重温了苏州从传统到现代、再到建设"东方新欧洲"的历程。第4期的"轻轨来了"则完全是对现代苏州生活的畅想。正是这些策划赋予城市文化以"人文内涵"，在故事化叙事中实现了历史、现在和未来的对话和沟通。

三、现代营销与团购模式

《现代苏州》立足地方特色，另辟蹊径，走出了一条差异化发展道路。然而，在市场环境下任何媒体都离不开营销，因此《现代苏州》从一开始就注重整合营销，提升自身品牌知名度。在第3期杂志上，《现代苏州》编辑部推出了"团购客户"服务计划，为团购客户提供个性化的定制服务。杂志从一创刊就注重广告，广告版面始终占有一定的比例。现代苏州人具有敏锐的市场意识和开拓进取的精神，《现代苏州》从营销起步，正是苏州现代精神在媒体营销中的较好体现和反映。《现代苏州》要想走更远的路，现代营销手段的运用和创新是最基本的保证。

四、城市气质与读者认同

精彩的起点不等于永久的辉煌，目前期刊市场不断地进行洗牌，再好的杂志都不能麻痹大意，否则一不小心就可能被挤出市场。《现代苏州》应"城市发展"而生，其宗旨是打造城市软实力，宣传城市形象，提升城市精神。《现代苏州》在发展中要坚持自己的职业理想。首先要确保定位始终准确，不要让"城市定位"成了"开发读者"的紧箍咒，防止杂志叫好不叫座。其次，《现代苏州》定位于"苏州城市门户杂志"，因此其中的新闻策划要坚持"硬"起来，始终记住"什么是新闻"，始终记住"故事化"在现代新闻传播中的地位，防止单纯为了宣传照搬文件语言，防止某些版面成为《苏州日报》内容的翻版、拉长或转移。再次，在广告开发上，防止在《苏州日报》已有广告中找生长点，千万不要把杂志变成面向广告商的"直邮杂志"。最后，《现代苏州》也可以找一些参照系，把一些成功的杂志作为自己追赶的目标，如向南方报业传媒集团旗下的《南方人物周刊》《城市画报》《Mangazine·名牌》等杂志学习。"精致而不世俗、高雅而不高深"应该是都市杂志发展的重要方向。

第六节 《银潮》：用故事浓缩中国家庭的价值观

在传统社会中，家庭不仅承担着生育功能，而且还承担着教育、保障、安抚等功能。进入现代社会，"家"的规模、结构和形式正在发生重要的变化，但是，对于大多数中国人来说，家的基本功能却依然存在。当我们幼小的时候，"家"是我们第一所学校；当我们疲倦的时候，"家"是我们最安全的港湾；当我们无助的时候，"家"给我们提供最及时的保障。"家"是社会稳定的基础，也是社会和谐的缩影。《银潮》杂志《家庭故事》栏目，用一个又一个平凡而生动的故事，浓缩了中国家庭的价值观，使读者感受到当代中国家庭的伦理和亲情。

一、夫妻："人生的伴侣"延伸出"无限的责任"

家庭最原始的功能是两性的生育功能，然而，作为社会性动物的人类，在完成繁衍功能的同时，让"家"充满了更多的爱情和亲情。人生的道路上充满了风雨，彼此相爱的夫妻只有并肩携手，才能营造起幸福的生活。《相爱50年》（2008年第5期）中的退休老教师戴坚白和凌娟，不仅在教学岗位上兢兢业业，而且还抚育出"五朵金花一条龙"。

2008年在结婚50年的纪念日,他们为自己设计了"五个一工程"(办一场诗书画展、出一本诗书画文纪念册、开一个纪念会、完成一场文娱演出、设一局答谢家宴),纪念他们自己的幸福生活。《被爱溢满的家,是拒绝"黑金"的幸福堤坝》(2008年第5期)中的妻子张丽川是海关总署综合统计司司长,丈夫刘晓勤是北京中日友好医院副院长,儿子、儿媳也都在重要的岗位上。2007年张丽川一家被全国妇联、中宣部评为"全国五好文明家庭"。对于这个家庭来说,没有衣食的烦恼,但却有"黑金"的诱惑,因此,张丽川和丈夫在彼此相爱的过程中,不断互相提醒,要共同筑好家庭的"堤坝"。正如刘晓勤对子女说的那样:我们这个大家庭算得上幸福,也不缺少什么东西,你们不要有过高的物质欲望,一家人平平安安比什么都好,如果因一念之差让全家人背着"黑色压力",那样太不值得了。

现代社会转型使人的个性得到了张扬,个体自由得到了更多的尊重,表现在家庭上选择离异的人逐渐增多。然而,曾经的"伴侣"在分手后不应该成为"敌人",而应该成为永远的"朋友",彼此为对方承担起"无限的责任"。《宋丹丹与丈夫前妻:从冤家到亲密姐妹花》(2008年第2期)中的宋丹丹超越了普通人的狭隘心理,帮助丈夫赵玉吉承担起对前妻的责任。赵玉吉的前妻黄涛离婚后无心上班,带着女儿过着郁郁寡欢的生活。宋丹丹见此情形,主动要求丈夫增加给黄涛的生活费,将女儿接过来抚养,当黄涛生病时主动去探视,帮助黄涛寻找合适的对象。正是这种难得的亲情帮助黄涛走出了单身的阴影,也使宋丹丹与黄涛成了好姐妹。

二、父母:"生命的血脉"割不断"永远的牵挂"

血缘是人类最稳定的联系。中国社会是以血缘为基础形成的伦理型社会,这样的社会不仅稳定,而且凝聚力强。在伦理型社会中,父母与子女之间的血脉关系得到更多的尊重,望子成龙、望女成凤,成了无数父母自愿的、沉重的负担。在大众眼里,王小丫是个名人,但是,在父母眼里,王小丫却永远是一个孩子。《王小丫:父亲是我生命里的守护神》(2008年第1期)告诉我们,王小丫人生的每一个关键点上,都寄托着父亲的牵挂。儿时是父亲发现了王小丫的文学才华,培养起她对文学的兴趣;第一次高考失利后,父亲请假带女儿到自然保护区散心;1996年王小丫所在报社面临倒闭时,是父亲鼓励她闯荡北京,成为北漂一员;2001年王小丫婚姻破裂,父母双双赶到北京,陪女儿度过了感情的危险期。王小丫的父亲是幸运的,因为他的每一点付出,每一次牵挂都得到了女儿的认同,而《斯琴高娃:设计女儿明星路,母女对峙多年终释嫌》(2008年第3期)中的斯琴高娃却有了些伤感。在女儿很小的时候,斯琴高娃就想把女儿培养成艺术精英,女儿长大后,斯琴高娃通过自己的关系让女儿进入演艺圈,然而,"叛逆"的女儿只想走自己的路,最终经营起自己的饭馆。好在斯琴高娃在母女激烈的冲突后醒悟过来,在尊重女儿选择的基础上化解了母女的心结。

父母和子女的"血脉相连",还表现在父母对子女的不离不弃。《"平视"弱智儿子 育出天才指挥》(2008年第3期)讲述的是这样的故事:武汉的胡厚培中年得子,可他的孩子却是个心智有问题的孩子。然而,胡厚培并没有抛弃自己的儿子胡一舟,他和妻子耐心地抚育儿子,培养儿子的自理能力、接触社会的能力,最终发现了儿子的音乐天赋,从而为儿子打开了另一扇成功之门,使一个"弱智者"变成了感动世界的"天才指挥"。

三、晚辈:"孝道的变革"适应了"社会的转型"

社会转型使中国家庭出现了新的变化,儿女们的"孝道"也正在随着社会进步,不断进行调适和转型。在《银潮》杂志2008年1—5期,多篇文章反映了家庭孝道的变革,这种变革体现了和谐社会以人为本的理念。《深夜,接回后妈给老爸》(2008年第3期)中的子女,看到失去母亲的父亲寂寞、空虚时,主动为父亲寻找老伴,从而把父亲从孤独中救了出来,使子女的"孝"真正落到了实处。《瞿颖:做乖继女让后妈天天开心》(2008年第4期)中的瞿颖更难能可贵。离异后的父亲曾经长期单身,是瞿颖说服了父亲再婚。当父亲找到一个比自己年轻24岁、做厨师的农村妇女时,瞿颖却一时难以接受父亲的选择。然而,当她看到后妈尽职尽责,认真给爸爸洗脚,贴心照料爸爸的时候,终于接受了后妈。当父亲去世后,瞿颖对后妈表示,愿意和她成为永远的母女。《丈母娘的晚年生活》(2008年第3期)中的女儿和女婿更有创造力,他们把农村老太太接到城里,教老太太织毛衣、说英语、玩手机、到公园拍照,最后把老太太改造成"城里人"。

家庭关系中最复杂的就是婆媳关系,《儿媳妇"逼"瘫痪的婆婆站起来》(2008年第2期)中的方美玲却通过自己的方式,给了婆婆真正的爱。婆婆张秀英瘫痪后,媳妇方美玲不怕婆婆误解,在咨询了医生、查阅了书籍后,为婆婆制定了康复计划。她锻炼婆婆拿杯子,用激将法鼓励婆婆从床上站起来,让婆婆用筷子夹花生米,把婆婆介绍到自己所在的工厂搞卫生,最后终于一步步"逼"婆婆站了起来。

正是编辑精心选材,合理配置,才使我们对当代中国家庭的伦理价值观有了一个比较全面、比较准确的理解。读完这些故事,我们不仅找到了中国家庭的伦理亲情,而且感受到家庭伦理在社会转型中的新发展。

第七节 《华人视点》为华人社区绘制"形势地图"
——评2008年《华人时刊》的《华人视点》栏目

2008年《华人时刊》的《华人视点》栏目本着"服务于全球华人"的宗旨,追踪华人世界的政治、经济和社会热点,通过深度的背景分析和独到的观点评述,为全球华人绘制出一幅准确的"形势地图"。

一、国际版图中的大国梦想

在农业时代,中国曾经是一个有影响力的区域性大国,然而,在近代工业化的浪潮中,华夏农耕文明受到了来自西方工业文明的挑战。近代史上一段屈辱的历史,使中华民族铭记了"落后就要挨打"的历史教训,此后的历代中国人都不忘奋发图强,走大国崛起之路。《华人视点》栏目通过精心策划,试图在"国际版图"上为我们划出一条"大国崛起之路"。

在第 3 期的《华人视点》中,编辑部拿出了 18 个版面,做了一个"中国与国际接轨"的大型策划,在世界版图上标出了中国的方位。《与国际接轨快速改变中国》一文认为,中国与国际接轨是又一次的"车同轨,书同文"的文化变革,与国际接轨改变了中国人的观念,提升了经济发展的档次,提高了中国在国际舞台上的地位。但是,与国际接轨也会给我们带来一定程度的"水土不服"。《"接轨"误区面面观》则提醒我们接轨要从基础做起,循序渐进,量力而行,不能做表面文章。《也让世界与中国接轨》一文认为,接轨是双向的和互利的,中国与世界接轨"要讲究参与性和主动性",积极参与国际规则的制定,让其他国家主动和我们接轨,使"别国的列车可以开进来"。

中国要想成为世界性的大国,除了应具有发达的经济之外,还应该具有大国的宽容和理性,力争向世界输出价值观念。第 7 期的《华人视点》以"灾难中涅槃重生"为主题,组织了《拧成一股绳》《重生始于心》《拉近与世界距离》《伤痛"开悟"国人多少年》4 篇文章,深入探讨了汶川大地震后中国人的精神和气质。中国政府以人为本的救援理念,快速果断的危机处理能力,让国际社会看到了"中国精神"的强大,赢得了国际社会的普遍赞誉,拉近了中国人民与西方民众的心理距离。第 8 期的《华人视点》围绕奥运会的举办,再次深化了"民族向心力不以'大考'为转移"的主题。第 9 期的《地球是个大"鸟巢"》,更是直接总结了中国人在全球化时代的精神表现:中华民族自古主张"和为贵",中华文化的核心就是"和"。在全球化的时代,中国人民提出的"建设一个和谐世界",是中国人价值观的体现。

当然,中国与世界接轨,中国融入全球化,并不是要在国际交往中显示出"超乎寻常的迁就与热情"。中国离不开世界,世界也离不开中国,中国人应该拥有平和的大国心态和文化自信。2007 年 11 月 6 日,英国前首相布莱尔到东莞一个豪华别墅区,进行了 3 个小时的访问,期间发表了 20 分钟的演讲,获得了 50 万美元的报酬。而这个报酬是 2002 年克林顿深圳之行的两倍。第 2 期的《中国的钱为什么好赚》一文,正是从这个小故事开始,提醒中国人做一个成熟的大国国民。文中指出:"物质现代化容易实现,有钱就可以了,但人的现代化却很难实现。用钱是买不来现代人格的。"

二、经济坐标上的产业路径

《华人视点》专栏用了较大的篇幅,帮助华人认清国际经济形势,在国际经济坐标上,为华人经济标示出合理的产业路径。第1期《华人视点》围绕党的十七大提出的建设"生态文明"的发展目标,用3篇文章探讨了环境保护问题。《生态门槛:挑战?商机?》一文提醒华人"环保的欠债总是要还的",面对国内抬高的"环保门槛","华商投资应该积极应对建设生态文明的挑战,躲避、退缩都是没有出路的"。《环保罚单要有威慑力》一文,通过对中美环保制度的对比指出,由于中国的环保制度缺乏威慑力,一些企业宁可被罚款,也不治污;"生态文明"建设目标的提出,要求中国政府加强环保制度的威慑力。《治理污染不是愚公"移"山》则从另一个角度,提醒华人社会,防止在环保标准提高的情况下,一些污染严重的项目向西撤退,环境破坏从东向西转移。

中国拥有潍坊国际风筝节、青岛国际啤酒节、大连国际服装节、博鳌亚洲论坛、世博会、广交会等著名会展,第6期《华人视点》策划了一期"会展经济"。《会展经济:在空中撒钱的朝阳产业》一文认为,自20世纪90年代以来,会展经济已经成为国内许多大城市的一大风景,但中国的会展经济还不够成熟,还需要通过奥运会这样的大型会展,提升中国会展经济的实力。《烤制办展"面包"火候差不多》认为,中国会展经济虽然是政府主导的,但却没有明确主管部门,政策法规缺位,缺少产业规划,致使会展过多过滥,同质化竞争激烈。《用好助推器须走出误区》指出,片面追求展会规模,急功近利指望一蹴而就,只能产生负面效果。第2期《华人视点》刊登了《挤一挤专利中的泡沫》一文,该文章认为"垃圾专利"不仅没有维护好市场秩序,而且还妨碍了市场的有序竞争。

三、全球视野里的华人生活

改革开放以后,中国人的身份和职业变化明显,"农民"可以进城成为"产业工人",整个社会出现了名目繁多的新职业,一些新职业的名称,人们乍听起来还有"莫名其妙"的感觉。《华人视点》第5期的《财富之门向所有人敞开着》一文,就给我们列举了很多新职业,如水产品质量检验员、黄金投资分析师、芳香保健师、健康管理师、公共营养师、医疗救护师、紧急救助员、牛肉分级员、宠物医师、精算师、按摩师、发型师等。文章认为"三百六十行,行行出状元",无论什么人从事什么职业,我们都没有资格用异样的眼光去看别人;只要努力工作,每个人都有机会寻找到成功的钥匙,成为行业的佼佼者。

随着国际化程度的加深,中国人出国访问、工作、学习、生活的机会越来越多,然而,因为文化和社会环境的差别,很多中国人对在国外生活还有各种各样的不适应,近年华人在国外遭遇到的突发事件不断增多。为了帮助华人融入所在国的社会生活,《华人视点》第4期专门探讨了华人在海外的"生活安全"问题。《旅外同胞频频遇袭的警示》提醒华人:只要中国人持续不断走出国门,华人面对的"安全事件"就会有一个庞大的基数。当华人在海外的安全形势越来越复杂的时候,我们要努力分析其中错综复杂的原因,建立多层次的安全保障体系。《解读"小留学生"现象》指出，中国的小留学生背负着父母过高的期望，他们在国外往往没有亲人的照顾、监督，欠缺感情支撑，"更多的孩子是跌入陷阱、坎坷和失落"之中，没有文化适应心理，难以适应国外的生活。因此，文章提醒一些父母，不要让自己的孩子成为盲目留学的"实验者""受害者"。

第十二章
期刊的报道策划与传播效果

期刊是舆论宣传与工作指导的重要工具，我国新闻出版部门要求期刊要"坚持正确的舆论导向和出版方向，坚持把社会效益放在首位、社会效益和经济效益相统一的原则，传播和积累有益于提高民族素质、经济发展和社会进步的科学技术和文化知识，弘扬中华民族优秀文化，促进国际文化交流，丰富人民群众的精神文化生活"。江苏期刊在办刊宗旨和内容策划方面，开展了大量的创新策划，使期刊的报道质量和传播效果都得到了较大的提高，取得了良好的经济效益和社会效益。

第一节　重温新中国开国前后的精彩记忆

中华人民共和国的开国史是中国历史诗篇中的精彩华章，是中国人民难以忘怀的珍贵记忆。2009是新中国成立60周年，《世纪风采》杂志作为江苏省党史宣传的主阵地，当仁不让地为共和国大庆营造积极的舆论氛围。自2009年第4期开始，《世纪风采》推出了一个大型策划栏目——《庆祝新中国成立60周年》专栏。该栏目的文章是在收集了大量的历史资料和研究成果的基础上写成的，文章内容既有权威性、严肃性和真实性，也不缺乏贴近性、生动性和可读性。《庆祝新中国成立60周年》专栏通过历史的还原和再现，让广大读者穿越时空隧道，重温新中国开国前后的精彩记忆，从中发掘当代社会前进和发展的精神和动力。

一、开国之前的奠基工程

在开国之前的漫长革命岁月中，无数先烈用他们的鲜血和生命，为新中国的诞生夯实了地基。当1949年10月1日越来越临近的时候，中国共产党所取得的一个又一个胜利，让人民共和国的奠基工程获得了圆满的成功。《世纪风采》2009年第4期刊登的《百万雄师过大江》和《中共中央迁驻北平前前后后》，从两个不同侧面，让读者见证了新中国成立前夕开国元勋们忙碌的身影。面对中国共产党的强大军事攻势，国民党企图利用长江天堑，划江而治，但是中国人民解放军以雷霆万钧、摧枯拉朽之势，一举突破了国民党号称固若金汤的长江防线。《百万雄师过大江》一文以渡江战役为背景，描绘了中国革命战争史上一幅波澜壮阔、气势磅礴的画卷。该文以"五个第一"为线索，立体再现了南京解放的各个细节：第一份明确提出解放南京的电文——《对今后作战方针的意见》；第一个明确提出解放南京的文献——《京沪杭战役实施纲要》；第一场解放南京的前哨战——三浦战役；第一支进入"总统府"的部队——第八兵团104师312团特务连；南京解放后的第一起涉外事件——误闯美国大使馆。《中共中央迁驻北平前前后后》一文以详细的历史资料为前提，为读者揭开了新中国定都北京的秘密："北平在中国历史上所起的统一全国的作用，是以毛泽东为首的中共领导人所考虑定都的历史背景。""在北平成立中央政府，是当时许多民主人士共同的想法。很多民主人士表示他们坚决拥护共产党，要与共产党更好合作，并希望共产党在北平成立全国性政府。"

二、开国大典的辉煌瞬间

1949年10月1日是一个伟大的日子，当天下午三点，首都30万军民在天安门广场集会，隆重举行开国大典。毛泽东亲自升起了第一面五星红旗，从此中国历史开始进入一个新纪元。开国大典只是历史长河的一个瞬间，但是为了这个瞬间的辉煌，很多人付出了巨大的辛劳。《庆祝新中国成立60周年》专栏刊登了一系列文章，让读者读到了更多的关于开国大典的生动故事。当年为了让毛主席能够在大典中用电钮升旗，工程技术人员曾经付出了艰辛的劳动，《第一面国旗的升起》（2009年第6期）一文正是讴歌了工程技术人员不畏艰难、不怕牺牲，让五星红旗飘扬在天安门广场的感人故事。《开国大典珍闻》（2009年第6期）一文则轻松活泼，通过设置悬念、解开悬念的方式，激发读者的阅读兴趣：开国前夕毛泽东在干些什么？开国大典为什么选《东方红》《中国人民解放军进行曲》等曲目为阅兵曲？谁鸣放开国大典上的第一朵礼花？开国大典最华彩的一段就是解放军阅兵式，《开国大阅兵的四个关键词》（2009年第7期）一文用"主角""困难""谜团""遗憾"四个关键词，将阅兵式中的有趣故事串联了起来。8000余名步兵是阅兵部队的"主角"，但是海军、空军和骑兵也有不俗的表现。阅兵式碰到了一些"困难"，来自不同部队的士兵队列无法统一，空军飞机数量太少难壮国威，骑兵马匹需要避免拉粪和受惊，但是这些困难最终被战士们智慧地解决。开国大典存在着两大"谜团"：为何大典日期定在10月1日？为何庆典礼炮是54门，鸣放28响？开国大典还存在着一大"遗憾"：当年苏联摄影师负责拍摄大典视频，后因火灾的原因烧毁了胶卷，只剩下了一两分钟的镜头，从而使开国大典留下"没有完整视频"的遗憾。《开国第一宴》（第6期）一文记录了当天各界代表600多人齐聚北京饭店宴会厅，共同为新中国的诞生欢庆祝贺的台前幕后。《用镜头记录开国大典》（2009年第8期）一文则讲述了女摄影师侯波，在开国大典期间拍摄照片的故事。

三、开国之初的建纲立制

纲举而目张，法立而政行，建立新中国必须要建纲立制。《庆祝新中国成立60周年》专栏有多篇文章，记录了开国元勋们为新中国建纲立制的过程。任何一个国家都必须要有国号，《新中国国号诞生记》（2009年第7期）阐述了"中华人民共和国"国号的由来。政治协商会议最早提出新中国的国号是"中华人民民主共和国"，后经广泛的讨论和辩论，新中国国号确定为"中华人民共和国"。《中国人民政治协商会议共同纲领》是具有临时宪法性质的纲领性文件，它规定了中华人民共和国的政治、军事、经济、文化、民族、外交等方面的基本政策，实际上成了新中国的建国大纲。《周恩来与〈共同纲领〉的问世》（2009年第5期）一文将《共同纲领》草案的产生分为三个阶段：毛泽东和周恩来组织撰写《革命纲领》，李维汉主持撰写《共同纲领》草稿，周恩来亲自拟写《共同纲领》草案。之后毛泽东对草案修改达200多处，并反复校对。"从中共中央正式提出草案初稿，直到新政协全体会议召开，《共同纲领》草案先后经过了七次较大的讨论。"通读全文让我们感到《共同纲领》是经过广泛的民主协商之后所产生的集全国人民伟大智慧的杰作。与开国大典同步，新中国的外交事业也在紧锣密鼓展开。《新中国喜迎首个驻华外使始末》（2009年第4期）一文让读者了解到处于起步阶段的新中国的外交事业。

四、开国之后的社会事业

新中国成立标志着我国新民主主义革命的胜利，中国开始进入从新民主主义向社会主义转变的历史时期。在这个时期中国共产党人一方面不断巩固新生的人民政权，另一方面积极推动社会各项事业的发展。《世纪风采》杂志同样用了多篇文章，反映开国之后社会各项事业的发展。新中国的诞生是无数革命先烈为之奋斗的结果，对人民英雄的永久纪念，不仅是对牺牲者的悼念，而且也是对当代人的激励。《人民英雄纪念碑兴建始末》（第8期）详细记录了人民英雄纪念碑诞生的全过程，文章揭示了纪念碑的选址、奠基、碑身材料、浮雕内容、题字雕刻等各个细节的幕后故事，读来让人深受教育。而《共和国首次特赦一批罪犯》（2009年第5期）一文，则记录了新中国释放战犯的曲折过程，在经过激烈讨论后，中央终于决定在新中国成立10周年实行特赦。20世纪50年代后期对战犯的释放，对"中国共产党对台湾的统战工作"具有非常积极的意义。《新中国首次群众歌曲评选活动》（2009年第5期）则完全进入到现代国家生活中，记录了新中国成立之初人民的精神生活。1954年文化部和中国文联联合举办了"第一次优秀群众歌曲评奖活动"，文章指出当时整个评选活动火爆新奇、激动人心。这次评选出来的优秀歌曲内容昂扬向上，曲风优美清新，因为贴近社会生活，后来被群众广为传唱，久盛不衰。

第二节 《畅销书摘》：浩瀚书海上的精神桥梁

对于一个有理想、有追求的民族来说，读书是提高国民素质，塑造民族心理、民族性格和民族文化的重要途径。生命是短暂的，时间是稀缺的，然而，积淀人类思想的书籍却汗牛充栋。生命的短暂与书海的浩瀚之间的矛盾，恰好为书摘类杂志提供了广阔的生存空间。

一、浩瀚书海上的精神桥梁

当时间资源变得越来越珍贵的时候，人们更加追求"阅读效率"，期望支付有限的时间成本，换来更多的、有价值的知识和思想。《读者文摘》（Reader's Wallace）是世界上最有名的文摘类杂志，它通过对杂志内容的再选择、再编排，大大减小了读者时间成本和物质成本。1922年华莱士在创办杂志之初，就意识到读者的重要性，将"鼓励人们更好地生活"作为办刊宗旨。在明确的受众定位和功能定位的指导下，《读者文摘》以精选的普适的、人性的内容，打败了报刊上热点的、时尚的内容，杂志的发行量奇迹般攀升。美国读者心目中将《读者文摘》看成了"像梦一样的杂志"。

《读者文摘》成功的年代，电子传媒不太发达，平面阅读还是读者的主要阅读方式，所以《读者文摘》的成功一定程度上是华莱士抓住了历史机遇，满足了读者"有效阅读"的要求。随着电子传媒的出现，传媒生态发生了革命性变化。电视、网络、手机等电子媒体的轮番登场，宣告了文化垄断和知识垄断的破产，限制人类生活的话语障碍和交往障碍被摧毁，信息的采集、组织、编辑、发布与诠释的权力不断回归大众。现代新媒体环境促成了知识生产、符号定义、内容选择和阅读方式的革命，给书籍的营销和阅读带来了严峻的挑战。正是在这样的时代背景下，《畅销书摘》默默地耕耘，在浩瀚的书海上修筑了一座精神的桥梁，它本着"为读者找好书，为好书找读者"的办刊宗旨，帮助读者与作者实现了沟通与交流。《畅销书摘》的编辑们以敏锐的判断力和精细的编辑工作，浓缩了畅销书的精华，让读者在快节奏的时空环境下，以较小的时间成本换来无限的阅读效益。对于书商来说，《畅销书摘》是一个"幽会的咖啡馆"，书籍可以在这里找到忠于自己的读者；同时《畅销书摘》也是一个"前进中的路标"，它能够唤起"杂志"读者的阅读冲动，带着对书籍的向往走进"书本"，实现由"片断阅读"向"深度阅读"的转变。

二、大众生活的社会向导

文摘类杂志是期刊领域中的一个群体，本身也处在激烈的生存竞争之中。清晰的办刊思路是杂志成功的前提。文摘类杂志虽然没有原创文章，但是文摘类杂志照样可以通过精选精编，体现它的办刊宗旨和风格定位。美国的《读者文摘》在发展中将亲政府和商业性作为指导方针，并逐渐形成以"保守观点"为特色的风格定位。《畅销书摘》以普通大众为目标读者群，巧妙地实现了文人办刊与市场观念，高雅与通俗的平衡和融通。从2009年1—3期的《畅销书摘》来看，杂志通过清晰的内容划分和精编的主题文章，使读者能够在杂志中放松心情、增长知识、享受美文、品味人生、接受教育，满足了不同文化层次的读者的阅读需求。

对于社会热点问题，《畅销书摘》没有跟风炒作，而是在坚持主流立场的基础上理性分析国际、国内形势，帮助读者绘制准确的环境地图。2008年的全球金融危机，既给世界经济带来沉重的打击，也粉碎了"美国不败"的神话。在危机最深重的时候，第1期《畅销书摘》的《话题》栏目摘编三篇文章，为读者详细解读了金融危机的影响。《美国经济萧条波及全球》指出美国经济衰退不仅拖累了全球经济，而且"令美国失去全球领导地位"；大胆预测"中国取代美国成为世界第一经济强国"，美国只能接受中国崛起的事实。《美元霸权与新型全球帝国》认为美元霸权是美国金融霸权的基础，发展中国家只有重建出口政策，注重区域内贸易，才能阻止财富向美国转移。《美元贬值：完美的"败家子"计划》提醒读者：美元贬值可以对冲掉美国的"高额的海外负债"。这三篇选自"畅销书"的文章观点鲜明，数据翔实，案例丰富，语言通俗，最能激发普通读者的阅读热情和情感共鸣。第2期的《历史》栏目中也选择了一篇文章——《美国大萧条时代的生活和阅读》，该文叙述了美国在经历1929年的大萧条时，音乐、电影、阅读、体育等文化消费，帮助美国人度过了最难的岁月。

《畅销书摘》还努力以通俗的方式传播中华文化，讲解历史故事。中医中药是中国文化的瑰宝，中医中药中蕴藏了丰富的养生之道和人生哲学。为了弘扬中华文化，传播养生之道，第3期《畅销书摘》专门做了一个"话题"。《〈黄帝内经〉提倡的中国式养生》从哲理的高度总结了《黄帝内经》的养生特点：形神结合、动静结合、时空结合、药食结合。《养生的智慧》提倡人的起居要适应四时的变化，指出养生的智慧在于"人法自然，人顺四时""春夏养阳、秋冬养阴"。《人体自有大药》认为人体本身就是一座金矿，里面珍藏着"健康黄金"，我们要学会利用人体经络穴位，来维持生命的健康运行。黑格尔在《历史哲学》中谈到，观察历史的方法有三种，即原始的历史、反省的历史和哲学的历史。《畅销书摘》的《历史》栏目，在"原始的历史"基础上，对一些历史进行了追问和反思，一定程度上帮助读者强化了对历史规律的认识。第1期的《历史》栏目刊登的《破解"魏公子密码"》一文认为魏无忌精通黑白两道，这使他能够在历史上建立第一个大规模的情报网络。第2期的《历史》栏目刊登的《明清官场的陈规陋习》批判了官场的腐败，指出官场上的陈规陋习，不仅勒索了底层百姓，而且让皇上遭遇到潜规则。第3期的《历史》栏目刊登的《中国古代政治的"圈子艺术"》探讨了古代"很多政治家失败在过于清廉"的深刻原因。此外，"上海人民公社"的夺权斗争，钱钢的旧闻新闻史等内容，也让读者更加立体地了解了过去的历史。

现代社会的发展使人类的工作和生活更加多元和精彩，《畅销书摘》的《财富》《生活》《社会》等栏目，多角度地帮助读者设计好现代工作和生活。第1期的《财富》栏目教读者"网上开店"的挣钱方法，提醒公众要想吸引金钱，就要专注于"富裕"；第2期的《财富》栏目为企业诊断"怕冷的六大症状"，为读者测试"财富性格"，判断后奥运时代的股市；第3期的《财富》栏目透视奇妙的点子如何让一个企业起死回生；第3期的《生活》栏目教育读者，"把钱花在别人身上，比花在自己身上更能带来幸福"。这些文章对现代人的经济生活给予了现实的指导。其他各类文章，则在长寿、爱情、友情、亲情、学习、购物等各个方面，给读者带来生活的乐趣，成为读者生活的全面指南。

三、竞争时代的人文情怀

社会主义市场经济的深入发展，使当代中国人感受了前所未有的竞争压力。为了使读者在激烈的竞争中能够享受到片刻的宁静，享受到阅读的快感，《畅销书摘》坚持贴近实际、贴近生活、贴近群众的原则，与不同的读者进行心灵对话。在人性的大主题下，《畅销书摘》弘扬了真善美，用真切的人文情怀触摸人们心灵的最软处，使读者心灵在阅读过程中得到净化。

《畅销书摘》的文章以温情与人性见长，把读者当朋友，没有声嘶力竭的说教，只有故友相识后的倾诉。《人物》栏目选择的是各行各业的成功人士，但是在具体叙述中却没有"大叙述"，而是从生活故事入手，让读者体会不同人的精彩生活，展现感情世界的丰富多彩。梅兰芳与孟小冬、沈从文与丁玲之间的故事，让读者见证了文化人的多愁善感；宋庆龄的精神之美，周恩来的爱情观念，撒切尔夫人的百折不挠，李宗仁的沉稳淡定，奥巴马的精彩语录，让读者看到了政治人物的人格魅力；还有王选"半生苦累，一生心安"的遗嘱，崔健用摇滚给时代留下的烙印，李明灏的特工生活，拜登的外交才能，川端康成的怪癖，等等，给读者描绘出各种不同的人生轨迹。

《畅销书摘》具有较浓的人文主义色彩和强烈的忧患意识，杂志运用正义、良知、人道、人心、理想、真诚等武器，声讨势利、世故、激进和利欲熏心。第1期的《纪实》栏目刊登的《中国水危机的反思与出路》一文，呼吁人们要注意河流的节点化、区域水循环短路化，告诫人们在兴修水利工程的时候，一定要兼顾防洪、水资源、水环境、水景观、水生态和水文化。第2期的《话题》栏目对"人肉搜索"进行了反思，认为"激烈的网络言论已经演化成为现实社会的威胁，甚至发生以暴易暴事件，触及道德甚至法律的底线"，并呼唤网友自我约束，网站加强管理，社会各界共同努力，进一步规范"人肉搜索"，保护公民隐私权。这些文章能够帮助国人采取理性、冷静、自信的态度，对待经济发展、新生事物和社会交往，突出了"人的价值"和理性精神。

《畅销书摘》通过长期努力，逐渐形成了自己的办刊特色和鲜明个性，获得了良好的社会效益。然而，《畅销书摘》要想打造自己的"金字招牌"，还需要"百尺竿头，更进一步"。文摘杂志虽然没有原创文章，但可以通过选择和编辑，更多地发出自己的声音。

《畅销书摘》已经形成了自己的内容特色，杂志要想提高自己的影响力，还需要明确自己的"观点特色"。杂志在形成自己的"观点特色"的时候，还需要协调好"小智慧"与"大智慧"的问题。对于《畅销文摘》来说，应该适当增加一些思想性的书籍，超越《读者文摘》思路，更加明确自身定位。《畅销书摘》稿件的来源是书籍，因此，编辑的难度很大，如处理不好，就有可能伤害文气，影响阅读。建议杂志更多地发挥社会选稿、改稿的功能，提高文章的质量和档次，使《畅销杂志》更加获得广大读者的认同。

第三节 "感情"与"理智"调制的防"腐"剂

舆论引导有两种话语风格，即"感情"与"理智"。诉诸感情的内容，能够激发普通读者的阅读兴趣，提高信息传播的到达率；诉诸理智的内容，能够引起读者的态度改变，提高读者理性认知的水平。过度诉诸"感情"容易导致报道"煽情"，过度诉诸"理智"又会导致严肃、沉闷，理想的舆论引导应该将"感情"与"理智"结合起来，"动之以情，晓之以理"，既让读者读得懂报道内容，也让读者在认知上受到良好的教育。

"腐败"是社会肌体中的癌细胞，只有清除了这些癌细胞，和谐社会建设才有保障。作为检察院系统的专业杂志，《清风苑》一直将"防治腐败"作为报道的重要主题。该刊采用深度采访、案例评说、专业评点、法理剖析等形式，合理地将"感情"与"理智"两种话语风格结合起来，为广大读者调制了一种有效的防"腐"剂。

一、精选案例敲响了"防腐"警钟

防治腐败需要警钟长鸣，但是，媒体报道腐败绝不是揭短、添乱，甚至站在党和政府的对立面唱对台戏。现在一些媒体在激烈的市场竞争中，一味迎合普通读者的口味，盲目炒作腐败案例，结果在公众中造成了不好的影响，损害了党和政府的形象。《清风苑》以"警示"与"教育"为宗旨，不搞花哨、煽情的报道，而是通过精选的典型案例，层层剖析腐败的真正原因，警示和教育身在权力要位上的各级官员。

2009年第8期《清风苑》刊登的4篇腐败案例各有侧重。《"灵魂失控"的县委书记》报道了赣榆县（现为连云港市赣榆区）原县委书记孙荣章特大腐败案，文章通过对孙荣章腐败历程的讲述，引起读者对"一把手腐败"的思考。灌南县拆迁办"人员不多，主任不少；级别不高，权限不小"，是一个"全员腐败""拆迁腐败"的标本，《拆迁办的"黑色行规"》对这个标本进行了细致的解剖。《"虚拟拆迁"腐败链》以南京西郊加油站拆迁腐败为例，为读者拆解了城市拆迁中的腐败链条。《"克隆"房产证骗贷400万》则是银行内、外人员相互勾结，利用假房产证骗贷的案例。《体育局长的"商机"》揭露的是金坛市（现为常州市金坛区）体育局原局长朱双河，从在外人看来"没有油水的衙门"淘出金子的手段。这些文章逻辑清晰，语言生动，具有很强的故事性、可读性，能够引起读者的兴趣。

这些文章没有夸大案情,没有进行煽情,也没有过分描写腐败案件的细节,案件情节粗细适宜。这些文章既有效地给腐败分子敲响了警钟,也没有损害党和政府的形象。

二、检察官说案提升了报道权威

对于司法案件中的当事人,即使他们触犯了相关法律,也同样具有人格权,新闻报道不能够对犯罪嫌疑人进行诽谤和侮辱。为了防止新闻报道失当引起新闻官司,国外一些报社要求记者查阅相关法典,注重援引公开的司法文书,在司法机关建立权威的信息来源,同时报社还聘请专门的律师,对每天的新闻报道进行把关,尽可能减少对报道对象的伤害。《清风苑》的反腐报道较好地遵循了司法报道的原则,能够尊重当事人的人格权,注重从检察院获得权威信息,尤其是通过"检察官说案"提高了反腐报道的权威性。

2009年第8期《清风苑》在《"灵魂失控"的县委书记》文章之后配发了一篇"检察官说案"——《孙荣章案侦查实录》,该文通过采访在侦查、起诉阶段承办孙荣章案的三位检察官,更加准确地还原了这起案件的真相,检察官们确认孙荣章完全是以帮特定关系人借款为名,行受贿之实的新型犯罪。同时该文还引用了许多相关法律条文,对读者进行法律教育。第9期在《"土"罪》一文之后配发了"检察官说案"——《泥土也是资源》,该文的作者就是镇江经济开发区检察院副检察长,副检察长直接写稿来解剖案情,当然更加准确、权威。

《清风苑》相关反腐报道较好地遵守了司法报道的原则,能够通过反腐案例的报道积极引导舆论,但是,从总体上看记者的法理素养还有提升的空间,文章的某些细节部分还略有瑕疵,如在《"灵魂失控"的县委书记》一文中称孙荣章的妻子为"黄脸婆"似有不妥。

三、理性剖析强化了宣传效果

反腐报道的目的不是给社会添乱,不是损害人民群众对党和政府的信心。《清风苑》的反腐报道通过选择典型案例,并对案例进行逻辑和法理评析,寻找腐败官员堕落的心理轨迹,帮助和启发基层干部在心理上建立起防治腐败的道德屏障。同时,报道注重凸显政法机关的权威和威信,凸显党和政府的反腐决心,增强了普通读者对国家发展的信心。为了让读者更深入地了解报道的意义,编辑还通过"检察官说案""特约评论员评论""案件点评""编后""链接"等形式,在法理上延伸读者的阅读,强化舆论引导的效果。

孙荣章出生于农家,为官一度低调,不事张扬。可当他就任一把手后,"突然撕下了低调、儒雅的面具,变得傲气逼人,独断专行"。很多人认为孙荣章的腐败是权色交易的结果,但是《"灵魂失控"的县委书记》一文通过深度挖掘,寻找到孙荣章腐败的真正原因,指出孙荣章的堕落是沿着"权力脱轨→灵魂失控→权色交易→自毁前程"的路径发展的,权力脱轨才是腐败的真正原因。在《拆迁办的"黑色行规"》之后编辑配发了特约评论《斩断基层"拆迁腐败"之根》。文章通过分析指出灌南拆迁腐败的根本原因是监督缺位:"一方面,拆迁办作为一个临时机构,挂靠在当地城建部门,且受政府领导的直接控制;另一方面,由于行政隶属关系不清,管理职能不明,人员多是从不同单位抽调组合而成,大多数人都有一种临时'捞一把'的观念。"同样,其他各篇文章都没有把注意力集中在犯罪细节上,而是侧重于分析案情、探究法理,并且注重从政法部门的角度展示国家权力的威信,并给全社会反腐提出了很多建设性的意见。

第四节 《本刊专访》让成功人士精彩"说法"

一本专业性的传媒杂志,必须跟上时代发展的步伐,对成长中的传媒进行有针对性的研究,这样才能更好地服务于社会。《传媒观察》开设的《本刊专访》栏目,通过采访传媒业内成功人士,捕捉传媒领域最新发展的信息,并将业内人士的宝贵经验加以整理、传播,从而为学界和业界提供了一些有价值的智力成果。

一、主动采访提高了办刊的主动性

很多学术杂志由于过多地强调学术性、理论性,杂志内容基本上依靠专业研究人员的来稿。专业研究人员的稿件,虽然经过了认真的调查、思考和研究,但是往往落后于业务发展的需要,特别是对行业的最新发展缺少必要的关注。传媒领域发展迅速,新情况、新问题不断出现,此时,传媒专业杂志如果仍然单纯依靠研究人员的来稿,就会失去办刊的主动性,失去对行业前沿问题的关注和指导。

表 12-1 《传媒观察》2007 年 1—4 期《本刊专访》栏目

期 号	题 目	采访对象所在机构	采访对象
2007 年第 1 期	媒体在后营销时代的"外脑"	央视市场研究股份有限公司(CTR)	吴江(高级研究员)
2007 年第 2 期	对话报道如何问出新闻	《南方都市报》	姜英爽(首席记者)
2007 年第 3 期	机制、体制都是一种资本	北京大学电视研究中心	靳智伟(研究员、媒介顾问)
2007 年第 4 期	想象力创造出新媒体产业	分众传媒	江南春(董事局主席)

作为专业核心期刊,《传媒观察》独具慧眼,调动编辑部的力量,开设了《本刊专访》栏目。《本刊专访》通过主动出击,让业内成功人士通过"专访"平台现身说法,有效地提高了杂志内容的前沿性、针对性和可读性。2007 年 1—4 期的《传媒观察》共刊登了"专访"稿件 4 篇(见表 12-1),专访内容涉及"媒介市场研究""对话报道""机制资本""楼宇电视"等新话题,这些话题都是传媒发展中出现的新问题,但是,理论界对这些内容的关注程度和研究程度还不够。《传媒观察》通过专访的形式,改变了杂志只是刊登作者来

稿的被动局面，通过记者的跟踪专访，捕捉到了传媒发展最前沿的信息，提高了杂志办刊的"主动性"。

二、前沿信息给科研提供了路标

传媒研究是应用研究，因此它必须跟上时代步伐，不能搞"空对空"。作为一本在学界有较大影响的专业杂志，《传媒观察》通过《本刊专访》向学界传递传媒前沿信息，这无疑给科学研究提供了路标，强化了科研人员在传媒研究中的方向感和目标感，也使科研成果能够更好地为社会服务。

"媒介市场调研"是中国传媒发展孕育出的一个新市场。在这个新市场中，央视市场研究股份有限公司（CTR）只有10多年的历史，却成长为传媒领域的知名品牌，它的固定研究项目包括电视观众满意度调查，电视观众生活形态调查，全国卫星频道覆盖率调查，全国卫星频道竞争力监测系统、品牌评估与电视广告效果调查等内容。目前很多研究人员非常关注收视率调查，但是，通过《媒体后营销时代的"外脑"》一文，科研人员知道了CTR已经将"媒介市场调研"延伸到更加广泛的领域，而这些领域理应受到研究人员更多的关注。

站在学界和业界交叉地带的靳智伟，给学界带来的则是更多的理论思考。在《机制、体制都是一种资本》一文中，靳智伟告诉记者，在任何社会，大众媒体都是一种战略资源，"属于国家软力量"，忽略传媒的意识形态属性，既是认识的障碍，也是糊涂认识。在一定的机制下，"金融资本有可能最大化实现，也有可能最小化表达"，因此机制是一种特殊的资本。在体制资本短缺的情况下，发达的机制资本可以弥补体制资本的不足。因为受体制资本的制约，湖南电视台并没有彻底实现产业化，他们的成功是机制资本放大市场资源的结果。靳智伟关于"体制资本"和"机制资本"的认识值得研究者继续深入研究。

而江南春领导的分众传媒的成功则提醒研究者，在市场竞争日益激烈的情况下，"创意经济"和"无聊经济"是传媒经济研究的两个新领域。"创意经济"强调另辟蹊径，寻找市场的空白点。只有找到一个全新的商业模式，才能创造超额的商业利润，因此，江南春认为"创意创造你的生意，想象力创造你的利润"。对于传媒领域来说，填补"无聊空间"是"创意"的重要领域，当人们感觉媒体铺天盖地的时候，江南春发现在电梯、超市、楼道等"无聊空间"内，还有媒体没有到达的地方，于是分众传媒通过占有"无聊空间"，把广告植入人们的生活轨迹之中。

三、经典案例给业界决策带来启发

目前，传媒领域已经进入到市场细分的时代，在这个时候，传媒竞争不仅仅是业务的竞争、资本的竞争，而且更多地表现为智力的竞争。《本刊专访》中成功人士在接受采访时，提到了许多他们亲身经历的"经典案例"，这些案例浓缩了他们在市场压力面前进行

"智力创新"的成果，这些成果对业界人士作进一步的市场决策具有很大的启发性。

作为国内"媒介市场研究"兴起与发展的见证人，吴江认为媒体与媒体调研机构之间是"消费者与保健医生的关系"，在后营销时代，"媒介需要借助外脑进行分析判断"，因此，电视频道诊断、电视节目诊断、广告投放策略等业务将是传媒市场发展的新动向。

靳智伟用他的理性思考告诫电视行业的朋友，不要再舒服地躺在"特权的温床"上，媒介竞争是广电行业做大做强的前提。他还提醒人们，目前广电行业并不具备发展产业集团的条件，产业集团在体制和机制两个方面，还缺乏必要的支撑，此时不顾条件，一窝蜂地搞广电集团，最终必然流产。

作为《南方都市报》首席记者的姜英爽，对"对话报道"很有体会。她认为在做"对话报道"时，"要把文章当作电视节目"，始终考虑读者"会不会转台"。她指出，记者在采访时要时刻记住，客观是你的追求，"对方是个你敬仰的大英雄，你不能随着他的思路走，对方是个你讨厌的大恶徒，你不能怀着厌恶的心情去居高临下。如果你的位置摆得跟对方不平，你很容易被对方左右，或者你会遭到对方的心理排斥"。她指出，记者在问敏感性的问题时，"最好是面带微笑甚至是用轻松的口吻去问，即使是咄咄逼人的问题，也不要丧失你真诚的目光"。

以上三位受访者，从自身的体验出发，通过生动的案例和理性的反思，给业界朋友提供了许多具有实用价值的决策参考。相对于前三位受访者，江南春的故事更加惊心动魄。2003年在最艰难的时期，江南春对持续"烧钱"充满了恐惧，但是他的耐力感动了风险投资商，最后，他用液晶显示屏终于在全国圈下了一个几十亿的大市场，并且使分众传媒于2005年7月13日在美国纳斯达克成功上市。江南春在成功的时候，告诉业界朋友，今天你少工作一个小时，以后你会付出10个小时的代价，在激烈的市场竞争中，你要以最快的速度向前跑，跑到你的竞争者消失。

第五节 记者的激情与理性
——评《说真话是记者的天职》

2007年中国新闻界尴尬不断，茶水发炎、香蕉致癌、纸馅包子等一系列假新闻，把新闻界推到了舆论的审判席，很多正直的新闻人都在自省：中国记者究竟怎么啦？2007年第12期《传媒观察》刊登了一篇专访《说真话是记者的天职》，该文通过专访《中国青年报》记者刘畅，算是给中国记者一年的追问提供了一个答案。

刘畅是《中国青年报》记者部副主任，采写过大量的调查性报道，曾被中宣部、全国记协授予"抗非典优秀记者"；2004年获第六届范长江新闻奖；作品《繁峙矿难系列报道》获第十六届中国新闻奖一等奖。作为一名有着丰富采写经验的资深记者，刘畅在接受记者采访时谈了四点主要内容：用记者的良心还原真相、不要把舆论监督说得很悲情、职业的责任就是对历史负责、调查报道需要守望精神。如果我们对刘畅的观点进行再提炼的话，刘畅实际上是要求我们的记者在采写报道中做到激情与理性的平衡。

记者是社会航船上的哨兵，是当代历史的记录员。记者要有"诗人般的激情"，经得起职业道德和职业操守的考验。"只有正已才能正人""君子谋道不谋食"，处在社会转型期的记者，要有良心，不仅要疾恶如仇，而且要超然独立。正如刘畅所说："作为一个记者说真话是一种天职，不欺骗公众，勇于揭示真相。"在山西繁峙矿难报道中，刘畅曾冒着生命危险揭露事件真相，"为案件突破提供了宝贵的线索"。而有的记者却在矿难报道中谋取不正当利益，让"记者"的称号蒙羞。

然而，作为记者，仅有激情是不够的，因此，刘畅一再强调，作为记者还要有强烈的历史责任感、尊重事实、还原事实。他认为记者除了应具有"诗人般的激情"外，还应具有历史学家的客观理性、法学家的公正公平、哲学家的思考思辨。在这样的精神指导下，刘畅反对把舆论监督说得很悲情，强调在调查性报道中要有守望精神，提倡记者"对中国社会抱有信心"，在采访中做到客观与理性。

《传媒观察》的这篇专访，通过一个资深记者的实践体验，为很多一线记者提供了一条宝贵的经验，那就是在报道中坚持激情与理性的有效平衡，始终把党和人民的利益放在第一位，帮忙而不添乱。

第六节　铁军传统是军队的宝贵财富

媒体是军队建设的重要工具和载体，媒体的信息传播，既能为军队建设营造积极的舆论氛围，也能对军队的发展产生深远的影响。作为中国新四军研究会机关刊物的《铁军》杂志，一直把弘扬铁军精神作为自己的重要任务，自觉地在和谐社会建设和现代军队建设中找准位置，扮演好自己的角色。从2007年第1期开始，《铁军》杂志在《特稿》栏目中，推出了一个大型策划，系统地介绍了新四军将领的生平和英雄业绩，总结革命前辈的战斗精神，为现代军队建设找到了一笔宝贵的财富。

一、体现主流的精心策划

军队建设离不开精神保障。在建设社会主义市场经济的过程中，少数媒体过度追求经济效益，怀疑或否定媒体的喉舌功能，造成了媒体的角色错位和身份危机，降低了媒体声誉，弱化了媒体公信力。而《铁军》杂志一如既往，始终坚持做党和军队的喉舌，通过议程设置功能，弘扬新四军精神，整合社会资源，密切了军民关系。

新四军精神是中国革命留给中国社会的宝贵财富，我军在任何时候都不能抛弃铁军精神。新四军建军70周年之际，《铁军》杂志以强烈的历史责任感，精心策划了《特稿》专栏，隆重纪念新四军建军70周年。《铁军》杂志策划的新四军建军70周年专辑，从和谐社会建设和现代军队建设的需要出发，在新四军将领身上提炼当代社会和军队所需要的核心价值，这是在舆论上引导读者关注铁军传统，推动军队精神文化建设的重要举措。

中国革命的成功，是无数先烈抛头颅、洒热血的结果。在和平的历史环境下，我们依然不能忘记，那些曾经为中国革命付出血的代价的英雄们。一个伟大的民族必须要有感恩心理，《铁军》杂志精心策划，通过梳理新四军精神，全面展示了新四军的丰功伟绩，使读者在读到这些感人故事的同时，不忘对新四军的缅怀。从这一点上来说，《铁军》的策划既是对新四军精神的梳理，也是对新四军将士的缅怀。

二、气势恢宏的豪华阵容

《铁军》杂志新四军建军70周年专辑，具有气势恢宏的豪华阵容。这一阵容像一个博物馆，其中陈列的是新四军的家谱，在家谱中读者能够再一次看到新四军将领的飒爽英姿。在1—6期杂志的《特稿》中，编辑们按照三个主题序列推出了40位英雄人物，从这些人物身上，我们可以感受到新四军精神依然延续在当代中国军队的精神洪流中。

1—2期的《特稿》主题是"向壮烈殉国的新四军领导人致敬！"在这一主题下，杂志编排的全部是在新中国成立前牺牲的新四军领导人，他们在战争年代为中国革命奉献出了鲜血和生命。第1期介绍的人物有新四军军长叶挺、新四军政治部主任袁国平、新四军副参谋长周子昆、新四军副军长罗炳辉。第2期介绍的人物是新四军副军长项英、第四师师长彭雪枫、第三师参谋长彭雄、第六师参谋长罗忠毅、三师八旅旅长田守尧。这些英雄们为中国革命抛头颅、洒热血，却没有等到新中国的成立就牺牲了。

第3期的《特稿》主题是"向担任过全国人大、政协领导的新四军老战士致敬！"在这一主题下，杂志编排的全部是曾经担任过全国人大、全国政协领导职务的新四军老战士，他们是刘少奇、李先念、谭震林、邓子恢、张鼎丞、陈丕显、姬鹏飞、彭冲、方毅、季方、钱正英、邹家华。这些人在战争年代为中国革命奉献出青春和汗水，新中国成立后继续在党和国家的领导岗位上鞠躬尽瘁，为国操劳。

第4、5、6期的《特稿》主题是"向新中国开国将帅中的新四军老战士致敬！"这三期主要介绍的是在新中国被授予将、帅军衔的新四军老战士。其中第4期介绍的是开国元帅、新四军军长陈毅，开国大将、新四军第一师师长粟裕，开国大将徐海东、黄克诚、张云逸。第5期介绍的是上将叶飞、张爱萍、韦国清、洪学智、赖传珠、陈士榘。第6期介绍的是上将傅秋涛、刘震、宋时轮、唐亮、钟期光、贺炳炎、李克龙。这些新四军老战士因立下了赫赫战功，在新中国成立后被授予高级军衔，成为国家功臣和军队领导。

三、军队建设的宝贵财富

军队革命化建设,作风是一个重要的前提。在市场经济环境下,社会观念发生了变化,人们的思想逐渐走向了多元化和差异化。但是,作为一个民族,作为一支军队,无论何时都少不了精神追求。而新四军精神就是我军精神的重要内容,是和谐社会的宝贵财富,它能够引导我们选择符合社会要求的行为模式。这一点,我们可以从《铁军》杂志刊登的故事中深切地感受到。

新四军老战士,无论在战争年代,还是在和平岁月,都把国家的利益和民族的利益放在第一位,以坚强的信念追求革命理想。1941年1月,新四军政治部主任袁国平在皖南事变突围的战斗中负伤,战士抬着他突围,为此有的战士不幸中弹牺牲。为了不再拖累战友,袁国平乘人不备对自己扣响了扳机,实践了他"99颗子弹射向敌人,1颗子弹给自己"的誓言。这种舍己为人、一心想着国家和民族的精神,是当代多元化社会中特别需要提倡的。

古人早就强调"正其谊不谋其利,明其道不计其功"。在这样的精神感召下,很多志士仁人在物质利益的诱惑面前,坚持自己的革命操守,宁可舍生,也要取义。在"皖南事变"中,素有"北伐名将"之称的新四军军长叶挺,为了"减少牺牲,保存干部",甘愿成为"阶下囚"。面对蒋介石的拉拢,他一次次地顶住了诱惑,向往革命痴心不改。在市场经济环境下,革命军人依然要反对唯利是图、物质至上的功利思想,坚持军人的革命理想,做符合社会要求的军人。

市场经济打破了中国传统社会的一元化格局,社会经济生活的多重性决定了人的多重需要和多元发展,致使社会价值取向呈现多元化态势。但是,无论在什么社会,军队都需要一个稳固的价值体系。而新四军战士在战争年代的英勇故事,恰恰使当代军人感受到革命前辈的大公无私。周子昆的"热情和干劲",彭雪枫的"智勇双全",彭雄的"血染黄海",廖海涛弹尽后和敌人拼刺刀等故事,是和平年代生活的人们不应该忘记的。市场经济环境下的革命军队,需要革命前辈的精神气质,正确处理好"备战、慎战和敢战的关系,不战则已,战则必胜"。

第七节　民间线索丰富了军史素材
——评《铁军》杂志"我与新四军"征文

新四军的军史是辉煌的,也是悲壮的。在硝烟弥漫的抗日战场,新四军曾像一块磁石,吸附了苏、皖、豫、鄂、浙五省的进步力量,将它们熔铸成锐不可当的抗日"铁流"。然而,在一次次征战中,新四军一大批将领抛头颅,洒热血,用他们的生命书写了悲壮的史诗。时光飞逝,光阴荏苒,新四军的故事进入了历史,远离了当代人的生活,然而,新四军的精神作为中华民族的宝贵遗产,理应得到继承和发扬。2007年10月12日是新四军建军 70 周年纪念日，为了纪念这个日子，《铁军》杂志开展了"我与新四军"的征文活动。征文得到了一大批新四军老战士的响应，他们从社会的各个角落，为我们提供了许多宝贵的第一手资料。这些资料既丰富了新四军军史，也启迪了当代人。

一、多样的题材丰富了军史

《铁军》杂志从 2006 年第 10 期开始刊登来稿，到 2007 年第 2 期时已经刊登了 26 篇征文稿。过去，人们谈到新四军，往往想到的是战争故事和艰苦的生活，然而，本次征文的内容却超越了"战争"，在更加广阔的社会空间再现了新四军丰富的军史，使读者更加全面、立体地了解到新四军的精神面貌。（如图 12-1 所示）

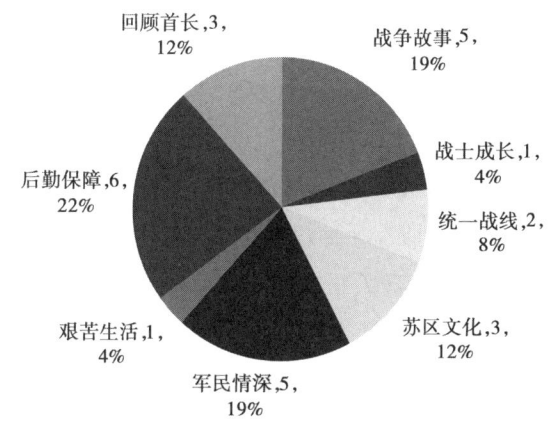

图 12-1 "我与新四军"征文题材统计

从图上的统计数据可以看出，本次征文的题材涉及后勤保障、战争故事、军民情深、苏区文化、回顾首长、统一战线、艰苦生活、战士成长 8 个方面。从作者的构成来看，26 篇稿件中，由当事人直接撰稿的有 15 篇，由他人整理发表的有 3 篇，他人间接写作的有 8 篇，而且间接写作的稿件，作者基本上都是在采访了当事人后写成的。因此，可以说征文内容基本上是老同志们对过去历史的回忆，带有亲历性，具有很高的史料价值。这些从民间征集来的史料，不仅给《铁军》带来了许多独家素材，而且丰富了新四军军史。

二、民间的视角开阔了眼界

本次征文稿件来自全国各地，基本上是老同志们的自发来稿，而且作者大多是普通人，内容涉及的也多为普通人。稿件的来源使内容带上了"民间视角"，大大开阔了读者的眼界。由于稿件内容基本上是来自老同志的回忆，因此，稿件在一定意义上反映出革命前辈们对那个年代的整体记忆。从图中看出，他们记忆最深刻的内容有三大块，即后勤保障（22%）、军民情深（19%）、战争故事（19%），这使我们认识到后勤保障和人民的支持，是新四军创造辉煌的重要保证。

关于战争故事，杂志刊登了5篇。《战火中的两个中秋》（2006年第10期）的作者回忆了在战争中度过的1946、1947年的两个中秋：1946年中秋，他们活捉了敌保安团团长高茂斋，打了"河南军区中原突围部队到豫西打的第一个胜仗"；1947年他们生擒敌团长赵本森，中秋之夜在豫东通许县举行军民联欢晚会。《听司令讲那过去的故事》（2006年第12期）的主人公葛栋，一生战功卓著，但"没留一个证章、奖章，没要组织上的一个功一个奖"。《难忘战友"草上飞"》（2007年第1期）讲述了少年英雄曹壮飞的故事。在《我为新四军送情报》（2007年第2期）中，作者王国华13岁时就第一次给新四军送情报。战争故事是军事出版物的永恒主题，征文中的战争故事，选择的事情不大，切入点很小，但却生动活泼，引人入胜。

后勤因为不直接参加战争，因此，往往会被人们忽视。然而，此次征文中"后勤保障"类的稿件却发了6篇，显示了后勤工作在战争年代的重要性。《偷渡姚江运火药》（2006年第11期）讲述的是1944年的一个冬夜，浙江三北自卫总队运送火药，因船底开裂，队员只好用身上棉衣堵漏，无效后下水"扛着船走"，最终8人中有4人冻得不省人事。《永远的黎明》（2007年第1期）讲述的是祖籍台湾的高黎明，用一身医术服务新四军，最终因操劳过度，1943年死于肺结核。《辉煌军工路》（2006年第11期）讲的是四师的皮革厂，在洪泽湖上进行游击生产，敌人来了撤进芦苇荡，敌人走了上岸生产，为部队提供了大刀套、刺刀套、腰带、枪背带等军用装备。《难忘苏北印刷厂》（2006年第11期）讲述的是三师政治部苏北印刷厂在阜宁地区流动生产的故事。《"飞马"飞进国统区》（2007年第2期）和《我在掘港银行工作的一点经历》（2007年第2期）讲的是经济工作。前者讲述的是二师供给部的卷烟厂，生产"飞马"牌香烟，打入国统区，既满足了部队和群众的需要，又增加了财政收入；后者讲的是作者回忆在银行工作，做进出口生意，为新四军筹集黄金、洋布、法币、武器、弹药等急需物品。正是这些后勤供给，保障了新四军能够不断走向胜利。

新四军能够在沦陷区内不断发展，得益于广大人民的拥护和支持。在刊登的5篇稿件中，新四军战士都很怀念军民的鱼水情深。《养伤在北坑》（2006年第12期）的作者齐祥盛在浦城县石陂镇养伤时，是村民帮他躲过了敌人的搜捕。《老区百姓想念新四军》（2007年第1期）的作者音有伦回忆儿时，新四军战士帮助他家收割庄稼，新四军不与老百姓争摘充饥的榆树叶和槐花。除了讲述军民关系外，稿件还深刻地反映了新四军战士对老乡的感恩之情。《种墨园与它的主人陈冠群》（2006年第10期）讲述的是陈冠群的故事。陈冠群把自己的家——种墨园作为了新四军司令部，利用自己的特殊身份，掩护、帮助新四军指战员。1951年，他因长期担任国民党地方官职，在"镇反运动"中被处极刑。得知消息后李一氓立即赶赴泾县营救，但为时已晚。《难忘西楼父老乡亲》（2006年第10期）的作者吴非远在1942年深入浙江义乌的西楼村开展地下工作，与当地百姓结下深厚友情。他特地在1967年、1982年回村，与当年的乡亲叙旧。《大山魂》（2006年第10期）介绍了黄山脚下三位女性的故事。徐嫦娥为革命牺牲了三个儿子。新中国成立后，时任中组部副部长的李步新，为感激她的照料之恩一度将她接到北京家中奉养。张素珍全家11人中有8人参加革命，她在皖南事变中为部队担任向导，被冲散后化装成乞丐救助失散的新四军官兵。她几次被捕，在生死边缘活了下来。1951年国庆，她被邀到北京参加国庆观礼，受到毛主席的接见。

三、全面的工作创造了辉煌

新四军能够在抗日战争期间取得辉煌的成就，不是单方面的因素决定的，而是在全面做好各项工作的基础上取得的。

苏区不仅有对敌斗争，还有轰轰烈烈的文化建设。《我与新四军》专栏关于"苏区文化"建设共有3篇稿件。《敌后"文化村"》（2006年第10期）记述的是1942年苏北新四军军部进驻阜宁县卖饭曹村后发生的故事。村子里"突然出现了许多戴眼镜、上衣口袋插笔、手不离书、穿着新四军军装的知识分子模样的人"。这些人把农村青年组织起来分成两组：一个文化组，一个教育组。文化组搞文化宣传，自编自演抗日歌曲、戏剧。其后在陈毅的关心下，1942年9月1日新四军在卖饭曹村建立文化村，戏剧家阿英、音乐家贺绿汀、经济学家薛暮桥等一大批文化人当时都聚集在这里。《孩子剧团》（2006年第12期）是作者回忆参加孩子剧团的经历，当时家长和孩子都懂得"文艺是武器，舞台是战场、演戏为抗日"。《我在抗战胜利前后的一段经历》（2006年第12期）的作者戴龙泉回忆了自己在《苏浙日报》从事校对工作的经历。这些文章使我们看到了作为文化建设者的新四军，在苏区为军民文化建设作出的努力。

《我与新四军》专栏发表的关于"统一战线"的文章有2篇。1944年9月10日，美军一架B26重型轰炸机被日军击中，5名飞行员被迫弃机跳伞。《我接待过美军飞行员》（2006年第10期）一文记述了一师一旅的官兵，冒着敌人的炮火营救5名飞行员的经过。当飞行员来到军部时，官兵们还专门开了欢迎会，为他们布置住所、炒蛋熬汤。之后一师师部举行欢迎宴会和军民联欢会，师长粟裕亲自参加。《一个日军炮兵队长的转变》（2007年第12期）讲的是这样一个故事：1944年3月，新四军一师在夺取车桥的战斗中，捕获了日炮兵小队长山本一郎，经过教育使他成长为我军的炮兵教员。1950年他还光荣地加入了中国共产党，被调到汤山炮校任高级炮兵教员。正是这些统战工作，使新四军团结了一切可以团结的力量，壮大了革命队伍，赢得了辉煌的胜利。

第十三章
电视媒体的栏目策划与定位

电视媒体是信息传播、文化传承的载体,也是舆论宣传的阵地。随着市场经济深入发展,我国广播电视的竞争变得更加激烈,广播电视台既要提高内容的贴近性,满足群众日益增长的文化需要;又要把握发展的方向,保持舆论的连续性和稳定性。电视媒体要在社会效益和经济效益兼顾的情况下,不断创新具有中国特色的优秀电视节目。

第一节 为金陵文化注入了一缕"书香"
——评江苏教育频道《好书大家读》节目

随着现代生活节奏的加快,"读书"对许多人来说似乎已经成为奢侈的活动。江苏教育频道开设的《好书大家读》节目,通过精选有思想、有意义的图书,帮助公众重新认识书籍的价值。

一、契合人们精神需求,为十朝古都增添文化气息

改革开放以来,中国取得了令世界羡慕的经济成就,一跃成为世界上第二大经济体。富裕起来的中国人更加需要精神食粮。读书是人们寻求真知、净化灵魂、提升素养的重要途径。从满足人的精神需求的角度来看,《好书大家读》节目的开设具有非常积极的现实意义。

但是,在"娱乐"风行天下的时代,读书节目能在电视频道中生存实属不易。娱乐节目风起云涌,节目名称繁多,而读书节目的数量却屈指可数。国内的读书节目主要有:凤凰卫视的《开卷8分钟》、中央台科教频道的《读书》、北京电视台的《书香北京》、河北卫视的《读书》、上海星尚频道的《今晚我们读书》、上海第一财经频道的《速读时代》等。值得注意的是,很多电视台的读书节目地位尴尬,有的读书节目甚至因在收视率排名中靠后遭到淘汰,能够坚持下来的读书节目,往往是受到台领导的特别青睐。凤凰卫视创办人刘长乐曾表态,凤凰卫视一定要有一个读书节目;北京台的读书节目也是由台领导亲自来抓的。江苏教育频道能够坚持开设《好书大家读》节目,显示了频道领导的文化素养和人文追求。开设读书节目是提升教育频道社会责任感的重要举措。江苏经济

发达、教育发达、媒体发达，南京是十朝古都、文化重镇，江苏教育频道创办读书节目，也让十朝古都飘逸出一缕淡雅的"书香"。

图 13-1 《好书大家读》为十朝古都增添了一缕书香

二、尊重电视的表达规律，努力培养观众与书籍的感情

电视毕竟是以影像为载体的传播工具，所以电视读书节目不可能回归传统的阅读方式。《好书大家读》节目按照电视的表达规律来引导大众读书，拉近公众与书籍之间的距离和感情。

首先，《好书大家读》的主持人选择得较为合适。读书节目具有较高的文化含量，它对主持人的文化素养要求很高。CNN 有一档读书节目《欧普拉读书俱乐部》，该节目由著名脱口秀主持人奥普拉·温弗瑞主持。美国出版界看重的不是温弗瑞的名人效应，而是看重她能"维系着美国大众摇摇欲坠的阅读习惯"。凤凰卫视《开卷八分钟》的主持人梁文道具有良好的文化素养，他在节目中能够娓娓道来，非常好地把握每本书的思想内涵和精神实质。何亮亮是凤凰卫视资深评论员和主持人，凤凰卫视曾经尝试让何亮亮主持《开卷八分钟》，然而主持的效果却很难令观众满意。读书是一种能力，读书后再向他人复述书的内容，是一种更高的能力。《好书大家读》的主持人李娜，给观众一种"知性美女"的印象，思维较为缜密、语言较为流畅。当然，读书节目主持人需要摆脱提示器，需要自己事先真的"读了书"，只有这样，才能更好地把"书"推销给观众。《好书大家读》的主持人可以再轻松一些、随和一些，适当增加一些"批判性阅读"，以此来彰显主持人的文化造诣和节目的人文追求。

其次，《好书大家读》选择的书目关注了社会热点。在信息爆炸的时代，公众的阅读兴趣会跟着"热点"走，所以"新闻营销""热点营销"是电视重要的营销方式。2012年中央电视台播出了纪录片《舌尖上的中国》，一时间"美食"成为中国社会的"最爱"，至今媒体上的"舌尖话题"温度不减。2013 年 8 月 11 日，《好书大家读》推荐的《厨房里的哲学家》一书，较好地把握了观众的信息接受心理，满足了观众追踪热点事件、热门话题的兴趣。《好书大家读》可以配合热点事件、社会思潮，选择一些更具思想性、批判性的书籍，力争让读者真正接触到有价值的好书。

图 13-2 主持人李娜给观众一种"知性美女"的感觉

最后，《好书大家读》通过"叙事"和"格言"很好地解读了书籍的内容。电视本身和传统的阅读是有冲突的。读书节目要想获得成功，必须要将书的内容建构成"叙事"逻辑。2013 年 8 月 11 日播出的《好书大家读》编排得就比较成功。节目一开始设置了一个悬念，从孟子名言"君子远庖厨"引出了《厨房里的哲学家》。然后节目划分成三个叙事版块，巧妙地将《厨房里的哲学家》的核心内容介绍给了观众。《厨房里的哲学家》的作者是法国美食家、音乐家、政治家布里亚·萨马兰，《好书大家读》的第一版块是回归到作者语境中，挖掘《厨房里的哲学家》的成书背景。萨马兰曾经是个律师，做过法国贝莱市市长，大革命后逃亡美国，在美国成为剧院的首席提琴手，《厨房里的哲学家》是他重新回到法国后的作品。第一版块叙述作者传奇经历，能够让观众产生"听故事"的兴趣，也为第二版块介绍书籍内容进行了铺垫。节目第二版块介绍的是书籍的主体内容。该版块通过提炼"格言"的方式，帮助观众在最短的时间内把握书籍的精髓，如"家庭中咖啡的质量应由女主人负责，酒水的质量应由男主人负责"；"告诉我你吃什么，我就知道你是什么样的人"；等等。这些格言通过精心修饰的字幕呈现在屏幕上，实际上可以让没有时间读书的观众，通过电视大致了解书的内容。节目的第三版块，再次回到萨马兰的人生经历，指出他不仅是美食理论家，而且还亲自动手烹饪食物，在法国就有两种食品以萨马兰的名字命名：萨马兰奶酪、萨马兰蛋糕。这种"作者故事＋书本格言＋作者故事"的文本结构，既保证了《好书大家读》节目符合电视传播的特点，也让书籍回到作者写书的语境中，升华了书本内容。

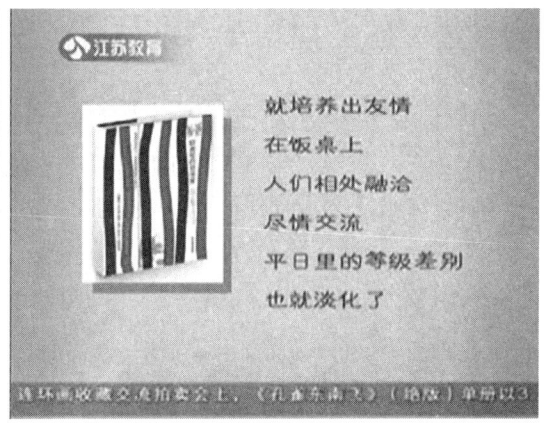

图 13-3 "故事+格言"是《好书大家读》的主要叙事技巧

三、利用社交媒体的优势，通过多元平台提高传播效果

电脑和手机是媒体发展的必然方向。传统媒体要想跟上时代的步伐，就要将"社交化"作为重要战略来抓。社交媒体可以把图片、视频、文本和传统内容混搭处理，进行互动、建立联系、生成意义。《好书大家读》节目没有仅仅停留在"电视读书"的层面，而是注重利用社交化媒体打造多元的媒体平台，提高读书节目的传播效果。8月11日节目一开始，主持人就宣布了本期节目观众可以"参与答题"，节目第三版块给出了与观众互动的"题目"，观众可以通过短信参与。同时，节目还在新浪网注册了官方微博，鼓励观众通过微博评点、推荐《厨房里的哲学家》。在节目的最后，电视屏幕上播放了新浪"微书评"的截屏。《好书大家读》的节目时间仅有8分钟，而"互动""社交"元素的运用，无疑大大扩展了节目传播的空间，增强了节目传播的效果。

图 13-4 短信与微博互动强化了节目的传播效果

总体来看，《好书大家读》贴近了教育频道的定位，节目做得张弛有度、内容紧凑，

它为金陵文化和江苏教育增添了一个亮点、一缕书香。

第二节　浓缩生活景观　陶冶艺术情操
——江苏教育频道《微影大艺》节目特色探析

微电影具有民间性、草根性的特色，它是网络影像传播的重要载体。江苏教育频道既充分利用了微电影资源，又较好地调动了各种电视元素，创造出一个新型的电视节目——《微影大艺》。《微影大艺》紧贴教育频道的"公益定位"，注重观赏性、艺术性和思想性的结合，不仅为微电影提供了展示的窗口，而且能够有效提升观众的欣赏品位，陶冶观众的艺术情操。

一、搜集民间的影像资源，通过媒介融合创新节目形式

微电影（Short Film/Microcinema）是指微投资、微制作、微时长的电影，它短小精悍、内容活泼，能够满足公众碎片化的消费需求。微电影起初具有草根性、民间性、业余性等特色：制作者可以利用相机、手机和DV拍摄，制作的影像可以通过新媒体平台传播，消费者可以在等人、坐车、排队等闲暇时间观看。在网络视频业务迅猛发展的时代，影视剧版权收费越来越高，微电影因为制作灵活、风险可控，已经成为各类视频网站的重要内容。微电影虽然体量不大，但主题容量却很丰富，涉及幽默搞怪、时尚潮流、公益教育、广告宣传等各个领域。随着"天堂鸟影像"等专业制作公司的参与，微电影逐渐向电影的制作层次靠拢，投资规模有的也达到了几十万到几千万不等。

图 13-5　江苏教育频道打造的微电影节目《微影大艺》

我国电视屏幕原创性的动力一直不足，随着影视技术的发展，设备成本的降低，技术壁垒的打破，微电影对设备、资金、团队的要求越来越低，微电影将会更多地吸纳民间巨大的制作能量。《微影大艺》正是抓住了网络时代微电影发展的大势，通过为微电影提供展示平台，实现了传统媒体与新媒体的有效融合。该节目追求的目标是：探究微电影的镜前幕后，赏析微电影的佳作典范，推荐微电影的原创新生，分享微电影的创作梦想。大学

生群体具有热情和朝气，是微电影创作的潜在力量，因此《微影大艺》定位是："欣赏网络优秀微电影，关注、评选大学生原创微电影。"从节目播出的微电影来看，《微影大艺》契合了教育频道的风格定位，符合弘扬主旋律的宣传要求，能够让观众在紧张的工作之余，停下脚步重新回忆、审视精彩的生活。

二、开发多元的话语资源，通过版块组合丰富节目内涵

《微影大艺》不是简单将网络微电影直接"拿来"，而是充分调动各种元素，让节目更加适合电视播出和观众收看的需要。从节目形态上看，《微影大艺》与央视《佳片有约》有类似之处。《佳片有约》每期邀请少量观众在小演播厅中录制，试图创造一种模拟影院观看的"剧场效果"。《微影大艺》通过抠像技术也实现了剧场效果：主持人的形象是亮色的，屏幕背景是暗色的。

随着消费社会的来临，电视越来越向"故事化""景观化"方向发展，电视节目制作因此需要更多拥有话语资源的人，这些人有的具有话语天赋，有的拥有话语权威，有的拥有专业知识……任何一家电视台的内部人才，都不可能满足节目制作的需要，因此有效开发社会话语资源，成为电视节目创新的支撑力量。《微影大艺》通过嘉宾点评、导演自评和场外观影团点评的方式，将各种不同的话语风格融汇到一个节目中，有效地丰富了节目的知识内涵。从节目播出角度来看，对话语资源的有效利用，降低了节目的播出风险。微电影的质量可能是参差不齐的，对于优秀的微电影，嘉宾可以挖掘其成功经验；对于质量不太高的微电影，嘉宾可以通过总结失败教训，来提高观众的欣赏水平。

以 2013 年 10 月 19 日《微影大艺》为例。节目第一版块是微电影的放映。主持人蔡坚只用了几句简短的开场白，节目就开始放映微电影《逆时·恒美》。第二版块是嘉宾点评。节目邀请了南京师范大学孙慰川、南京大学杨柳两位专家，两位老师均是教电影的老师，他们对微电影《逆时·恒美》的评点是比较到位的，能够加深观众对这部微电影的理解。第三版块是导演自评。台湾导演张雅伦讲述了《逆时·恒美》的创作过程和影像创意，同时也真诚地指出了自己的不足。第四版块是场外观影团的评点。节目通过户外实景采访的方式，让看过《逆时·恒美》的大学生谈他们对本片的认识和看法。因为三类不同的言说者具有不同的知识结构、社会地位和话语风格，所以他们的评点不仅能够让观众更加立体地了解微电影的艺术特色，而且在相互交谈中还生发了一些有意义的社会话题。

三、选播专业导演的作品，通过案例解析提升微电影欣赏、制作水平

央视《佳片有约》选片有十六字标准，即"传世经典、恢宏巨制、大奖得主、票房骄子"。在这个方针的指导下，《佳片有约》遍寻世界各国（尤其欧美）电影名片，通过对不同国家、不同地区、不同流派、不同风格，以及不同历史时期的电影作品的引进和赏析，为观众提供多层次、多方位的电影文化和观看体验。《微影大艺》同样有自己的坚守和标

准，尽可能地选播知名导演的作品来提升节目的档次。《逆时·恒美》就是台湾导演张雅伦拍的一部具有"小清新"风格的微电影。

在工业化、信息化时代，我国台湾人民还保留着不少传统的生活方式，尤其是人们心灵深处珍藏着怀旧心理。台湾小清新电影以青春、唯美、浪漫、诗意、怡然等风格，让观众体验到传统生活的温情、不离不弃的友情、情窦初开的恋情，《逆时·恒美》就是这样一部微电影。该片记录了男女主角从街头相遇，到相知、相爱、相离和重逢的过程。影片以时间为轴，将一个个场景放到时间坐标上，用回溯的方式让观众去体验。影片镜头是纯粹的、清丽的，场景多是大学校园的标志性景观：餐厅、图书馆、篮球场、林荫道；叙事也是经典的校园故事：街头一见钟情、图书馆再次相遇、篮球场女主角惊叹男主角的球技、餐馆中男主角英雄救美、林荫道牵手漫步、绿草地痴情相拥。当时间跳到2003年的时候，张国荣的去世、非典的疫情也进入到观众的视野。这种按照时间轴安排经典场景的手段，能够让观众在较短的时间内捕捉到逝去的岁月。阳光帅气的男孩、长发飘逸的女生、婉转悠长的音乐，能够让很多观众的思绪重回过去、重回校园，勾起他们对学生时代的留恋和神往，重温永不褪色的青春情语。

孙慰川在节目中评点指出：过去，人们不开心的时候就去教堂，或者是闹革命；现代人不开心的时候，首先可能想到的是消费。微电影《逆时·恒美》无疑是消费社会的产物，但是它的外表却是纯粹的，纯粹得似乎与物质化的社会格格不入。《微影大艺》对《逆时·恒美》的深度剖析，不仅开启了观众的艺术思维，而且能够带动微电影创作水平的提升。

四、保持人文追求的热情，努力将社会效益与经济效益结合得更好

江苏教育频道人文、清新、温情的风格比较明显，《微影大艺》是频道风格的又一良好的体现。在电视节目纷纷走豪华、娱乐路线的潮流下，江苏教育频道坚守人文追求的目标，确实为全国各地的教育台树立了一个典范。《微影大艺》所选微电影无疑是健康的、有教育意义的，它在电视与网络之间缔造了一个微电影联盟。然而，任何节目不可能是完美的，《微影大艺》显然还有需要改进和提高的地方。

首先，《微影大艺》的播出时间应该调整。南京是传媒竞争比较激烈的地方，周末显然是各个频道竞争的主战场。江苏教育频道《微影大艺》播出时间是星期六晚上的20:00到20:50。在星期六晚上的黄金时段，全国各地卫视、南京本地地面频道娱乐节目扎堆播出，此时江苏教育频道播出稍显"艺术味"的《微影大艺》，在竞争中显得弱势。与热热闹闹的娱乐节目相比，《微影大艺》显得有些"安静"。因此，《微影大艺》可以考虑播出时间向后移（如安排在23:00开始播出），或者是调整到工作日的晚上播出。

其次，《微影大艺》的选片应该考虑本地观众的欣赏水平。《逆时·恒美》是台湾导演拍摄的微电影，如果观众能够完整看下来，并且听完嘉宾的认真解读，应该感觉这是一部不错的小清新电影。然而，在节目实际播出过程中，笔者虽然高度集中地观看，但是在开始的2—3分钟内还是有"懵懂"的感觉，直到深入下去才了解了故事的轮廓。对于一般观众来说，如果开始的时候不能看懂，他们可能就换频道了。

台湾具有很强的"海岛意识"，再加上台湾对传统文化保护得较好，因此，台湾具有小清新电影传播的文化土壤。大陆这些年物质生活水平大大提高，但精神世界却难以宁静淡泊，观众更加青睐宏大叙事、战争、政商谋略等题材，或者干脆用娱乐节目来调节紧张的生活节奏。如果说"小清新"在台湾还有一定市场的话，在大陆却是一个"小众化""分众化"的市场。因此，要想在竞争激烈的传媒市场中提高收视率，《微影大艺》所选微电影不能过于"小清新"，还应该回归人们的日常生活。正是这样的原因，两位嘉宾对《逆时·恒美》的评价都不是非常高。孙慰川评价：看上去很美、很漂亮，但没有深刻的意义，没有挖掘到内心深处的东西。杨柳评价：没有深入渗透到人心。微电影本身就是小制作的，两位嘉宾可能苛刻地用电影标准来要求"微电影"，但这可能也是广大观众的看法。确实，《逆时·恒美》情节不算精彩，甚至有些单薄，能够感动人的主要是片中的经典景观和音乐。

最后，《微影大艺》的内部结构安排可以进行再调整。央视《佳片有约》分三个单元：佳片导视、佳片剧场、佳片漫谈。节目开始时，嘉宾主持人首先对即将播映的影片背景进行介绍，让观众"带着故事、带着悬念"去观看。《微影大艺》节目所选的"微电影"显然没有国际名片有吸引力，因此更需要主持人在节目开始时"自夸"一下，先行介绍一下电影拍摄的背景和幕后故事。当然，在题材选择上，期望节目以后能够选一些对生命、人生、时事有思考的微电影，真正让《微影大艺》成为微电影领域的风向标。

第三节　《全民开考》搭建终身学习平台

传统电视节目是单向意义上的传播，观众只能被动地观看不能主动地参与，追求和观众的互动，一直是电视人探索和奋斗的目标。现代通信技术的发展给观众参与创造了技术平台，电视节目终于在双向意义上实现了沟通和共享。江苏教育电视台《全民开考》节目，是一档益智类节目，该节目有效地对接了播出平台和短信平台，延伸了电视讲坛，为观众搭建了一个终生学习的平台。

一、保持教育特色，找准节目定位

教育能够改变人生，更能够改变社会。中央电视台教育频道宣称："知而获智，智达高远。"作为省级教育电视台，江苏教育台一直致力于公益教育事业，努力搭建一个全民性的学习平台。多年来，江苏教育台不断创新节目形态，以观众喜闻乐见的形式，更好地传播人文精神、弘扬民族文化、普及科学知识。《全民开考》节目，是该台社教部经过多方考察、论证，研发出的一档全新的互动益智类节目。以《开心辞典》《以一敌百》为代表的传统益智类节目，主要采用的是单一答题形式，现场"考生"面对主持人答题，广大观众却成了纯粹的旁观者。《全民开考》节目试图突破传统益智节目的局限性，根据教育台的节目特色，以"百科知识，全民开考"为定位，通过全民参与提升益智节目的社会效益。《全民开考》的出题范围涵盖科普、文化、艺术、养生等内容，这些内容能够大大开阔观众的眼界，拓宽观众的知识面，提升观众的文化素质。

二、坚持舆论导向，传播实用知识

2005年原国家广电总局曾专门下发通知，对"电话、短信参与竞猜"类节目进行规范和管理。在政治方面，通知要求竞猜类节目必须树立政治意识、大局意识、责任意识和阵地意识，维护国家尊严、国家统一和民族团结，谨慎把握民族、宗教等敏感问题，牢牢把握正确的舆论导向，弘扬传统文化。在社会道德方面，通知要求竞猜类节目要遵守社会公德和职业道德，维护健康文明的社会风尚，尊重人格尊严和公民的合法权益，帮助人民群众树立正确的世界观、人生观和价值观；节目中不得含有格调不高、内容不雅、庸俗无聊的内容，不得含有侮辱、歧视、调侃妇女、儿童、老人、残疾人的内容，不得围绕灾难事件、伤亡事件等负面信息内容设置竞猜题目，等等。

电视媒体是舆论引导的重要工具，电视中的任何节目都应该从党和人民的根本利益出发，坚持正确的舆论导向，维护整个社会的安全、稳定与和谐。《全民开考》自觉地自我把关，努力回避敏感的政治内容，确保节目健康、活泼和向上。下面是《全民开考》的几个样题：

1. 现代人表示自己时，通常使用第一人称"我"。"我"字的本意是什么？
A. 宠物 B. 观点 C. 家具 D. 兵器
2. 以下哪种洗涤用品对环境的破坏最小？
A、洗衣粉 B、洁厕灵 C、肥皂 D、洗洁精
3. 成语"双管齐下"里的"双管"，本意指什么？
A、两支笛子 B、两支笔 C、两支箫 D、两支枪

从样题中可以看出，《全民开考》的考题切合教育频道的特色，都是百姓日常生活中必备的一些知识，具有较高的科学性、知识性和益智性。《全民开考》的考题难度适中，形式简约。节目不仅丰富了电视荧屏，而且也丰富了群众的业余生活。

三、参与程序简单，抽奖规则透明

很多竞猜类节目遭受质疑的一个重要原因是：节目利用人性弱点设置高额奖励，参与程序复杂，陷阱很多，利用观众的热情进行非法敛财。国家相关主管部门要求竞猜类节目必须明确向观众说明参与方式、参与程序、资费标准；节目中不得设置高额奖品和奖金，迎合或诱发观众的投机、博彩心理；单个奖项的奖品、奖金价值总额不得超过1万元。

《全民开考》节目的参与程序是简单的、清晰的。每期节目进行中，主持人会反复向观众公布节目参与方式，并在屏幕的显著位置标明观众参与的资费标准。当屏幕上出现考题后，观众只要在规定的时间内（60秒），用短信编辑"题目序号＋答案"（如1A），发送到1062096666（短信资费0.1元/条），答题就算完成。为了激发观众的学习兴趣，每期节目都设置了1万元奖学金。观众只要能够答对全部题目，就可以被授予"最佳答人"，题目答完后，全部最佳答人可以平分奖学金。清楚明了的参与流程，让观众远离了欺诈陷阱，更增加了观众参与的热情。

四、加强技术保障，严格保密措施

竞猜类节目之所以成为消费者投诉的一大热点，主要是因为一些电视台将电视时段直接以广告的形式卖给了电信运营商（SP），从而部分放弃了对该类节目播出的管理和审查。江苏教育电视台则坚守法律和道德的底线，始终牢牢把握《全民开考》的制作和播出权。节目的短信平台也控制在电视台手中。为此，该台技术部还对短信平台1062096666进行了升级改造，聘请专家开发专门的应用软件，并进行多次压力测试，确保观众发送的答案能够及时、畅通到达短信平台。

为了体现公平公正，栏目组邀请省外专家出题，设立题库，节目播出前随机抽取当期题目。节目运行过程中，电视台与主持人、制作人员等各类工作人员都签订保密协议，确保题目和答案不得提前泄露。为了优化播出秩序，净化电视荧屏，教育台还严格审查节目内容，维护观众的合法权益。